hänssler

Elisabeth Elliot

100 ERMUTIGUNGEN

Elisabeth Elliot
In erster Ehe verheiratet mit dem tragisch ums Leben gekommenen Indianermissionar Jim Elliot. Verfasserin zahlreicher Bücher. Bekannte Rednerin.

Die Deutsche Bibliothek – CIP-Einheitsaufnahme

Elliot, Elisabeth:
100 Ermutigungen / Elisabeth Elliot. [Übers. von Friedlinde Horn]. -
Neuhausen-Stuttgart : Hänssler, 1998
(Hänssler-Paperback)
ISBN 3-7751-2719-4

Published 1995 by Servant Publication, Ann Harbor, Michigan USA
Originaltitel: Keep a Quiet Heart
Übersetzt von Friedlinde Horn

hänssler-Paperback
Bestell-Nr. 392.719

Umschlaggestaltung: Daniel Kocherscheidt
Titelfoto: MEV Verlag
Bibeltext, wo nicht anders angegeben, nach Luther '84

Satz: Vaihinger Satz & Druck
Druck und Bindung: Ebner Ulm
Printed in Germany

INHALT

Hetz dich nicht ab – vertraue – und bewahre ein ruhiges Herz!

Da gibt es Unterbrechungen und Hindernisse, die mir in eine geplante oder begonnene Arbeit hineinplatzen. Ich habe den Eindruck, am meisten hilft es mir, sie als Training anzusehen. Ich betrachte sie als Tests Gottes, die mich davor bewahren sollen, über der Arbeit selbstsüchtig zu werden. Dann kommt mir unter Umständen die Erkenntnis, dass die wichtigste Arbeit die ist, die Gott mir zuschickt. Vielleicht soll ich statt meiner Intentionen etwas ganz anderes, etwas Geringfügiges, Zufälliges tun, das er mir in den Tag hineinwirft. Das ist dann auch keine Zeitverschwendung, wie es uns leicht erscheint. Es ist vielmehr das wichtigste Tun an diesem Tag – das, was wir Gott als Opfer darbringen können. Nach solch einer Unterbrechung sollte man jedoch nicht versuchen, die ursprünglich geplante Arbeit so schnell wie möglich nachzuholen. Wir können darauf vertrauen, dass die Zeit zur Vollendung der anderen Aufgaben irgendwann zur Verfügung stehen wird – und bleiben wir gelassen dabei.

Annie Keary, 1825–1879

EINFÜHRUNG

Etwa zwölf Jahre lang habe ich jeden zweiten Monat einen sogenannten »Nachrichten-Rundbrief« geschrieben. Das ist nicht gerade ein besonders guter Titel. Es handelte sich einfach um einen Brief, der ein wenig trösten und ermutigen sollte. Manchmal auch anregen und amüsieren – falls einer eine Antenne dafür hatte. Sehr viel wirkliche Neuigkeiten gab es nicht dabei. Manchmal wurde meine Reiseroute zu den Plätzen, wo ich sprechen sollte, erkennbar. Und von Zeit zu Zeit kündigte ich die Geburt eines weiteren Enkelkindes an. Ab und zu empfahl ich auch Bücher.

Das vorliegende Buch nun ist eine Sammlung von Leitartikeln aus diesen Rundbriefen. Meist geht es darum, Gott besser kennen zu lernen. Ich glaube, dass nichts im Leben so wichtig ist wie das. Dazu leben wir auf dieser Erde. Wir sind dazu bestimmt, ihn zu verherrlichen, solange wir auf diesem Planeten leben. Dann dürfen wir uns eine ganze Ewigkeit hindurch an ihm freuen.

Unsere Aufgabe ist einfach, ihm zu vertrauen und zu gehorchen. Das heißt es, wenn gesagt wird, dass wir ihn lieben und ihn anbeten sollen. Jesus kam und zeigte uns, wie man das verwirklichen kann. Im Johannes-Evangelium wird er »das Wort« genannt.

> »Im Anfang war das Wort, und das Wort war bei Gott, und Gott war das Wort. Dasselbe war im Anfang bei Gott. Alle Dinge sind durch dasselbe gemacht, und ohne dasselbe ist nichts gemacht, was gemacht ist. In ihm war das Leben, und das Leben war das Licht der Menschen. Und das Licht scheint in der Finsternis, und die Finsternis hat's nicht ergriffen. Er war in der Welt, und die Welt ist durch ihn gemacht; aber die Welt erkannte ihn nicht. Er kam in sein Eigentum; und die Seinen nahmen ihn nicht auf. Wie viele ihn aber aufnahmen, denen gab er Macht, Gottes Kinder zu werden, denen, die an seinen Namen glauben, die nicht aus dem Blut noch aus dem

Willen des Fleisches noch aus dem Willen eines Mannes, sondern von Gott geboren sind.

Und das Wort ward Fleisch und wohnte unter uns, und wir sahen seine Herrlichkeit, eine Herrlichkeit als des eingeborenen Sohnes vom Vater, voller Gnade und Wahrheit« (Joh 1,1–5. 10 –14).

Es macht Sinn zu glauben, dass der Eine, der die Welten erschuf (einschließlich unserer und uns, die wir darin leben sollen), auch bereit ist, uns zu lehren, wie wir leben sollen. Er »wurde Fleisch«, um es uns unmittelbar zu zeigen. Tag für Tag geschah das, wenn er durch die Felder Galiläas und über die Straßen Jerusalems ging. So sollten wir in der Gemeinschaft mit Gott leben.

Was ich auf den folgenden Seiten geschrieben habe, sind die Betrachtungen eines Menschen, der das auch erst langsam gelernt hat. Es ist gut ein halbes Jahrhundert her, seit ich Christus begegnete, ihn als meinen Erlöser erkannte und ihn bat, Herr meines Lebens zu sein. Sie werden manche Wiederholungen grundsätzlicher Lektionen finden. Ich habe mich geäußert, wie ich es meiner Familie und engen Freunden gegenüber tun würde. Im Plauderton habe ich von dem berichtet, was mich vom Geist Gottes her ermutigte, überzeugte und stärkte.

An einem regnerischen Nachmittag 1947 – ich war damals am Wheaton College – saßen meine Freundin Sarah Spiro und ich am Klavier in der Williston Hall. Ich hatte ein paar Zeilen eines Gebetes niedergeschrieben, die mir wie Poesie erschienen. Sarah sah sie sich eine Minute lang an und setzte sie gleich in Noten. Davon besitze ich keine Kopie mehr, aber die Worte sind noch da:

»Herr, gib mir ein ruhiges Herz,
das nicht bittet, alles zu versteh'n,
doch vertrauensvoll – auch in der Dunkelheit –
vorwärts geht an deiner Hand.«

Das war damals mein Herzenswunsch. Er ist es noch heute. Ein williges Akzeptieren all dessen, was Gott schickt – und ein fröhliches Ausliefern all dessen, was ich bin und habe, ist der Schlüssel dazu. So kann man die Gabe eines ruhigen Herzens empfangen. Wenn ich mich sträubte, war die Ruhe weg. Sie kam aber zurück, und das Leben wurde unbeschreiblich einfach, wenn ich nur vertraute und gehorchte.

Gott liebt uns mit einer ewigen Liebe. Er ist unsagbar gnädig und freundlich. Und er sieht darauf, dass kein Tag vergeht ohne die Gelegenheit, diese Wahrheit neu zu erfahren. Das ist in meinen Augen, kurz gefasst, der Sinn unseres Lebens.

TEIL 1

GLAUBE AN DAS UNERKLÄRBARE

Du bist der Herr, der in dem Boot einst schlief,
du bist der Herr, der ruhig machte Sturm und Meer.
Was zählt der Wind, was zählt das Meerestoben,
wenn wir im Boot zusammen sind mit dir?

Bewahr' den Frieden uns, wenn sich Minuten dehnen,
wenn Winde heulen und du nur zu schweigen scheinst ...
Kann untergehn das Boot, in dem du bist?
Lässt scheitern du das Herz, das auf dich wartet?

(nach Amy Carmichael, »Gen Jerusalem«)

1 EIN RUHIGES HERZ

Während eines wütenden Sturms lag Jesus im Boot auf einem Kissen und schlief. Wie war das möglich? Die erschrockenen Jünger waren sicher, dass die nächste Welle sie auf den Grund des Sees hinabschicken würde. Sie rüttelten Jesus wach und machten ihm Vorwürfe. Wie konnte er sich nur so wenig um ihrer aller Schicksal kümmern?

Er konnte es – weil er es in der sicheren Gewissheit tat, dass sein Vater die Situation absolut unter Kontrolle hatte. Eine tiefe Ruhe erfüllte sein Herz. Wir sehen in den Evangelien, dass er allen Ereignissen seines Lebens gelassen begegnete. Wenn er beschimpft wurde, schalt er nicht zurück. Als er wusste, dass er vieles würde leiden müssen und in Jerusalem getötet werden würde, wich er doch keinen einzigen Schritt von dem eingeschlagenen Weg ab. Er »machte sein Angesicht hart« und unempfindlich wie einen »Kieselstein«. Beim letzten Abendmahl saß er zusammen mit einem, der ihn verleugnen und mit einem anderen, der ihn verraten würde. Und doch war er dazu fähig, mit ihnen zusammen zu essen und sogar bereit, ihnen die Füße zu waschen. In ungebrochener, inniger Gemeinschaft mit dem Vater und in der Geborgenheit seiner Liebe behielt er ein ruhiges Herz.

Keiner von uns besitzt ein Herz, das so vollkommen unbesorgt ist, denn keiner von uns lebt in einer solchen innigen göttlichen Gemeinschaft. Aber wir können jeden Tag ein wenig mehr von dem lernen, was Jesus kannte. Ein Schriftsteller nannte es die »Gelassenheit«, die »lässige Ungezwungenheit« eines Vertrauens, in dem Gott zu finden ist. Wem würde es einfallen, den Begriff »Ungezwungenheit« oder »Lässigkeit« in Verbindung mit Jesus zu bringen? Lässig zu sein bedeutet, etwas zu unterlassen, was ein Mensch vernünftigerweise tun würde. Konnte Jesus sich so verhalten? Ja, bei Gelegenheit – wenn der Glaube über den Verstand hinausreichte.

Dieses »lässige« Vertrauen – ist das sorglos im Sinn von nachlässig, unaufmerksam, träge? Nein, soweit es ihn betraf, ganz sicher nicht. Jesus konnte wirklich ohne Sorgen sein, weil sein Wille mit dem des Vaters vollkommen eins war. Er hatte die wunderbare Gewissheit, dass sein Vater alle Fürsorge übernehmen und auf die Bedürfnisse seines Sohnes achten würde. War Jesus träge? Auch das nicht. Er war niemals faul, träge oder nachlässig. Aber er wusste, wann er selbst aktiv werden und wann er die Dinge seinem Vater überlassen musste. Er lehrte uns, zu arbeiten und aufmerksam zu sein, aber uns niemals Sorgen zu machen. Wir sollten fröhlich all das aufgreifen, was uns vor die Füße und in die Hände fiel, und alles andere Gott überlassen.

Reinheit des Herzens, so sagt es Kierkegaard, heißt, eine Sache von ganzem Herzen wollen und verfolgen. Der Sohn wollte nur eines: den Willen des Vaters tun. Aus diesem Grund kam er auf die Erde. Sonst gab es kein Ziel für ihn. Ein Mensch, der ein derart reines Ziel hat, kann ein vollständig ruhiges Herz haben. Er weiß, was auch der Psalmist wusste:

»Der Herr ist mein Gut und mein Teil; du erhältst mir mein Erbteil« (Ps 16,5). Ich wüsste nichts, was unser Leben leichter und einfacher machen könnte. Was auch immer geschieht, ist uns zugeteilt. Sträubt sich unser Verstand dagegen? Können wir sagen, dass es Dinge gibt, die uns widerfahren, die nicht zu dem uns von einem liebenden Vater zugewiesenen »Teil« gehören (*dies* gehört dazu, *das* aber nicht)? Gibt es Ereignisse, die für den Allmächtigen außer Kontrolle geraten sind?

Alles, was mir zufällt, ist zu meinem ewigen Heil berechnet und überprüft. Wenn ich das mir Zugewiesene akzeptiere, fallen andere Möglichkeiten unter den Tisch. Entscheidungen werden leichter, die Richtung ist klarer und infolgedessen wird mein Herz unaussprechlich viel ruhiger.

Was wünschen wir eigentlich im Leben wirklich? Manchmal habe ich die Gelegenheit, diese Frage an Oberschüler oder Collegestudenten zu richten. Ich bin überrascht, wie wenige darauf eine fertige Antwort haben. Natürlich können sie mir eine lange Liste von begehrten Dingen vorlegen, aber gibt es irgendetwas, das sie sich vor allem anderen wünschen?

»*Eines* bitte ich vom Herrn, das hätte ich gerne: dass ich im Hause des Herrn bleiben könne mein Leben lang« (Ps 27,4), so sagt es David. Dem reichen jungen Mann, der das ewige Leben haben wollte, sagt Jesus: »Eines fehlt dir. Geh hin, verkaufe alles, was du hast ...« (Mk 10,21). Im Gleichnis vom Sämann erklärt Jesus, dass der von den Dornen erstickte Same in ein Herz gefallen ist, das voll von Sorgen für dieses Leben, vom Reichtum geblendet und von allen möglichen *anderen Wünschen* beschlagnahmt ist. Paulus schreibt einmal: »Eins aber sage ich: Ich vergesse, was dahinten ist, und strecke mich aus nach dem, was da vorne ist, und jage nach dem vorgesteckten Ziel, dem Siegespreis der himmlischen Berufung Gottes in Christus Jesus« (Phil 3,13–14).

Ein ruhiges Herz ist zufrieden mit dem, was Gott gibt. Das ist ihm genug. Alles ist nur Gnade. Eines Morgens wollte mein Computer mir einfach nicht gehorchen. Wie lästig war das! Ich hatte meine Arbeit geplant, die Zeit entsprechend einkalkuliert und mich gedanklich darauf eingestellt. Jetzt blieb meine Arbeit liegen, der Zeitplan war durcheinander gebracht und der Gedankengang unterbrochen. Dann fiel mir plötzlich ein: Es war nicht umsonst. Das gehörte zu einem Plan (nicht zu meinem, aber zu dem des Vaters). »Herr, du hast mir mein Teil zugewiesen, du hast das für mich vorgesehen.«

Wenn die Unterbrechung durch einen Menschen erfolgt wäre – statt durch einen außer Kontrolle geratenen Mechanismus –, wäre es nicht so schwer gewesen, das als den wichtigsten Programmpunkt meiner Tagesarbeit anzusehen. Doch alles ist ja unter der Kontrolle meines Vaters: ja, auch widerspenstige Computer, fehlerhafte Programme, Zugbrücken, die gerade oben sind, wenn man in Eile ist. Das ist dann mein mir zugemessenes Teil – meine Sache. Mein Herz kann in Frieden bleiben. Mein Vater hat den Überblick nicht verloren. Wie einfach ist das doch alles!

Meine Bestimmung schließt ein, dass ich das mir Zugewiesene bereitwillig akzeptiere. Das gilt auch in Angelegenheiten, die weit über die Trivialität der eben angesprochenen Dinge hinausgehen, wie zum Beispiel der Tod eines geliebten Kindes. Eine Mutter schrieb mir vom Verlust ihres kleinen Söhnchens, das gerade einen Monat alt gewesen war. Eine Witwe berichtete von der langen Qual, ihren dahinsiechenden Gatten zu begleiten. Die Jahre, die ihnen in einer glücklichen Ehe geschenkt worden waren, schienen gar zu kurz zu sein. Wir können uns nur daran halten, dass die *Ewige Liebe* weiser ist als wir. Und wir beugen uns in Anbetung vor dieser liebenden Weisheit.

Es geht um unsere Reaktion. Erinnern wir uns doch einmal daran, dass unsere biblischen Vorväter alle von der Wolkensäule geführt wurden, alle durchs Schilfmeer gingen und alle von der gleichen himmlischen Speise aßen und tranken. Aber Gott hatte kein Wohlgefallen an den meisten von ihnen. Ihre Reaktion war falsch und böse. Sie waren bitter über das, was Gott ihnen zugeteilt hatte und verfielen in Götzendienst, Gefräßigkeit und sexuelle Sünde. Und Gott ließ sie umkommen – durch Schlangen und durch einen Engel der Vernichtung.

Dieser allmächtige Gott bestimmte ja auch das Maß dessen, was sie erleben mussten. Alle Ereignisse dienen seinem Willen. Manche reagierten im Glauben darauf, die meisten nicht.

»Bisher hat euch nur menschliche Versuchung betroffen. Aber Gott ist treu, der euch nicht versuchen lässt über eure Kraft, sondern macht, dass die Versuchung so ein Ende nimmt, dass ihr es ertragen könnt« (1. Kor 10,13).

Denken wir doch an diese Verheißung, und behalten wir ein ruhiges Herz! Dem »Feind« macht es Freude, uns zu beunruhigen. Unser Erlöser und Helfer freut sich, wenn er uns zur Ruhe bringen kann. »Ich will euch trösten, wie einen seine Mutter tröstet«, heißt seine Verheißung (Jes 66,13). Bei uns liegt die Freiheit zur Reaktion. Alles hängt ab von unserer Bereitschaft, die Dinge von Gott her zu sehen, alles aus seiner Hand zu empfangen und mit Dankbarkeit genau das zu akzeptieren, was seine Hand uns anbietet. Soll ich ihn eines Fehlers in seinen Maßstäben bezichtigen oder ihm nachsagen, dass er den Bereich nicht richtig beurteilt hat, in dem ich am besten lernen kann, ihm zu vertrauen? Hat er mich an den falschen Platz gestellt? Kennt er die Dinge oder die Menschen nicht, die mich meiner Ansicht nach daran hindern, seinen Willen zu tun?

Der Sohn Gottes kam in diese gleiche Welt und lebte hier als Mensch. Er zeigte uns, wie wir in dieser Welt leben sollen – ihren Wechselfällen und Notwendigkeiten unterworfen. Wir sollen verwandelt werden – nicht in Engel oder Märchenprinzessinnen, nicht, indem wir in eine andere Welt versetzt werden, sondern – zu »*Heiligen*« in *dieser* Welt. Das Geheimnis heißt: *Christus in mir,* nicht ich in veränderten Umständen!

»Der freundlich ist über alles Maß hinaus,
gibt jeden Tag, was er am besten für uns hält.
Liebe steht hinter dem, was er gibt
an Schmerzen und an Freude,
Müh' und Plagen mischt er uns mit Frieden
und mit Ruhe.«

Linda Sandell (Schweden)

2 DER ENGEL IN DER ZELLE

Mein Bruder David Howard reist viel herum und bringt von seinen Fahrten wunderbare Geschichten mit. Als wir sechs Geschwister uns in einem Sommer mit unseren Ehepartnern zu einem Treffen verabredet hatten, erzählte er uns eine davon. Er hatte sie von dem Sohn des Mannes gehört, von dem hier die Rede ist.

Ein Mann – wir wollen ihn Iwan nennen – war Gefangener in einem ungenannten Land. Man holte ihn aus seiner Zelle, verhörte und folterte ihn und schlug ihn halb tot. Der einzige Trost, den es in seinem Leben noch gab, war eine Decke. Als er in seine Zelle zurückgestolpert war, um sich in diesen billigen Trost hineinfallen zu lassen, erschrak er. Da lag einer, der sich in seine Decke gewickelt hatte. Vermutlich war es ein Spitzel. Völlig verzweifelt sackte er auf dem schmutzigen Boden in sich zusammen und schrie: »Ich kann nicht mehr! Ich kann nicht mehr! Ich kann nicht noch mehr verkraften!« Aus der Decke tönte ihm eine Stimme entgegen: »Was meinst du damit, Iwan, dass du nicht mehr kannst?« Da er fürchtete, dass der Fremde nur etwas aus ihm herausholen wollte, um es dann gegen ihn zu verwenden, gab Iwan keine Erklärung. Er wiederholte nur noch einmal die gleichen Worte.

»Iwan«, kam die Stimme erneut, »hast du vergessen, dass Jesus bei dir ist?«

Dann war die Gestalt in der Decke plötzlich verschwunden. Iwan, der noch eine Minute vorher nicht mehr in der Lage gewesen war, gerade zu gehen, sprang auf seine Füße, tanzte in der Zelle herum und lobte Gott. Am nächsten Morgen kam der Wächter, der ihm die Nahrung verweigert und ihn geschlagen hatte, und fragte: »Wer hat dir was zu essen gebracht?« »Keiner«, lautete die Antwort.

»Aber wieso siehst du so verändert aus?«

»Weil letzte Nacht mein Herr bei mir war.«

»Oh, so ist das. Und wo ist er jetzt?«

Iwan knöpfte sein Hemd auf und zeigte auf sein Herz: »Hier.«

»O.K. Ich werde dich erschießen und dann deinen Herrn zu sehen bekommen«, meinte der Wächter und richtete die Pistole auf Iwans Brust.

»Erschieß mich, wenn du willst. Ich werde dann bei meinem Herrn sein.«

Der Wärter steckte seine Pistole wieder ins Halfter zurück und schüttelte verwundert den Kopf.

Später erfuhr Iwan, dass seine Frau und seine Kinder in der gleichen Nacht für ihn gebetet hatten, nachdem sie das Wort aus Jesaja 51,14 gelesen hatten: »Der Gefangene wird eilends losgegeben, dass er nicht sterbe und begraben werde, und dass er keinen Mangel an Brot habe.« Kurz darauf wurde Iwan frei und predigte weiter in treuem Glauben das Evangelium. Er starb mit über achtzig Jahren.

3
EIN KLEINES STÜCK DES SICHTBAREN WEGES

Das Haus in der Rue Ernest Laude Nr. 52 in Brüssel, in dem ich geboren bin, sieht noch genauso aus, wie ich es aus dem Fotoalbum meiner Mutter kenne. Das alte Bild ist in schwarzweiß aufgenommen. Mein Gatte Lars hat kürzlich ein Farbfoto dort gemacht. Das Kopfsteinpflaster der Straße ist auf beiden Bildern das gleiche. Die Ziegel, aus denen das Haus gebaut ist, erscheinen nun eher rosa. Die weiße Marmorfassade des zweiten und dritten Stockwerks hat sich nicht verändert. An den zwei Fenstern im ersten Stockwerk haben sie neue Jalousien angebracht. Und die Leute auf den Fotos sind natürlich andere. Auf dem ersten steht meine Mutter im zweiten Stockwerk auf dem Balkon. Die Sonne scheint auf das schmiedeeiserne Geländer. Vierundzwanzig Jahre war sie damals alt, schlank und gerade steht sie da, mit wundervollem, dichtem, seidig glänzendem Haar. Sie trägt ein dunkles, fußlanges Gewand mit einem breiten, weißen Kragen. Auf dem Farbfoto von Lars sieht man zwei Autos. In der Nähe der Haustür stehe ich – ziemlich vom Wind zerzaust. Wie sehr hätte ich mir gewünscht, die jetzigen Mieter um Erlaubnis zu bitten, einmal hinauf auf den Balkon gehen zu dürfen – vielleicht sogar in die Küche der Wohnung, wo ich geboren wurde.

Mehr als sechzig Jahre sind vergangen, seit ich zuletzt dort war. Meine Mutter hatte damals schon die Haustür abgeschlossen, als sie sich noch einmal an die holländische Frau, Adri, wandte, die ihre Hilfe gewesen war.

»Ich habe das Gefühl, etwas vergessen zu haben.«

Adri wusste sehr gut, was es war und wunderte sich, wie lange es noch dauern würde, bis meiner Mutter aufging, dass ihr fünf Monate altes Baby noch oben in der Wohnung war. Das Kind war in ein Fahnentuch eingewickelt und für die Seereise fertig gemacht worden.

Hier stand ich nun vor diesem unvergessenen Haus. Es lag etwas wunderbar Tröstendes darin, zu wissen, dass hier meine Eltern gelebt hatten. Hier hatten sie sich geliebt, und hier hatten sie die neugeborene Schwester ihres Sohnes Philip willkommen geheißen. Und dabei besaßen sie nur eine kleine Wohnung ohne fließendes Warmwasser. Sie waren Missionare gewesen und hatten mit der Belgischen Evangeliumsmission zusammengearbeitet. Lars und ich besuchten die alten Gebäude, auch die kleine flämische Kapelle, in der mein Vater Sonntagsschullehrer gewesen war und vermutlich den Steinway-Flügel gespielt hatte, der dort stand. Gekauft hatte ihn einst Mrs. Norton, die Frau des Gründers der Mission. (Sie hatte ihren kostbaren Schmuck verkauft, um ihn zu bezahlen.) Wir schauten uns ein altes Fotoalbum an, in dem wir Bilder meiner Großeltern, meines Großonkels und meiner Eltern fanden.

Ich glaube, dass die gesamte Vorgeschichte eines Kindes Gottes ein Teil seiner Geschichte mit diesem Kind ist – ein Mysterium der Liebe und Souveränität, geschrieben vor Grundlegung der Welt. Dabei ist das niemals ein Hindernis für die Aufgabe, die er uns bestimmt hat, sondern eher die angemessene Vorbereitung dazu, die den besonderen Bedürfnissen unserer Persönlichkeit entspricht.

»Wie soll das möglich sein?«, fragen diejenigen, denen nicht ein solches geistliches Erbe zuteil geworden ist wie mir, deren Leben nicht im Frieden Gottes verlaufen ist. In den Sprüchen Salomos heißt es: »Es ist Gottes Ehre, eine Sache zu verbergen« (Spr 25,2). Gott hält manches geheim, dessen Kenntnis für uns nicht notwendig ist. Aber wir dürfen wissen, dass er seine Schafe mit Namen ruft und sie führt. Wann er damit anfängt? Übersieht ein Hirte etwas, das sein Schaf nötig hat?

William Kay, der 1870 die Psalmen übersetzte, bemerkt zu Psalm 73: »Obwohl ich von dir mit allem Notwendigen versorgt und am Leben erhalten wurde, fühlte ich doch nichts von deiner Gegenwart – aufmerksam achtend nur auf den kleinen Bereich des sichtbaren Ablaufs aller Dinge. Ich benahm mich wie die unvernünftigen Tiere, die immer nur vor sich auf den Boden starren, wo sie gerade grasen.

›Dennoch bleibe ich stets an dir, denn du hältst mich bei meiner rechten Hand‹, schrieb der Psalmist. ›Du leitest mich nach deinem Rat und nimmst mich endlich mit Ehren an ... Aber das ist meine Freude, dass ich mich zu Gott halte und meine Zuversicht setze auf Gott den Herrn, dass ich verkündige all dein Tun‹ « (Psalm 73,23.24.28).

4 EINE LEKTION VON IRDISCHEN DINGEN

Ich rege mich auf, wenn etwas verloren geht. Selbst wenn es sich nur um kleine Dinge handelt. Ich habe es gern, wenn die Sachen ihren bestimmten Platz haben und auch dort zu finden sind. Schlimmer ist es noch, wenn etwa ein Manuskript verloren geht. Wochenlang hatte ich an einem bestimmten Teil gearbeitet. Als ich nun die Schlussüberarbeitung machen wollte, war das Manuskript verschwunden. Es war einfach nirgendwo zu entdecken. Ich suchte, Lars suchte. Und schließlich suchten wir alle beide. An allen möglichen und unmöglichen Stellen sahen wir nach. Wir beteten auch darum, natürlich – zusammen und jeder für sich. Trotzdem tauchte es nicht auf. Zuletzt sagte ich dem Herrn, dass ich, falls ich es heute nicht finden würde, nochmal ganz von vorne beginnen müsste, weil der Abgabetermin näher rückte. An dem Tag wurde Onkel Tom, der als Neunundachtzigjähriger bei uns lebte, ernstlich krank. Da war keine Zeit mehr, an Manuskripte zu denken.

Am nächsten Tag rückten wir zufällig ein Möbelstück von seinem Platz und entdeckten, dass Motten darunter ihr heimtückisches Wesen trieben. Lars ging einkaufen, besorgte eine Dose mit Mottenspray und sprühte damit in jeden Winkel und jede Ritze. Hinter einem Schreibtisch fand sich das Manuskript. Es war heruntergefallen und stand senkrecht auf der Fußleiste. Wenn Onkel Tom nicht krank geworden wäre, hätte ich unnötigerweise einen ganzen Tag damit zugebracht, das Manuskript erneut zu schreiben, um das ich mir so viel Sorgen gemacht hatte. Wenn die Motten sich nicht daran gemacht hätten, meinen Teppich anzufressen, hätten wir die Blätter wahrscheinlich nicht vor dem nächsten Frühjahr gefunden. Es war sicher nicht umsonst, dass am nächsten Sonntag (dem 8. nach Pfingsten) das Schlussgebet in meiner Gemeinde lautete: »O Gott, du Beschützer aller, die dir vertrauen, ohne den keiner stark ist und keiner heilig ist: Lass deine Gnade groß und reich über uns werden, dass wir – mit dir als unserm Herrn und Führer – so mit den irdischen Dingen umgehen, dass wir die Maßstäbe des Ewigen nicht verlieren. Durch Jesus Christus, unsern Herrn, der mit dir und dem Heiligen Geist lebt und regiert als ein einiger Gott, jetzt und in Ewigkeit: Amen.«

»Bleib ruhig! Sei nicht ängstlich,
wenn nicht zu übersehen deine Wege.
Gott kennt sie alle. Er bestimmt das Tempo –
und er allein erlaubt auch allen Aufschub«.

E. W.

5 STRANDEN BLEIBT UNS NICHT ERSPART

Haben Sie sich schon einmal von ganzem Herzen in eine Sache vertieft, haben darüber gebetet, mit gutem Gewissen daran gearbeitet – weil Sie davon überzeugt waren, dass Sie dabei mit dem Willen Gottes übereinstimmten – und haben schließlich doch dabei Schiffbruch erlitten?

In den Evangelien wird erzählt, wie der Apostel Paulus als Gefangener über das adriatische Meer gebracht wurde. Da wird von einem Engel berichtet, der bei ihm stand und ihm sagte, dass er sich nicht fürchten sollte (obwohl ein schrecklicher Sturm tobte). Gott würde sein Leben und das der anderen Passagiere bewahren. Paulus tröstete daraufhin seine Bewacher und die Passagiere mit dieser Nachricht, fügte aber hinzu: Das Stranden bleibt uns nicht erspart. Wir werden an einer Insel an Land getrieben (Apg 27,26).

Uns mag es erscheinen, als ob der Gott, der versprach, alle auf dem Schiff Befindlichen zu retten, die Angelegenheit auch anders zu einem guten Ende hätte bringen können. Wenn er schon das Leben der Menschen bewahrte, hätte er ihnen auch das Schiffbrüchigwerden ersparen können. Er hätte auch das Schiff retten und vermeiden können, dass sie mühsam auf den Schiffstrümmern an Land schwimmen mussten. Tatsache ist, dass Gott das nicht tat. Und uns erspart er unangenehme Begleitumstände auch nicht immer.

Hier auf der Erde ist noch kein Himmel – er wartet auf uns im Jenseits. Wenn uns alles geschenkt würde, was wir uns auf dieser Erde wünschen, würden sich unsere Herzen viel eher auf *diese* Welt einstellen und uns darin verankern, als an die *nächste* zu denken. Gott versucht ständig, uns von dieser Welt fortzulocken und uns zu sich und seinem unsichtbaren Königreich hinzuziehen. Nur dort werden wir mit Sicherheit finden, wonach wir uns so leidenschaftlich sehnen.

»Scheitern« bedeutet deshalb durchaus nicht das »Ende aller Dinge«. Aber es hilft uns, die Welt etwas weniger anziehend zu finden. Es könnte sogar Gottes Antwort auf die Bitte »... und führe uns nicht in Versuchung« sein – nämlich die Versuchung, sich selbstzufrieden an die sichtbaren Dinge zu hängen.

6 ZUFÄLLE GIBT ES NICHT

Meine Freundin Judy Squier aus Portola Valley in Kalifornien ist eine der fröhlichsten und strahlendsten Frauen, die ich kenne. Ich begegnete ihr zum ersten Mal in einer Gebetsversammlung beim Beginn einer Konferenz. Sie saß in einem Rollstuhl. Irgendwie kamen mir ihre Beine merkwürdig vor. Später sah ich sie vollständig ohne Beine. Abends aber lief sie mit Krücken herum. Natürlich musste ich ihr ein paar Fragen stellen. Sie war ohne Beine geboren worden, besaß aber ein Paar Prothesen, das sie manchmal benutzte. Doch das wäre eine anstrengende Sache, so erzählte sie uns lachend, und deshalb ließ sie sie oft weg. Als ich von einem kleinen Jungen hörte, der ohne Beine und Arme geboren wurde, fragte ich Judy, ob sie bereit wäre, den Eltern dieses Kindes zu schreiben. Sie tat es:

»Als Erstes möchte ich Ihnen sagen, dass die ganze Situation und alles, was damit zusammenhängt, für die Eltern hundertmal schwerer zu ertragen ist als für das Kind. Ein Geburtsfehler beraubt mit Gottes Gnade eine Kindheit nicht ihrer Wunder. Und das Kind ist damit auch nicht zwangsläufig zu hohen Erwartungen ausgesetzt. Wenn es eine fördernde, kreative und liebende Familie besitzt, dann weiß ich aus persönlicher Erfahrung, dass meine Lebensfreude nicht geringer war, als die anderer Kinder und sogar über dem Durchschnitt lag. Aber wie ich es schon vielen gesagt habe: mein Leben war nicht gewöhnlich, sondern außergewöhnlich.

Ich bin davon überzeugt – ganz ohne jeden Zweifel –, dass ein liebender himmlischer Vater das schöpferische Wunder im inneren Heiligtum des Leibes einer jeden Mutter überwacht (Ps 139) und dass es unter seiner Souveränität keine Zufälle gibt.

Was eine Raupe als das ›Ende aller Dinge‹ ansieht, nennt der Schöpfer einen Schmetterling! Als Menschen sehen wir nur das Unvollkommene, die ›Unterseite‹ dessen, was Gott in unser Leben hineinwebt. Was wir als ›tragisch‹ bezeichnen – oder als das Schlimmste, was passieren konnte –, werden wir vermutlich eines Tages in Ehrfurcht als Ursache für die Schönheit und Einzigartigkeit unseres Lebens und des Lebens unserer Familie erkennen. Ich denke, darum ist auch Jakobus 1,2 mein Lieblingsvers. In der Übersetzung von Phillips heißt es so: ›Wenn alle möglichen Prüfungen und Versuchungen in eurem Leben auftauchen, meine Brüder, weist sie nicht zurück als Eindringlinge, sondern heißt sie als Freunde willkommen.‹

Ich liebe ein Zitat von Joni Eareckson-Tada. Als ich es im Oktober 1982 auf dem Titelblatt von ›Moody Monthly‹ entdeckte, war ich davon überzeugt, dass sie diese Worte für mich als Grabschrift geschrieben hatte. Mein Gatte David war allerdings perplex zu hören, dass ich das auf meinem Grabstein haben möchte. *Alle Achtung!*

> ›Menschen mit Behinderungen sind Gottes bestes sichtbares Beweismaterial, um zu zeigen, wer er wirklich ist. Seine Kraft zeigt sich am ehesten in der Schwachheit. Und wer ist nach den Maßstäben dieser Welt schwächer als die geistig oder körperlich Behinderten? Wie man sehen kann, gehen diese Leute beharrlich ihren Weg. Sie leben um dieses Gottes willen, sie lieben ihn, vertrauen ihm und gehorchen ihm. Schließlich sieht sich die Welt gezwungen zu der Feststellung: ›Wie groß muss ihr Gott sein, wenn er diese Art von Loyalität erwecken kann.‹

Dass meine Angehörigen Christen waren, bewahrte sie nicht vor den Schmerzen und Tränen, die sich aufgrund meines Geburtsfehlers einstellten. Als David und ich unsere Eltern vor zehn Jahren anlässlich eines Gedenktages interviewten, war ich erstaunt, von den wahren Gefühlen meiner Mutter zu hören. Ich bat sie, mir doch zu sagen, was das Schwerste in ihrem Leben gewesen wäre. Ihre Antwort lautete: ›Der Tag, an dem Judy Ann geboren wurde ... und das ist immer noch mein größtes Problem ...‹ Und doch, wenn wir als Familie auf die Jahre zurückblicken, sind unsere Gedanken immer wieder zur Ruhe gebracht durch das Wunder des Tuns Gottes. Eines Tages hoffe ich, das in einem Buch zum Ausdruck bringen zu können – und ich weiß, es wird dann zur Ehre Gottes geschehen.

Zu heiraten und Kinder zu bekommen waren Träume für mich, die ich nie wagte, hochkommen zu lassen. Doch Gott, der Bewirker aller Wunder, wollte mein Leben mit einem wundervollen Gatten und drei Töchtern segnen. Emily ist jetzt neun Jahre alt, Betsy wird bald sieben und Naphtalie Joy ist vier. Ich bin der Ansicht, dass jeder behinderte Mensch zumindest ein Kind haben sollte. Sie sind phantastische Helfer und wollen mir so bereitwillig ihre Beine leihen, wenn ich Hilfe brauche.

Sie als Familie sind in besonderer Weise dazu auserwählt, das einzigartige Meisterwerk Gottes darzustellen. Ich bete darum, dass die Wurzeln Ihres Glaubens sich tief in die Zuverlässigkeit der liebevollen Planung Gottes hineinsenken, so dass Sie Ihre Unvollkommenheit austauschen können gegen die Vollkommenheit der Auferstehungskraft Jesu, und dass Sie mit ehrfürchtigem Staunen die Früchte des Heiligen Geistes in Ihrer Familie deutlich sehen werden.«

7 DES VATERS LIEBE KENNEN LERNEN

Als mein Bruder Dave noch sehr klein war, verbrachten wir ein Wochenende an der See in Belmar, New Jersey. Vergeblich versuchte mein Vater, den kleinen Jungen zu überreden, mit ihm in die Wellen hineinzugehen und zu springen, wenn eine über seinen Kopf zu gehen drohte. Er versprach ihm, ihn dabei ganz fest zu halten und nicht zuzulassen, dass eine über ihn hinwegginge. Mich nahm er einfach mit ins Meer hinein, obwohl ich nur ein Jahr älter war. Dann konnte David sehen, wie viel Spaß die Sache machte. Aber es half alles nichts. Das Meer hatte für den Kleinen etwas Erschreckendes, und Dave war sicher, dass jeder Versuch seinerseits in einer Katastrophe enden würde. Er konnte seinem Vater einfach nicht vertrauen. Am letzten Ferientag gab Dave dann nach. Und siehe da – er wurde nicht weggeschwemmt. Sein Vater hielt ihn fest, wie er es versprochen hatte. Er hatte viel mehr Spaß daran, als er es sich je hätte vorstellen können. Schließlich brach er in Tränen aus und beklagte sich: »Warum hast du mich nicht einfach gezwungen, mit hineinzugehen?«

Die ersten Lektionen im Beten erhalten wir oft durch eine Phase der Angst hindurch. Wir sehen uns einem drohenden Unglück gegenüber und bezweifeln die Liebe, die Weisheit und die Macht unseres himmlischen Vaters. Wir haben schon alles mögliche andere versucht und verzweifelt wenden wir uns schließlich dem Gebet zu – allerdings oft in einer ziemlich primitiven Art des Betens: Da soll einer sein, der in der Lage ist, etwas tun zu können. Die große Frage ist: »Kann ich ihn dazu bewegen, das zu tun, was ich mir wünsche? Wie kann ich seinen Arm in Bewegung setzen, wie kann ich eine ferne und widerwillige Gottheit dazu überreden, ihre Meinung zu ändern?«

Als die Kinder Israel in Pi-Hahirot lagerten und die Ägypter hinter sich herkommen sahen, hatten sie den Eindruck, dem Tod bereits ins Gesicht zu sehen. Und alles war Moses Schuld – »Waren nicht Gräber in Ägypten, dass du uns wegführen musstest, damit wir in der Wüste sterben?«

»Fürchtet euch nicht«, sagte Mose, »stehet fest und sehet zu, was für ein Heil der Herr heute an euch tun wird. … Der Herr wird für euch streiten und ihr werdet stille sein.«

Wir alle kennen die Geschichte der Rettung – das Wasser trat zurück und Israel marschierte trockenen Fußes durch das Meer. Doch als die Ägypter sie verfolgten, überschwemmte das zurückflutende Meer deren Pferde, Wagen und das ganze Heer ... »so dass nicht einer von ihnen übrig blieb.« Das Siegeslied Moses und des Volkes Israel macht deutlich, dass sie nicht nur die Kraft, Majestät und das wunderbare Handeln Gottes erkannt hatten, sondern auch seine Güte und Barmherzigkeit, die alles übertraf, was sie zu hoffen gewagt hatten.

Armer Dave! Sein Vater hätte ihn zwingen können, mit ihm ins Wasser zu gehen, aber er hätte ihn nicht zwingen können, sich zu entspannen und Freude an dem Ganzen zu haben. Solange das Kind darauf bestand, sich selbst schützen zu müssen, das Leben retten zu müssen, von dem es glaubte, dass es dies bei dem Experiment verlieren könnte, solange konnte es der starken Liebe seines Vaters auch nichts zutrauen. Es weigerte sich, sich auszuliefern. Aus dieser kleinen Begebenheit hören wir Töne heraus, die an die älteste aller Menschheitsgeschichten erinnern: an die beiden, die dem Wort des Vaters misstrauten. Sie hatten Angst, dass der Gehorsam ihm gegenüber sie von ihrem Glück letztlich aussperren würde. Sie lehnten es ab, von ihm allein abhängig zu sein. Sünde, Tod und Zerstörung der ganzen Menschheit war das Ergebnis.

Beten lernen heißt, der Weisheit, der Macht und der Liebe unseres himmlischen Vaters zu vertrauen. Das geht immer weit über unsere Träume hinaus. Er kennt unsere Bedürfnisse und weiß Wege, ihnen zu begegnen, die wir uns niemals hätten ausdenken können. Dinge, von denen wir sicher sind, dass sie zu unserem Glück notwendig sind, könnten uns in eine Katastrophe hineinführen. Und Dinge, von denen wir glauben, dass sie für uns das Ende bedeuten würden (die Wagen der Ägypter, die Fluten des Meeres oder die kleinen Wellen in Belmar!), bringen uns Befreiung und Freude, wenn wir glauben, was der Vater uns sagt und uns seinen starken Armen überlassen.

Der einzige Ausweg aus der Selbstliebe ist die Auslieferung des Ich. »Wer aber sein Leben verliert um meinetwillen, der wird's finden« (Mt 16,25). »Bleibt in meiner Liebe! Wenn ihr meine Gebote haltet, so bleibt ihr in meiner Liebe, wie ich meines Vaters Gebote halte und bleibe in seiner Liebe. Das sage ich euch, damit meine Freude in euch bleibe und eure Freude vollkommen werde« (Joh 15,9-11). Mein Vater wusste viel besser als sein kleiner furchtsamer, eigensinniger Sohn, was ihm Freude bringen würde. So ist es auch mit unserem himmlischen Vater. Wenn ich mich ihm widersetzt habe, war es noch immer so, dass ich mich selbst betrogen habe, wie mein kleiner Bruder es auch tat. Wenn ich ihm aber zustimmte, fand ich Freude.

8
EIN LEUCHTTURM IN BROOKLYN

Vierzig Jahre lang war mein Herz mit ein paar Wurzeln in Brooklyn in New York hängen geblieben. 1951 hatte ich einige Monate dort gelebt, um eine Spanisch sprechende Kirche zu besuchen. Ich sollte dort Sprachunterricht nehmen, bevor ich nach Ecuador ging. Doch heute lebt ein viel größeres Stück meines Herzens in Brooklyn – wirklich ein so großes, dass ich am liebsten das Haus, in dem wir leben, und unsere Arbeit aufgeben würde, um dorthin umzuziehen!

Ich will das erklären. Ich wurde eingeladen, an einem Samstagnachmittag in der »Brooklyn-Tabernakel«-Gemeinde zu einer Frauengruppe zu sprechen. Es klang ganz interessant, aber ich erwartete keinesfalls eine so aufregende Sache, wie ich sie dann erlebte. Brooklyn – das sei vorab gesagt – ist eine schwierige Gegend. Es gibt sehr viel Armut. Drogensucht, Raubüberfälle und Morde sind praktisch an der Tagesordnung. Dazu hat es einige sehr hässliche Krawalle zwischen Juden und Schwarzen gegeben – in einem der »zivilisiertesten« Stadtteile. Meine Nachbarschaft damals war ziemlich trostlos. Ich fragte mich, ob es seitdem überhaupt noch schlimmer geworden sein konnte. Ich bemühte mich, die Bushwick-Straße Nr. 519 zu finden (fünfter Stock ohne Fahrstuhl, zu 17 Dollar im Monat, eine Menge Lärm, starke Kochdünste, riesige Ratten und kaum Heizung oder warmes Wasser). Abraham, der freundliche Mann, der uns herumfuhr, schaffte es schließlich, die bezeichnete Stelle zu finden. Doch der ganze Block war dem Erdboden gleichgemacht worden (kein Wunder). Es gab nur noch leere Flächen dort. Allerdings war der Platz nicht wirklich leer – Matratzen, alte Kühlschränke, Stahlrahmen, Autoreifen, Sofas, aus denen das Innenleben herauskam –, alles nur Mögliche konnte man da sehen und auflesen. Da fanden sich tatsächlich solche Berge von Müll überall, dass ich mich fragte, wo sie damit hinsollten, falls sie jemals beschlossen, diesen Platz aufzuräumen. Alles war im höchsten Maß chaotisch und deprimierend. Graffiti, dieses scheußliche Beweisstück der Auflehnung gegen Recht und Ordnung, bedeckte alle Flächen, die vom Erdboden aus erreichbar waren, und viele noch darüber hinaus. Abraham sagte, dass Tausende von Leuten ständig damit beschäftigt wären, die Schmierereien zu beseitigen, aber am nächsten Morgen seien sie wieder da.

Ich dachte an das alte Evangeliumslied: »Lasst die Küstenfeuer brennen ...« Hier möchte ich einen Teil davon wiedergeben:

»Dunkel liegt die Nacht der Sünde
überm weiten Weltenmeer.
Laut die Nebelhörner grollen.
Scheint kein Licht vom Ufer her?

Lasst die Küstenfeuer brennen,
lasst sie leuchten weit hinaus,
denn sie weisen manchem Fischer
sicherlich den Weg nach Haus.«

Dort auf der Flatbush-Avenue befand sich die »Brooklyn-Tabernakel«-Gemeinde und sandte ihren Schein weit über das Meer. Tausende hatten durch ihre Lichter den Hafen erreicht. Meine Zuhörer waren eine wunderbare Mischung von rassischem und ethnischem Hintergrund. Die Musik war lauter, als ich sie gewohnt war, aber wunderbar übersprudelnd und von Herzen kommend. Da gab es gar keinen Zweifel, diese Frauen beteten Gott an. Ich hörte einige ihrer Geschichten. Sie waren für mich kaum vorstellbar: Drogen, Alkohol, Missbrauch, Armut, Verlassenheit kamen mir daraus entgegen. Der anonyme Brief einer Mutter an ihren Pastor erzählte von ihrem eigenen Herzweh. Gerade in dieser Woche hatte sie erfahren, dass ihre vierzehnjährige Tochter schwanger war. Der Vater des Kindes war der siebzehnjährige Bruder des Mädchens. Diese Mutter sagte, dass sie am liebsten sich selbst und ihre Kinder getötet hätte. »Doch jetzt schaffe ich es, weiterzuleben«, schrieb sie, »mit Jesus und der Hilfe dieser Gemeinde.«

Wir hörten die zweihundert Stimmen ihres Chors bei dem Auftritt von Billy Graham im Central Park am Sonntagnachmittag. Abends, nachdem ich noch einmal in der Tabernakel-Gemeinde gesprochen hatte, aßen wir gemeinsam mit einer Gruppe der Kirchenglieder. Ich fragte eine Frau mit Namen Marie nach ihrer Geschichte. Ihr Gatte lächelte und meinte: »Darüber spricht sie gern. Es ist ihre Lieblingsgeschichte.« Am liebsten würde ich sie in ihrer ganzen Länge hier wiedergeben.

Ihre Mutter war fünf Monate schwanger, als sie an Krebs sterben musste. Marie – sie war das Baby – überlebte und wurde in ein Findelhaus gebracht. Später wurde sie der Fürsorge von Nonnen anvertraut, die sie sehr schlecht behandelten, obwohl sie ihr etwas von Gott erzählten. Marie hatte das Gefühl, dass Gott besser war als diese Nonnen. Und sie wusste auch, dass ihr Vater sie liebte. Doch sie sehnte sich nach mehr Zuwendung. Im Alter von zehn Jahren begann sie Kleber zu schnüffeln. Das führte sie zum Rauchen von Marihuana und in den nächsten fünfzehn Jahren auch zu harten Drogen. Als sie in Mexiko mit ihrem Freund an einer Freizeit teilnahm, kam ihr erstmals die Überlegung, warum sie eigentlich geboren war. Welcher Sinn war in allem? Ganz deutlich sprach Gott zu ihr: »Marie, vertraue dein Leben mir an. Es ist deine letzte Chance.« Plötzlich verlor sie die Lust an Drogen und sagte ihrem Freund, dass sie auch nicht mehr mit ihm zusammen schlafen wollte. Als sie nach New York zurückkehrte, stellte sie fest, dass eine Gruppe von Freunden genau um die Zeit, wo das alles passiert war, für sie gebetet hatte. Sie führt nun ein total anderes Leben und hat den früheren Freund geheiratet, der inzwischen Pastor geworden ist.

»Sie hätten mich früher sehen sollen«, meinte dieser. »Ich hatte langes Haar mit Federn darin und in jedem Ohr drei Ringe.«

Ich dachte an meine eigene Kindheit – Christus war das Haupt unserer Familie gewesen. Meine Eltern liebten ihn. Und sie liebten einander und uns. Es gab weder Alkoholmissbrauch noch Drogen. Die Bibel und viele geistliche Lieder waren uns vertraut. Wir waren ein sauberes Haus und saubere Straßen gewohnt. Ich dachte an das Zeugnis von Nicky Cruz, das ich nachmittags in der Versammlung von Billy Graham gehört hatte – wie sein Weg aus tiefer Sünde und Sorge in die Freude geführt hatte – und an die schlichten Worte von Johnny Cash: »Der Alkohol gab mir keinen Frieden. Drogen brachten mir kein Glück ins Herz. Beides fand ich in Jesus Christus. Er veränderte mein Leben.« Dann sang er: »Die alte Rechnung ist lange schon bezahlt ...« Seine geliebte June fiel mit dem kräftigen Refrain ein: »Auf meinen Knien!«

Die Tränen kommen mir heute noch, während ich dies schreibe, wenn ich an die unbeschreibliche Freude denke, die ich auf den nach oben gerichteten Gesichtern in diesen beiden Tagen erblickte. Diese Menschen leben auch weiterhin mit viel Not und Elend und herzzerreißendem Kummer. Aber da sah man eine Freude, einen Frieden und eine Liebe, wie sie mir nur in wenigen Kirchen und Gemeinden je begegnet sind. Ich wüsste nicht, wo ich jemals so oft umarmt worden bin wie dort. Wie ist das alles möglich? Die Erklärung ist ganz einfach:

»Denn das Wort vom Kreuz ist eine Torheit denen, die verloren werden; uns aber, die wir selig werden, ist's eine Gotteskraft. ... was töricht ist vor der Welt, das hat Gott erwählt, damit er die Weisen zuschanden mache; und was schwach ist vor der Welt, das hat Gott erwählt, damit er zuschanden mache, was stark ist; und das Geringe vor der Welt und das Verachtete hat Gott erwählt, das, was nichts ist, damit er zuschanden mache, was etwas ist, damit sich kein Mensch vor Gott rühme. Durch ihn aber seid ihr in Christus Jesus, der uns von Gott gemacht ist zur Weisheit und zur Gerechtigkeit und zur Heiligung und zur Erlösung« (1. Kor 1,18.27–30).

9 LÄSST GOTT BEI SEINEN KINDERN ARMUT ZU?

Gott erlaubt es, dass sowohl Christen wie Nichtchristen jede Form von Leiden erfahren können, die der Menschheit bekannt sind, so wie er ja auch seinen Segen über Gerechte und Ungerechte ausgießt. Armut und auch andere Formen des Leidens sind etwas Relatives. Mein Gatte Lars und ich stellten das in Indien fest. Die Definition der »Armutsgrenze«, die in unserem Land Gültigkeit hat, würde für die Mädchen, die wir in der Nähe unseres Hotels arbeiten sahen, unvorstellbaren Überfluss bedeuten. Neun Stunden am Tag trugen sie nassen Beton in Holzgefäßen auf ihren Köpfen und gossen ihn dann in Formen für das Fundament eines großen Gebäudes. Dafür bekamen sie pro Tag 30 Cents als Lohn.

Es gibt ein paar Schlüssel für einige Gründe Gottes, seine Kinder Leiden erfahren zu lassen. Dazu scheinen mir Schriftstellen zu gehören wie z.B. 2. Kor 8,2: »Denn ihre Freude war überschwänglich, als sie durch viel Bedrängnis bewährt wurden, und obwohl sie sehr arm sind, haben sie doch reichlich gegeben in aller Einfalt.« Paulus sprach an dieser Stelle von den mazedonischen Gemeinden. Sie brachten den lebendigen Beweis dafür, dass es nicht an Armut oder Reichtum liegt, ob Menschen großzügig sind. Manchmal sind die Ärmsten am ehesten bereit, das, was sie besitzen, mit anderen zu teilen.

»... (sie) haben uns mit vielem Zureden gebeten, dass sie mithelfen dürften an der Wohltat und der Gemeinschaft des Dienstes für die Heiligen« (V. 4).

Geld ist, wo es geliebt wird, eine schreckliche Macht. Es kann uns blind machen, uns fesseln und mit Angst und Schrecken erfüllen. Es kann uns Tag und Nacht elend quälen und uns dahin bringen, ihm bis zur totalen Erschöpfung nachzujagen. Die mazedonischen Christen besaßen wenig, nahmen ihr Schicksal aber im Glauben und Vertrauen an.

Ihre Augen wurden dafür geöffnet, über ihr eigenes Elend hinauszublicken. Sie erkannten, was wichtiger war als ein Bankauszug. Und aus »überschwänglicher« Sorge trugen sie dazu bei, die Not der Brüder zu lindern.

Wenn wir durch den Verlust dessen, was in den Augen der Welt wertvoll erscheint, gewinnen können, was sie verachtet – Schätze im Himmel, unsichtbar und unverderblich –, ist das nicht jede Art von Leiden wert? Wie hoch veranschlagen wir, ein bisschen mehr verstehen zu lernen, was das Kreuz bedeutet: Leben aus dem Tod, die Umwandlung der irdischen Verluste und des Herzeleids und aller Tragödien?

Armut habe ich nie erfahren. Aber Gott erlaubt im Leben eines jeden von uns irgendwelche Verluste – den Entzug von etwas, das wir sehr schätzten. Wir sollten lernen, uns selbst bereitwilliger für Gott und andere Menschen zu öffnen. Wir bekamen den Hauch des Todes an einer Stelle zu spüren, wo wir besonders festhingen. Auf diese Weise sollten wir Fülle und Freiheit und Freude umso eher erleben. Von Natur aus neigen wir nicht dazu, Gott zu lieben und sein Reich zu suchen. Schwierigkeiten können dazu beitragen, dass sich das ändert – das heißt, vielleicht wirft es uns zunächst um. Doch ein gewisser Druck bringt uns oft in die rechte Richtung.

10

WARUM LÄSST GOTT AUSGERECHNET MIR DAS PASSIEREN?

In der Zeitschrift *National Geographic* erschien vor Jahren ein Artikel, der mein Denken seitdem immer wieder beschäftigt hat: »The Incredible Universe« (Das unvorstellbare Universum) von Kenneth F. Weaver und James P. Blair. Ein Absatz daraus lautete so:

»Wie wird der menschliche Verstand mit dem Wissen fertig, dass das entfernteste Objekt, das wir im Universum noch sehen können, etwa zehn Milliarden Lichtjahre von uns weg ist? Stellen wir uns vor, dass die Dicke dieser Buchseite die Entfernung der Erde von der Sonne darstellt (168 000 000 km oder etwa acht Lichtminuten). Dann würde die Entfernung zum nächsten Stern (4 1/3 Lichtjahre) einen Papierstapel von über 200 Metern ergeben. Und der Durchmesser unserer eigenen Galaxie (100 000 Lichtjahre) betrüge einen Stapel von über 500 km Höhe. Der Rand des uns bisher bekannten Universums wäre erst erreicht mit einem Papierstapel von über 55 000 000 km Höhe (das wäre ein Drittel des Weges bis zur Sonne).«

55 000 000 km. Das wäre ein riesiger Berg von Papier. Da versagt meine Vorstellungskraft und ich vermute, es geht Ihnen genauso. Ich habe einmal irgendwo gelesen, dass unsere Galaxie nur eine von vielleicht zehn Milliarden darstellt.

Ich kenne den *Einen*, der das alles gemacht hat. Er ist mein Hirte. Und *das* hat er gesagt: »Meine Hand hat die Erde gegründet, und meine Rechte hat den Himmel ausgespannt. Ich rufe, und alles steht da. ... Ich bin der Herr, dein Gott, der dich lehrt, was dir hilft, und dich leitet auf dem Wege, den du gehst. O dass du auf meine Gebote gemerkt hättest, so würde dein Friede sein wie ein Wasserstrom und deine Gerechtigkeit wie Meereswellen« (Jes 48,13.17–18).

Es geht kaum ein Tag vorbei, an dem ich nicht einen Brief oder Telefonanruf oder Besuch erhalte von irgendjemand, der sich in Schwierigkeiten befindet. Nahezu immer taucht in der einen oder anderen Form die Frage auf: »*Warum lässt Gott mir das geschehen?*«

Manchmal gerate ich in Versuchung, diese Frage auch zu stellen. Sie verliert aber ihren Stachel bei dem Gedanken, dass dieser Herr, in dessen starke Hände ich vor langer Zeit mein Leben übergab, ein Universum lenkt, das unvorstellbar ist in Ausmaß und Komplexität. Wie könnte ich all das verstehen, was er in Betracht ziehen muss, wenn er mit diesem Universum und mit mir, einem einzelnen Individuum, zu tun hat! Er hat uns zahllose Versicherungen dafür gegeben, dass wir »beim Mischen der Karten« nicht verloren gehen. Er setzt den »Tanz der Moleküle« in Szene, der sich in jeder Sekunde, jeder Minute, jeden Tag in jeder Zelle des Universums abspielt. Laut wissenschaftlichen Angaben hat eine Zelle ungefähr 200 Trillionen Moleküle. Gott beachtet das kleinste Samenkorn und den winzigsten Spatz. Er ist nicht zu beschäftigt, um nicht auf ein fallendes Haar von mir zu achten.

Doch in unserer Finsternis vermuten wir, dass er uns übersehen hat. Er hat es wirklich nicht. Ich habe eine ganze Liste von Antworten zusammengestellt, die Gott selbst uns auf unsere beständigen Fragen nach Not und Unglück gibt:

1. Wir müssen wie Reben beschnitten werden. Im letzten Gespräch mit seinen Jüngern – bevor er zum Kreuz ging – erklärte Jesus, dass Gott der Weingärtner sei, er selbst der Weinstock und wir die Reben (dieses Gespräch hat für uns die gleiche Bedeutung wie für die Jünger). Wenn wir Frucht tragen sollen, müssen wir auch beschnitten werden. Das ist auf jeden Fall ein schmerzlicher Prozess. Jesus wusste, dass seine Jünger manches würden erleiden müssen. Er zeigte ihnen aber in seiner wunderschönen Metapher, dass das nicht umsonst sein würde. Nur der richtig beschnittene Weinstock bringt die beste Frucht. Sie durften sich aber damit trösten, dass das Beschneiden ein Beweis dafür sei, dass sie

weder unfruchtbar noch verdorrt waren. In dem Fall wären sie nämlich auf dem Abfallhaufen einfach verbrannt worden.

Das Beschneiden erfordert nicht nur das Entfernen von erkennbar Überflüssigem, sondern auch von manchem, das uns als »gutes Holz« erscheint. Warum sind wir nur so verwirrt, wenn der Herr gute Dinge aus unserm Leben herausnimmt? Er selbst gibt eine Erklärung dafür: »Darin wird mein Vater verherrlicht, dass ihr viel Frucht bringt und werdet meine Jünger« (Joh 15,8). Wir brauchen nicht zu sehen, wie das Ganze vor sich geht. Er hat uns gesagt, dass es so sein wird.

2. Wir müssen »verbessert«, »kultiviert« werden. Petrus schrieb an die zerstreute Gemeinde und erinnerte sie daran, dass sie »... jetzt eine kleine Zeit ... traurig und in mancherlei Anfechtungen« sein sollten. (Sie befanden sich im Exil – was die meisten von uns nicht für eine »Kleinigkeit« halten würden.) Trotzdem waren sie nach dem Plan Gottes erwählt, zu seinem Dienst geheiligt und durch das Blut Jesu Christi geweiht. Doch all diese Vorzüge bedurften noch der Verbesserung und Kultivierung. Gold ist Gold, aber es muss durchs Feuer hindurch. Der Glaube ist noch kostbarer als Gold. Daher muss er auch noch einem anderen Test standhalten. Erinnern wir uns an Gottes liebevolle Verheißung in 2. Kor 12,9: »Lass dir an meiner Gnade genügen; denn meine Kraft ist in den Schwachen mächtig.«

»Du machtest mich – und Dank sei dir dafür.
Du weißt genau, was du getan und tust für
mich noch heut'.
Ich will nicht weigern mich vor deinem Feuer ...
noch deiner Töpferscheibe mich entzieh'n.
Wenn auch der Kopf mir wirbelt,
soll die Gnade mir genügen.
Sie reicht, um allen Kummer wegzuschieben,
und größte Stärke wächst in abgrundtiefer Schwachheit.«

George Mac Donald
»*Tagebuch einer alten Seele*, 2. Oktober«

»Wie solltest tragen du das Kreuz,
das so entsetzlich schwer erscheint?
Sei stille deinem Gott
und denke an die lange, lange Ewigkeit.«

E.W. Faber

11

BIST DU JEMALS BITTER GEWESEN?

Es hat Zeiten gegeben, in denen ich gesagt habe: »O Herr, das tust du mir doch nicht an, nicht wahr? Wie könntest du, Herr?« Ich kann mich später sehr gut an solche Zeiten erinnern und erkennen, dass meine Perspektive verzerrt war. Eine Schriftstelle, die mir dann hilft, mich zu korrigieren, ist Jesaja 45,9-12: »Weh dem, der mit seinem Schöpfer hadert, eine Scherbe unter irdenen Scherben! Spricht denn der Ton zu seinem Töpfer: Was machst du? ... So spricht der Herr, der Heilige Israels und sein Schöpfer: Wollt ihr mich zur Rede stellen wegen meiner Söhne? Und wollt ihr mir Befehl geben wegen des Werkes meiner Hände? Ich habe die Erde gemacht und den Menschen auf ihr geschaffen.« Er weiß genau, was er tut. Ich bin Ton in seiner Hand. Das englische Wort »humble« (demütig) hat seine Wurzel in dem Ausdruck »Humus«, d.h. Erde oder Lehm. Daran möchte ich denken, wenn ich mir Gedanken über das Handeln Gottes mache. Ich verstehe ihn nicht, aber das muss ich auch gar nicht. Ich soll ihm nur vertrauen. Die Bitterkeit verschwindet, wenn ich an die Art von Liebe denke, mit der er mich geliebt hat: Er gab sich selbst für mich. Was auch immer er jetzt noch tut und geschehen lässt, ist deshalb kein Grund zur Bitterkeit. Es muss mir zum Guten dienen, weil er mich geliebt und sich für mich hingegeben hat.

Ist es Sünde, Gott nach dem Warum zu fragen?

Es ist immer am besten, wenn wir zuerst bei Jesus selbst nach einer Antwort fragen. Er rief am Kreuz aus: »Mein Gott, mein Gott, warum hast du mich verlassen?« Das war ein zutiefst menschlicher Schrei, ein Schrei der Verzweiflung, der aus der Qual seines Herzens aufstieg angesichts dessen, was vor ihm lag. Er sah sich in die Hände boshafter Menschen gegeben und wurde buchstäblich zur Sünde gemacht – für dich und mich. Ähnliches werden wir nie erleiden können und müssen. Doch zu Zeiten fühlen auch wir uns verlassen und rufen aus: »Warum, Herr?«

Auch der Psalmist fragte nach dem Warum. Auch Hiob, der auf einem Aschenhaufen saß und schreckliche Qualen litt, fragte nach dem Warum. Es scheint mir keine Sünde zu sein, so zu fragen. Sünde ist lediglich der Zorn auf Gott und der Ärger über sein Handeln an uns. Wenn wir anfangen, an seiner Liebe zu zweifeln und der Vorstellung Raum geben, dass er uns betrügt um etwas, worauf wir ein Recht haben, dann werden wir so schuldig wie Adam und Eva es wurden. Sie nahmen eher die Schlange beim Wort, als dass sie Gott vertrauten. Die gleiche »Schlange« kommt auch immer wieder an uns heran und stellt die gleiche Frage: »Liebt Gott dich tatsächlich? Will er wirklich das Beste für dich? Ist sein Wort glaubwürdig? Macht er dir nicht etwas vor? Vergiss seine Versprechungen. Es ist gescheiter, wenn du dir deinen eigenen Weg suchst.«

Ich habe oft nach dem Warum gefragt. Es sind viele Dinge in meinem Leben passiert, die nicht in meinem Plan lagen und die man mit menschlicher Vernunft nicht erklären konnte. In der Dunkelheit meiner Bestürzung und meines Kummers hörte ich aber doch Gottes ruhige Stimme: »Vertraue mir.« Er wusste, dass meine Frage nicht aus Unglauben kam oder aus Auflehnung gegen seine Führung. Ich habe niemals bezweifelt, dass er mich liebt, aber manchmal fühlte ich mich wie Teresa von Avila, die einst aus einem Wagen herausgeschleudert wurde und in einen Graben fiel. Sie rief aus: »Wenn das die Art und Weise ist, wie du mit deinen Freunden umgehst, dann wundert es mich nicht, dass du so wenig hast!«

Mir scheint, Hiob war auch nicht immer ein geduldiger Mann. Doch er gab niemals die Überzeugung auf, dass er sich in Gottes Hand befand. Und Gott war groß genug, all das anzunehmen, was Hiob ihm entgegenschleuderte (s. z.B. Hiob 16). Fürchte dich nur nicht, ihm genau zu sagen, was du fühlst (er hat deine Gedanken bereits gelesen). Erzähl deinen

Kummer nicht der gesamten übrigen Welt. Gott kann deine Klagen ertragen – die anderen oft nicht. Und dann höre auf seine Antwort. Sechs verschiedene Antworten aus der Heiligen Schrift gelten der Frage nach dem Warum: 1. Petr 4,12–13; Röm 5,3–4; 2. Kor 12,9; Joh 14,31; Röm 8,17; Kol 1,24. Es ist ein Geheimnis um das Leiden, aber hier sind auch klare Begründungen zu finden.

12

BITTE, LIEBER HERR, HOL MICH AUS DER KLEMME HERAUS!

Da mein Gatte Lars Norweger ist, würde er am liebsten dreimal am Tag Fisch essen, wenn ich ihn ihm vorsetzen würde (was ich selten tue). Daher habe ich aber nun oft genug Fischköpfe oder Fischgräten zu »entsorgen«. Weil ich den Lärm des Müllschluckers nicht mag, werfe ich die Reste aus dem Fenster hinaus ins Gras. Eine prompte und gründliche Müllabfuhr – noch dazu kostenlos – findet sich dort bereit in Gestalt von sieben »Hauskrähen«, die plötzlich aus dem Nichts auftauchen (sie brauchen maximal neun Minuten, um mein Angebot zu entdecken). Kürzlich beobachtete ich eine von ihnen, die versuchte, das ganze Zeug in ihren Schnabel zu packen, bevor ihre Artgenossen ankamen. Sorgfältig pickte sie alles auf außer einer langen Rückengräte. Jetzt entstand ein Dilemma für sie. Wie sollte sie das lange Rückgrat noch festhalten, ohne etwas von dem fallen zu lassen, was sie bereits im Schnabel hatte? Nachdenklich betrachtete sie die Szene, hüpfte einmal rundherum um das lange Fischrückgrat und schien zu überlegen. Ist das nicht alles eine instinktive Handlung? Ich glaube es nicht. Die Krähe dachte nach. Sie traf eine Entscheidung. Sie ließ die kleineren Stücke plötzlich fallen, packte das lange Stück in der Mitte und hob es auf. Es war zu sperrig für sie. Wieder schien sie nachzudenken. Dann packte sie vorsichtig das eine Ende und bog es in den Klauen um. Jetzt pickte sie auch das andere Ende auf. Nachdem sie nun beide Enden in ihrem Schnabel hatte, schaffte sie es auch noch irgendwie (wie das möglich war, konnte ich beim besten Willen nicht erkennen), all die anderen Brocken bis auf einen winzigen Rest aufzupicken. Dann flog sie triumphierend davon, um ihren Fund irgendwo in der Einsamkeit zu genießen.

Gibt es jemand unter meinen Lesern, der noch nie irgendwie in eine Verlegenheit geraten wäre? Manche mögen gerade jetzt in einem ernsten Dilemma stecken. Wir möchten am liebsten beten: »Herr, bitte nimm diese schlimmen Probleme weg.« Gewöhnlich heißt die Antwort: »Nein, nicht sofort.« Wir müssen den Dingen ins Gesicht sehen, darum beten, darüber nachdenken, auf den Herrn warten, eine Entscheidung treffen. Manchmal geht es um qualvolle Entscheidungen.

Der Kirchenvater Augustin sagte einmal: »Gerade die Freuden des Lebens werden den Menschen auf dem Weg über Schwierigkeiten zuteil« (Übers. a. d. Engl.). Es gibt Zeiten, in denen unsere gesamte Existenz aus den Fugen gerät. Dann sehnen wir uns wenigstens nach einem einzigen normalen Tag. Das Leben, wie es sonst gewöhnlich verlief, kommt uns mit einem Mal ungeheuer wünschenswert vor. Im Licht der schrecklichen Zerreißprobe, in der wir uns gerade befinden, scheint es uns vorher geradezu wunderbar gewesen zu sein. Schwierigkeiten öffnen uns die Augen für Freuden, die wir als selbstverständlich angesehen hatten.

Ich erinnere mich an die Zeit, in der mein zweiter Gatte Add nach einer Krebserkrankung aus dem Krankenhaus entlassen worden war. Ich gab mich nicht der Vorstellung hin, dass er geheilt war. Aber ihn wieder zu Hause zu haben, war alles, was ich mir für diesen Tag gewünscht hatte. Ich deckte im Esszimmer den Tisch und zündete Kerzen an, wie ich es immer tat. Ich hatte sein Lieblingsessen gekocht: Steak, Folienkartoffeln, Salat und meinen hausgemachten Apfelstrudel. Als er den Kopf neigte, um in gewohnter Weise Gott zu danken, fühlte ich mich plötzlich gedrängt, etwas Ungewöhnliches zu tun: auf den Boden zu sinken, seine Hände zu umfassen und zu singen. Das Lied: »Lass uns feiern das Mahl, das er uns gab ...« lag mir auf der Zunge. Ich tat es nicht. Die Dinge verliefen in der gewohnten Weise. Doch es lag ein neuer Glanz darüber, einfach weil wir uns eine Weile entbehrt hatten und wussten, dass das bald wieder der Fall sein würde – wahrscheinlich für immer.

Paulus hat gesagt: »... ich habe gelernt, mir genügen zu lassen, wie's mir auch geht« (Phil 4, 11). Er hatte unter hartem

Druck gestanden, war in Krawalle geraten, verfolgt und niedergeschlagen worden. Der »gnädige« Gott beschloss nicht, die Bedrängnisse von ihm zu nehmen, denen er sich ausgeliefert sah (zu seinen größten Gnadenerweisen gehören seine Verweigerungen). Stattdessen entschied er sich dafür, sich Paulus gerade darin zu erkennen zu geben. Es geschah auf eine Art und Weise, die seinen Glauben fester werden ließ und ihn zu einem Menschen machte, der anderen den Glauben stärken konnte. Gott machte ihn zu einem Instrument des Friedens für uns andere. Er war schwer belastet, aber nicht völlig eingeengt. Gott hat versprochen, dass keiner von uns jemals über seine Kraft versucht werden soll. In Verwirrung geriet Paulus, doch niemals war er mit seiner Weisheit am Ende. Gott verspricht Weisheit denen, die ihn darum bitten. Verfolgt war er, aber niemals allein gelassen. Gott verspricht seine ständige Gegenwart an allen Tagen unseres Lebens. Paulus wurde niedergeschlagen, aber nicht bis zum Tod, obwohl einige seiner Verfolger extrem schändlich mit ihm, dem großen Apostel, verfuhren. In großer Gefahr ließ man ihn in einem Korb über eine Mauer herab. Bei einer anderen Gelegenheit musste er auf einem Wrackteil an Land schwimmen. Das waren wohl kaum die Mittel, von denen er erwartet hätte, dass Gott auf diese Weise seine Verheißungen erfüllen würde. Aber – warum eigentlich nicht? Das Absurde in all dem dient uns zum Guten. Das Leben ist absurd – wenigstens an der Oberfläche. Doch in Wirklichkeit ist jede Einzelheit davon geplant. Paulus sagt es so:

»Denn es geschieht alles um euretwillen, damit die überschwängliche Gnade durch die Danksagung vieler noch reicher werde zur Ehre Gottes« (2. Kor 4,15). Vielleicht tröstet dieses Zeugnis des Paulus, das schon viele Millionen von Menschen aufgerichtet hat, jetzt auch einen Menschen, der vor einem Dilemma steht und Gott gebeten hat, das Bedrängende wegzunehmen. Alle Probleme Paulus' wurden gelöst, aber nicht alle auf die Weise, wie er es sich vorgestellt hatte, oder zu der Zeit, die er erwartete.

13
VIELLEICHT DIESES JAHR...?

»Ich weiß kaum, wo ich anfangen soll...«, so beginnt ein Brief. »In meinem Leben fehlen die Männer. Da liegt das Problem. Männliche Begleitung oder Männergesellschaft scheint es für mich nicht zu geben. Und ich fürchte, dass das immer so bleiben wird. Keiner bittet mich ein zweites Mal um eine Verabredung. Immer und überall werde ich abgeschoben. Das Schlimme ist, dass ich so schrecklich gern eine Beziehung haben möchte. Ich habe eine überwältigende Sehnsucht danach...«

Eine Frau sagt mir: »Ich bin total verliebt. *Er* ist auch total verliebt – aber in eine andere.«

Ein anderer Brief berichtet von dem sehnsüchtigen Wunsch eines Paares nach einem Kind. »Da Gott uns dieses Verlangen nicht genommen hat«, so fragen sie, »... können wir daraus nicht schließen, dass wir nach seinem Willen jedes nur mögliche Mittel anwenden dürfen, um ein Kind zu bekommen (z.B. künstliche Befruchtung)?«

Wenn Gott einen vollkommen normalen menschlichen Wunsch nicht wegnimmt, heißt das nicht unbedingt, dass wir die Erlaubnis haben, die Erfüllung dieses Wunsches auf jede beliebige Weise zu verfolgen. Eine Frau hatte nach jahrelangen Kämpfen ziemlich schnell sechzig Pfund an Gewicht verloren. Sie erzählte mir später, dass sie erwartet hatte, dass Gott ihren Appetit verschwinden lassen würde. Als ihr klar wurde, dass das ein falscher Weg war (sie hatte darum gebeten, dass Gott ihr den von ihm selbst gegebenen Schutz vor dem Verhungern wegnehmen sollte), hörte sie damit auf, dieses Verlangen in der falschen Weise zu befriedigen.

Wird die junge Frau einen Gefährten finden? Wird das Paar ein Kind bekommen? Vielleicht wird dieses Jahr das der Erfüllung ihrer Wünsche werden. Vielleicht aber wird dieses Jahr auch eine radikale Umwandlung ihrer Wünsche mit sich bringen – ein Jahr des Findens sein, wie wir vielleicht noch nie wirklich gefunden haben: dass wir nämlich entdecken, dass Christus der Eine ist, der Allgenugsame – der tiefe, herrliche Brunnen der Liebe.

»Warum führt Gott nicht irgendjemand in mein Leben hinein? Ich fühle mich übergangen, aufgegeben. Wann bin ich endlich an der Reihe?« Der anklagende Brief geht weiter: »Ich fühle mich benachteiligt. Will Gott mir diesen einzigen kleinen Herzenswunsch verweigern? Ist er zu unverschämt, als dass man darum bitten dürfte? Mein Herz ist von Verwirrung und Qual erfüllt ...«

Das Leben wird dieser unglücklichen Person noch manches an Leid und Bestürzung zu bieten haben. Das gilt für alle, die es ablehnen, mit Danksagung den Platz zu akzeptieren, den Gott ihnen für ihr Leben zuweist – die stattdessen nur ihr Schicksal beklagen. Diese Qualen sind hausgemacht. Gott hat ihre Gebete gar nicht überhört. Er weiß besser als einer von uns, was unserer Erlösung dienlich ist. Unser wahres Glück wird erst durch eben diese Verweigerungen, die immer eine Gnade darstellen, realisiert. Seine Entscheidung ist – sobald wir sie akzeptieren – ohne Einschränkung darauf ausgerichtet, uns die tiefste Freude zu vermitteln.

Joseph Eliot sagte im siebzehnten Jahrhundert: »Ich brauche alles, was Gott mir gibt, und wünsche nichts (oder empfinde keinen Mangel bei dem), was Gott mir verweigert.«

Als Mose zurückblickt auf die Art und Weise, wie Gott Israel geführt hat, sagt er:

> »Und gedenke des ganzen Weges, den dich der Herr, dein Gott, geleitet hat diese vierzig Jahre in der Wüste, auf dass er dich demütigte und versuchte, damit kundwürde, was in deinem Herzen wäre ... Er demütigte dich und ließ dich hungern und speiste dich mit Manna, das du und deine Väter nie gekannt hatten, auf dass er dir kundtäte, dass der Mensch nicht lebt vom Brot allein, sondern von allem, was aus dem Mund des Herrn geht. ... So erkennst du ja in deinem Herzen, dass der Herr, dein Gott, dich erzogen hat wie ein Mann seinen Sohn erzieht. ... Denn

> der Herr, dein Gott, führt dich in ein gutes Land, ein Land, darin Bäche und Brunnen und Seen sind, die an den Bergen und in den Auen fließen, ein Land, darin Weizen, Gerste, Weinstöcke, Feigenbäume und Granatäpfel wachsen, ein Land, darin es Ölbäume und Honig gibt, ein Land, wo du Brot genug zu essen hast, wo dir nichts mangelt …« (5. Mose 8,2–3.5.7-9).

Der Grund unserer Unzufriedenheit liegt darin: wir glauben Gott einfach nicht. Die Wüstenerfahrung führt ins verheißene Land. Das ist der Weg, den Gott für uns ausersehen hat. Sein Wort besitzt für immer seine Gültigkeit. Er sagt uns auf tausend verschiedene Weisen, dass er unseren Frieden will. Die Entscheidungen, die er für uns trifft, führen zu Erfüllung und Freude. Der Weg der Übertretungen, der Abwehr, ist hart. Bilden wir uns ein, einen besseren Weg zu wissen als er? Eine der Gestalten George Eliots sagt:

> »Du suchst deinen eigenen Willen durchzusetzen, meine Tochter. Du hältst etwas anderes für gut, als das, was das Gebot dir erlaubt, dem du gehorchen solltest. Aber wie willst du das Gute finden? Es ist keine Sache der Wahl, sondern es ist wie ein Strom, der vom Fuß des unsichtbaren Thrones ausgeht und nur auf dem Weg des Gehorsams fließt. Ich muss es noch einmal sagen: der Mensch kann sich seine Pflichten nicht selbst aussuchen. Du kannst beschließen, sie zu vergessen und dich dem Leid zu entziehen, das sie mit sich bringen. Aber dann wirst du weitergehen auf deinem Weg, und was wirst du dort finden, meine Tochter? Leid ohne Pflichten – bittere Kräuter und kein Brot dazu.«

Statt seine ewige Liebe zu sehen, die sich zärtlich zu unserer Menschlichkeit herabneigt und sich mit dem stummen Sehnen eines Vaters um uns kümmert, halten wir ihn manchmal für gleichgültig, unzugänglich oder einfach für unfair.

Die schlimmste Pein, die wir erleben müssen, kommt nicht aus dem Leiden an sich, das uns widerfährt, sondern aus unserem eigensinnigen Widerstand dagegen, aus dem hartnäckigen Bestehen auf unserer Unabhängigkeit. »Mit Christus gekreuzigt sein« heißt nach Oswald Chambers »die Schale dieser Unabhängigkeit aufbrechen«. »Ist das schon passiert?«, so fragt er. »Alles andere ist fromme Selbsttäuschung.«

Und Sie und ich, wir wissen im tiefsten Herzen, dass dieses Aufbrechen, dieser Dolchstoß (der so typisch für Chambers ist), die nackte Wahrheit bedeutet.

Wenn wir dieses Kreuz ablehnen, werden wir es in der ganzen Welt nicht wiederfinden. *Hier* ist uns eine einmalige Gelegenheit geboten. Sei geduldig. Warte auf den Herrn und auf das, was er für dich bestimmt. Warte ruhig, warte voller Vertrauen. Er hält jede Minute jeder Stunde eines jeden Tages, jeder Woche, jeden Monats, jeden Jahres in seinen Händen. Danke ihm im Voraus für alles, was die Zukunft dir bringen wird, denn er ist schon *dort*. »Der Herr ist mein Gut und mein Teil ...« (Ps 16,5). Sollten wir nicht fröhlich sagen: Ich will es annehmen, Herr! Ja! Ich will dir vertrauen in allen Dingen. Segne, Herr, meine Seele!

»Weiß ich den Weg auch nicht,
du weißt ihn wohl,
das macht die Seele still
und friedevoll.
Ist's doch umsonst,
dass ich mich sorgend müh,
dass ängstlich schlägt mein Herz,
sei's spät, sei's früh.

Du weißt woher der Wind
so stürmisch weht,
und du gebietest ihm,
kommst nie zu spät.
Drum wart ich still;
dein Wort ist ohne Trug,
du weißt den Weg für mich –
das ist genug.«

Hedwig von Redern

14

NIMM IRGENDWELCHEN KUMMER NICHT SCHON VORWEG

Es war an einem stillen sonnigen Nachmittag. Ich saß in einer kleinen Kapelle auf einer Insel im Süden. Plötzlich meinte ich, ich hätte jemand eintreten hören. Da stand eine junge Frau und weinte still vor sich hin. Nach einer kleinen Weile fragte ich, ob ich ihr irgendwie helfen könne. Sie vertraute mir ihre Ängste an – Ängste vor der Zukunft: Was wäre, wenn ihr Gatte sterben würde? Oder eins ihrer Kinder? Was würde passieren, wenn ihnen das Geld ausginge?

Alle unsere Ängste drücken in der einen oder anderen Form meiner Meinung nach die Angst vor dem Tod aus, die uns allen gemeinsam ist. Aber ist es unsere Aufgabe, uns in das zu vertiefen, was vielleicht morgen geschieht? Das ist ein schwieriges und schmerzliches Unterfangen, das uns Kraft und Zeit raubt, die uns für heute gegeben sind. Wenn wir uns Gott in die Hände gegeben haben – sollten wir dann noch den Versuch machen, etwas festhalten und gestalten zu wollen, was uns niemals gehört – das Morgen? Unser Leben gehört ihm, unsere Zeit steht in seinen Händen. Er ist Herr über das, was geschehen *wird*, unabhängig davon, was das im Einzelnen sein kann. Wenn wir beten: »Dein Wille geschehe« – gehen wir dabei davon aus, dass er uns nicht hört? Er hört uns doch. Und jeden Tag macht er unsere Sache zu der seinen und nimmt an unserem Leben teil. Wenn mein Leben ihm einmal ausgeliefert ist, ist alles gut. Ich möchte es nicht zurück haben, als ob es in *seinen* Händen in Gefahr und in *meinen* sicherer wäre!

Das Heute gehört mir. Das Morgen geht mich nichts an. Spähe ich ängstlich in den Nebel der Zukunft hinein, strenge ich meine geistlichen Augen derart an, dass ich nicht mehr klar erkennen kann, was im Augenblick von mir gefordert ist.

»Es ist genug, dass ein jeder Tag seine eigene Plage hat« – und die Mühe, die daraus entspringt. Das Böse gehört nicht zu dem »Joch«, von dem Jesus sagte, dass wir es auf uns nehmen sollen. Unser ist das Werk des Tages – und dieses Joch trägt er mit uns. Ich übernehme mich, wenn ich mehr will.

»Gott legt den Hund an die Kette bis zur Nacht.
Willst du die Kette lösen, deine Sorgen wecken?
Willst du vorweg sie nehmen und schon heute
bekümmert sein ums Morgen?
Und dann aufs Neue wieder grübeln,
bedenken alle Kümmernisse, die du hast?

Vielleicht tritt gar nicht ein, was du befürchtest,
Nimm's nicht schon vorher an und halt es fest!
Wenn's dennoch kommt, ist es vielleicht sehr schnell
vorbei – verschwunden aller Zweifel.
Mein Gott hat seine Hilfe mir versprochen –
und er ist immer noch gerecht und treu.«

George Herbert, »Die Freisprechung«

15
WIE LANG IST GOTTES ARM?

Wie können wir die Verheißungen Gottes, seine Menschen zu beschützen, mit der Tatsache vereinbaren, dass in unserem Leben doch so viel schlimme Dinge passieren? Können wir Gott vertrauen im Hinblick auf seine Zusage und seinen Schutz?

Diese Frage taucht sehr oft auf. Das ist auch kein Wunder, weil es in der Bibel eine Menge an Verheißungen gibt, die sich auf Schutz und Beschütztwerden beziehen – einschließlich (vor allem im Alten Testament) des Schutzes für unser physisches Leben. Wir müssen sorgfältig solch eine Schriftstelle mit anderen interpretieren. Wenn wir die Berichte genauer ansehen, werden wir feststellen, dass Gott keineswegs seine Leute immer vor Schaden bewahrt. Er hat die absolute Macht, uns physisch und geistlich in Sicherheit leben zu lassen. Aber er hat die Welt so eingerichtet, dass für den Menschen Entscheidungsfreiheit möglich ist. Das heißt, der Mensch kann wählen, ob er Gott gehorchen will oder nicht. Das ist letztlich ein tiefes Mysterium. Der Ungehorsam des Menschen brachte das Böse in die Welt. Wir alle sind ihm unterworfen. Gott klammert dessen Auswirkungen nicht aus, selbst für seine besonders auserwählten Diener nicht (s. Johannes der Täufer, Stephanus, die namenlosen Opfer aus dem Hebräerbrief 11,35-37).

Trotzdem haben wir nun einmal diese Verheißungen. Römer 8,35-39 ist eine der am meisten zitierten Stellen in diesem Zusammenhang. Ich glaube, dass wir ganz beruhigt sein können. Und dass wir unverwundbar sind, solange Gott nicht die Erlaubnis gibt, dass wir verletzt werden dürfen. Wenn er das dann tut, so lässt er uns nicht allein in der Not. Er geht mit uns durchs dunkle Tal, durch tiefes Wasser, durch den Feuerofen. Er will uns niemals, absolut niemals verlassen oder vergessen.

16
ES GIBT KEINEN ANDEREN WEG

Um einen bestimmten Platz in Texas – Laity Lodge – zu erreichen, muss man durch ein Flussbett fahren. Die Straße führt einen steilen felsigen Berg hinunter in eine Schlucht und dann geradewegs ins Wasser hinein. Am Rand des Wassers findet sich eine Hinweistafel: »Es ist richtig. Sie müssen im Wasser weiterfahren.«

Wer sich entschlossen hat, mit Gott auch bis zum Äußersten zu gehen, wird möglicherweise eines Tages überraschend auch an eine solche Stelle kommen. Vielleicht scheint das Weiterfahren oder -gehen dann genauso unmöglich zu sein wie an diesem Flussbett. Dann schauen wir uns eventuell um, ob es nicht einen anderen Weg gibt. Aber wer das will, was Gott denen verheißen hat, die ihm vertrauen, der muss die Gefahr auf sich nehmen. Es gibt keinen anderen Weg.

Das geschriebene Wort Gottes ist unser Wegweiser. Vertrauen wir ihm doch. Und gehorchen wir ihm. Fahren wir getrost in das »Flussbett« hinein und erreichen dann unser »Laity Lodge«. Mose sagte einmal zum Volk Israel: »Ich habe euch Leben und Tod, Segen und Fluch vorgelegt, damit du das Leben erwählst und am Leben bleibst, du und deine Nachkommen, indem ihr den Herrn, euern Gott, liebt und seiner Stimme gehorcht und ihm anhanget. Denn das bedeutet für dich, dass du lebst ... «

Wenn du das Risiko des Gehorsams auf dich nimmst, wirst du Felsengrund unter dir finden. Und auch Markierungen, den Beweis, dass vor dir schon jemand den Weg gegangen ist. »Der Herr, dein Gott, wird selber vor dir hergehen ... der wird mit dir sein und wird die Hand nicht abtun und dich nicht verlassen. Fürchte dich nicht und erschrick nicht!« (5. Mose 30,19.20; 31,3.8). Es geht um das, was in dem alten Evangeliumslied so schlicht und einfach gesagt ist:

»Jesus enttäuscht uns nie,
Jesus enttäuscht uns nie.
Lass dein Zweifeln, komm und sieh,
denn er enttäuscht uns nie.«

17
VERTRAUEN WIDER ALLE VERNUNFT

Manche von Ihnen fühlen sich vielleicht im Augenblick, als ob sie auf einem stockdunklen Meer dahintreiben. Unsicherheit umgibt Sie ringsum. Es scheint keinen Richtungsweiser zu geben, dem man folgen könnte. Vielleicht haben Sie auch das Gefühl, von Einsamkeit verschlungen zu werden. Da ist niemand mit dem Sie über Ihre Not sprechen könnten. Amy Carmichael beschreibt eine solche Situation in ihrem Leben. Als sechsundzwanzigjährige Missionarin musste sie aus gesundheitlichen Gründen Japan verlassen. Sie reiste nach China, um sich zu erholen. Doch dann wurde ihr klar, dass Gott ihr die Anweisung gab, nach Ceylon zu gehen. (All das war eine Vorbereitung für ihren Weg nach Indien, wo sie später dreiundfünfzig Jahre wirkte.) Auf meinem Schreibtisch liegt ihr handgeschriebener Brief vom 25. August 1894 im Original. Sie war damals auf dem Weg nach Colombo:

»Vor allem wollen wir daran denken, dass es nicht darum geht, dass wir etwas verstehen, sondern dass wir ganz schlicht gehorchen ... Am Samstag, den 28. Juli, sind wir losgesegelt. Wir mussten bereits Freitagabend an Bord gehen. Und dann legte das kleine Beiboot, in dem sich die lieben Freunde befanden, die zum Abschiednehmen gekommen waren, wieder ab. Die Kälte der Einsamkeit ließ mich erzittern. Doch dann kamen längst bekannte und geliebte Zeilen mir in den Sinn wie eine warme, liebevolle Umarmung: ›... O Heiland, dir vertraue ich, mein Steuermann bist du, durch Sturm und Wellen führst du mich dem sichern Hafen zu ...‹ Von da ab konnte ich keine Angst mehr fühlen. Er sei gepriesen für dieses stockdunkle Wasser – es sind alles nur Gelegenheiten, bei denen sich herausstellt, dass er wirklich der ›El Shaddai‹ ist, der Gott, der allgenugsam ist.«

Ich möchte mein eigenes Zeugnis ihren Worten anfügen – ihren und auch dem von den Zehntausenden, die es ebenfalls erfahren haben, dass er wirklich der Allgenugsame ist. Er repräsentiert nicht all das, worum wir ihn bitten (wenn wir ehrlich sind), aber gerade dann, wenn wir das nicht bekommen, worum wir bitten – und nur dann –, können wir ganz klar seine Allgenugsamkeit erfahren. Gerade wenn kein Mond und kein Sternlein am Himmel zu finden sind, wenn uns das Meer des Lebens stockdunkel erscheint, dann wird der Herr unser Licht.

18

PASS AUF, DASS DU DEINEN FRIEDEN NICHT VERSPIELST

Die Bedeutung von Chorälen und geistlichen Liedern im Hinblick auf mein geistliches Wachstum ist kaum zu überschätzen. Eins der letzteren, recht bekannten, enthält die Zeile: »Mach aus Sorgen ein Gebet ...« Wie oft setzen wir unseren Frieden aufs Spiel, wieviel Kummer machen wir uns unnötig, und all das nur, weil wir nicht alle Dinge im Gebet vor Gott bringen. Gebetslosigkeit ist einer der vielen Wege, auf denen wir leicht den Frieden verlieren, den Gott uns zugedacht hat. Mir fallen noch ein paar andere Möglichkeiten ein. Ich möchte einmal einige aufzählen:

1. Ärgere dich über Gottes Wege!
2. Mach dir so viel Sorgen wie möglich!
3. Bete nur um Dinge, die du selbst nicht fertig bringst!
4. Weigere dich, das anzunehmen, was Gott dir zuteilt!
5. Schau dich woanders als bei ihm nach Frieden um!
6. Versuche, selbst mit deinem Leben fertig zu werden!
7. Bezweifle Gottes Wort!
8. Schlepp dich mit all deinen Problemen ab!

Für diejenigen, die den Frieden lieber nicht verlieren möchten, füge ich hier noch acht positive Hinweise an, wie man ihn erhalten kann (es sind gleichzeitig Gegenmittel gegen die oben erwähnten Gefahren):

1. »Großen Frieden haben, die dein Gesetz lieben; sie werden nicht straucheln« (Ps 119,165). »Umstände sind ein Ausdruck von Gottes Willen«, schrieb einst Bischof Handley Moule.
2. »Sorgt euch um nichts ...« (Phil 4,6).
3. »... in allen Dingen lasst eure Bitten in Gebet und Flehen mit Danksagung vor Gott kundwerden! Und der Friede

Gottes, der höher ist als alle Vernunft, bewahre eure Herzen und Sinne ...« (Phil 4,6–7).

4. »Nehmt auf euch mein Joch und lernt von mir ... so werdet ihr Ruhe finden für eure Seelen« (Mt 11,29).
5. »Den Frieden lasse ich euch, meinen Frieden gebe ich euch. Nicht gebe ich wie die Welt gibt« (Joh 14,27).
6. »Und der Friede Christi ... regiere in euren Herzen« (Kol 3,15).
7. »Der Gott der Hoffnung aber erfülle euch mit aller Freude und Frieden im Glauben« (Röm 15,13).
8. »Alle eure Sorge werft auf ihn; denn er sorgt für euch« (1. Petr 5,7).

»Schenk es mir, o Herr, mein Gott, dass ich nicht abfalle durch Erfolg oder Versagen, dass ich nicht stolz werde, wenn mir Reichtum zufällt, oder niedergeschlagen bin im Unglück. Lass mich Freude nur an dem haben, was mich näher zu dir bringt, und mich nur darum sorgen, dass mich nichts von dir trennt. Lass mich danach streben, niemand anderem zu gefallen, und mich nicht fürchten, jemand zu *miss*fallen, außer dir. Lass mich immer nach den ewigen Dingen trachten und nicht nach denen streben, die doch nur vergänglich sind. Lass mich jede Freude, die dich ausschließt, meiden, und keine an dir vorbei suchen. O Herr, ich will mich freuen an jedem Werk, das ich für dich tue. Und lass mir allen Frieden außerhalb von dir gleichgültig sein. Mein Gott, lass mein Herz auf dich gerichtet sein und mich in meinen Fehlern immer bei dem Streben bleiben, sie abzulegen.«

Thomas von Aquin (Übers. a. d. Engl.)

19
EIN WINZIGER SCHATZ IM HIMMEL

In einem Jahr lebte ich im Dezember zwei Wochen in einem Hotel in der Nähe meiner Tochter Valerie. Sie wohnte damals in Mission Viejo in Kalifornien, und ich konnte ihr Heim vom Hotel aus zu Fuß erreichen. Damit verband sich für mich die Chance, morgens und am frühen Nachmittag ununterbrochen schreiben zu können. Den Rest des Tages verbrachte ich dann mit ihrer Familie. Vier ihrer Kinder machten sich einen herrlichen Spaß daraus, eine Nacht bei mir im Hotel zu bleiben. (Eins der sechs Kinder war noch zu klein dafür und eins schon zu erwachsen.) Es war auch für mich eine große Freude, jedes Einzelne zu genießen und zu beobachten, wie sich das Wunder der kleinen Persönlichkeiten entfaltete.

Frühmorgens am 4. Dezember, als der sechsjährige Jim und die vierjährige Colleen noch sorglos schliefen – wie zutiefst entspannt können doch kleine Kinder sein –, besprach ich verschiedene Dinge mit meinem Herrn. Da einiges mich etwas in Sorge versetzte, schlug ich Philipper 4, 5–7 auf: »Der Herr ist nahe! Sorgt euch um nichts, sondern in allen Dingen lasst eure Bitten in Gebet und Flehen mit Danksagung vor Gott kundwerden! Und der Friede Gottes, der höher ist als alle Vernunft, bewahre eure Herzen und Sinne in Christus Jesus.« Diese Sätze in meinem Tagebuch schriftlich festzuhalten, hilft mir, ihnen sofort zu gehorchen. So befolgte ich diesen Gedanken. Um sieben Uhr rief Valerie an. Ob ich so schnell wie möglich rüberkommen könnte? Sie müsste zum Arzt. Wir verloren keine Zeit mehr.

Nach einigen Stunden kamen sie und Walter (mein Schwiegersohn) wieder nach Hause. Valerie weinte. Das Baby, das sie trug (ungefähr im vierten Monat), war tot. Zwei Tage später, nach den Qualen einer eingeleiteten Geburt (es war schlimmer, als ich es mir vorgestellt hatte), brachte sie ein winziges Mädchen zur Welt. Sie gaben ihr den Namen

Joy. Ich hielt das winzige Körperchen in meiner Hand. Es war vollkommen ausgebildet. Die Fingerchen und Zehen hatten die Größe eines Trennungsstrichs. Ich konnte es nicht verhindern, dass mir all die Millionen Babys dieser Größe in den Sinn kamen, die absichtlich vernichtet und als Krankenhaus-Müll weggeworfen wurden.

Die ganze Familie meiner Tochter trauerte. Es gab gar keine Frage für sie, dass Joy eins von Gottes kleinen Lämmern war. Die Kinder hatten einen kleinen Strumpf neben ihren eigenen an den Kamin gehängt. Jetzt haben sie einen neuen kleinen Schatz im Himmel. Der Herr kennt und liebt ihn und sorgt für ihn. Eines Tages werden sie das Kind auch kennen lernen. »Wo euer Schatz ist, da ist auch euer Herz.« Walter und Valerie fanden Trost an der einzigen Stelle, wo man ihn finden kann – in der Annahme dessen, was geschehen war. Sie wurden reichlich getröstet durch die Worte in Philipper 3,10: »Ihn (Christus) möchte ich erkennen und die Kraft seiner Auferstehung und die Gemeinschaft seiner Leiden und so seinem Tode gleichgestaltet werden.«

Diese letzten Worte verkörpern, so denke ich, das, was Jesus meinte, als er seinen Nachfolgern sagte, dass sie ihr Kreuz auf sich nehmen sollten. Andere Übersetzungen sagen es so: »in wachsender Übereinstimmung mit seinem Tode«, oder: »das Vorbild seines Sterbens nachzuahmen«, oder: »zu sterben, wie er starb«. Wie starb er? In äußerster Selbstaufgabe an den Willen des Vaters. Valerie fand noch einen weiteren Trost. Sie sagte mir, dass die Tageslosung mit der Andacht vom 5. Dezember ihr geholfen habe:

»Was auch immer dein Kummer ist, nimm jeden Tropfen in deinen Becher hinein – aus der Hand des allmächtigen Gottes. Er, bei dem die Haare auf unserem Haupt alle gezählt sind, kennt jedes Zucken deines Augenlids, jeden gepressten Atemzug, jeden Stich eines Kummers, jeden Schlag eines fiebernden Pulses, jeden bohrenden Schmerz des Herzens. Empfange deshalb das, was für dich Prüfung und Anfechtung bedeutet, nicht nur in Bausch und Bogen, sondern eine nach der anderen aus seiner liebenden Hand. Danke seiner

Liebe für jede einzelne Führung. Bringe jede mit den Leiden deines Erlösers in Verbindung. Bete darum, dass er sie dadurch für dich heiligen will. Du weißt heute nicht, was er damit in dir bewirken will. Doch Tag für Tag wirst du mehr und mehr in das Bild des segensreichen Sohnes Gottes hineingestaltet werden. Und so wird auch in dir, ohne dass du es merkst, Gott verherrlicht werden« (E. B. Pusey).

20
WAS IST DA DRAUSSEN LOS?

Das Magazin *Time* berichtete einmal von der Entdeckung des Objektes mit der größten Masse, die jemals im Universum gefunden worden sei. Das Merkwürdigste ist, dass kein Mensch weiß, was es ist. Das Kitt-Peak-Teleskop erfasste zwei Quasare, die völlig identisch zu sein scheinen (das sind enorm helle Himmelskörper, die so weit entfernt sind, dass ihr Licht Milliarden Jahre braucht, bis es die Erde erreicht). Für Astronomen ist ein solches Vorkommen ebenso wahrscheinlich wie das ›Finden‹ von zwei Personen mit vollkommen übereinstimmenden Fingerabdrücken. Etwas, das man als »Gravitations-Linse« bezeichnet, scheint das Licht von einem einzelnen Quasar in einer solchen Weise zu krümmen, dass zwei identische Bilder entstehen. Das muss uns nicht unbedingt in Erstaunen versetzen. Einstein sagte es vor mehr als siebzig Jahren voraus. Und Arthur Eddington bestätigte es einige Jahre später.

Die große Frage ist aber, *was* als Gravitationslinse wirkt. Was es auch immer sein mag, es muss die Masse von tausend Galaxien haben. Wenn es eins der »schwarzen Löcher« ist, so ist es »zumindest tausendmal größer als unser Milchstraßensystem (das aus Hunderten von Milliarden Sternen besteht – einschließlich der Sonne)«. Ist das noch vorstellbar? Ich dachte über die Aussage nach: »Astrophysiker finden es schwierig, zu erklären, wie ein so riesiges ›schwarzes Loch‹ zustande gekommen sein könnte.« Ich kann mir vorstellen, dass das eine Schwierigkeit für sie bedeutet. Jetzt spielen sie gedanklich eine dritte Möglichkeit durch. Die ist mir allerdings zu mysteriös, um sie zu durchschauen. Sie hat etwas zu tun mit der Urknall-Theorie vom Ursprung des Universums.

Das Frappierendste an den Aussagen dieser ganzen Angelegenheit ist für mich, dass die Menschen solche weitreichenden Überlegungen anstellen, um zu vermeiden, eine sehr viel näher liegende Möglichkeit ins Auge zu fassen: dass es nämlich eine Schöpfung gegeben haben könnte.

Wie viel Glaube gehört dazu, um mit Gott zu rechnen? Weniger, wage ich zu sagen – sehr viel weniger –, als zu glauben, dass Unbewusstes das Bewusste erzeugt hat, Irrationales den Verstand, dass etwas aus dem Nichts entstanden ist.

Was wir von Gott wissen, haben wir in seinem Sohn gesehen. Der, dem wir vertrauen sollen, ist Liebe, schöpferische Liebe, der an uns dachte – vermute ich –, bevor er an Gravitationslinsen dachte. Der sich selbst in aufopfernder Liebe hingab, lange bevor er uns seinen Odem des Lebens schenkte.

Mein Herr und mein Gott, vergib mir meine Glaubenslosigkeit.

21 DAS OPFER DER LIEBE FÜHRT ZUR FREUDE

Ostern, das fröhlichste Fest, das Christen kennen, folgt den traurigsten Tagen, die im Neuen Testament geschildert werden. Die Osterfreude entspringt am Kreuz. Ohne dass Christus seine Seele im Tod ausgehaucht hätte, gäbe es keine Auferstehung. Wir können Christus und die Kraft seiner Auferstehung gar nicht kennen lernen, ohne in die Gemeinschaft seiner Leiden einzutauchen.

Jahrelang waren auf der Wand meines Studierzimmers folgende Worte von Ugo Bassi zu lesen: »Miss dein Leben am Verlust statt am Gewinn ... die Kraft der Liebe besteht im Opfer.« Diese Zeilen verkörpern die zentrale Lehre Jesu – dass Leben aus dem Tode entspringt (s. Joh 12,24; 15,2; Mt 16,24.25 und andere Stellen – sie beziehen sich alle auf die schon immer und ewig gestellte Warum-Frage). Ich hatte keine Ahnung, wer Bassi war. Und von meinen Bekannten, die sich mit alten Büchern befassten, wusste es auch keiner. Vor einiger Zeit übergab mir nun meine Tante Anne einen ganzen Stapel alter Papiere und Schriften. Zu meiner großen Freude entdeckte ich dazwischen ein dünnes, schon etwas zerfleddertes Büchlein mit dem Titel: »Predigt im Krankenhaus« von Ugo Bassi. Er war 1800 geboren als Sohn eines italienischen Vaters und einer griechischen Mutter. Mit achtzehn Jahren trat er als Novize in den Orden St. Barnabas ein. Sonntags musste er in einem römischen Krankenhaus predigen. Harriet E. King hörte eine dieser Predigten und brachte sie in Verse. Ich wünschte, ich könnte seinen ganzen Artikel hier wiedergeben.

Bassi wählte Johannes 15, das Kapitel vom Weinstock, als Text. Er wies darauf hin, dass das Leben des Weinstocks »weder zum Vergnügen geschaffen ist noch zur Bequemlichkeit«. Fast noch bevor die Blüte zu welken beginnt, fängt die

Frucht schon an, sich zu entwickeln. Doch statt dass die Rebe wachsen darf, wie sie möchte, wird sie sofort an einen Stock festgebunden und ist gezwungen, aus steinigem Hang ihre Nährstoffe herauszuholen. Wenn sich dann die kräftigen jungen Triebe in die blaue Luft hinein ausstrecken und winden und sich so richtig wohlzufühlen scheinen, dann kommt der Weingärtner mit Haken und Scheren und schneidet die ganze unschuldige Pracht weg. Er schneidet tief und fest in das Holz hinein, schonungslos und ungeachtet aller Empfindlichkeit und Lebensfreude.

(So viel hatte ich gerade geschrieben, als das Telefon läutete. Ein unbekannte Frau rief an und fragte, wie sie ihrer Freundin Sherrill helfen könne. Sherrill war achtunddreißig Jahre alt und Mutter von acht Kindern im Alter von zehn Jahren bis hinunter zu sechs Wochen. Ihr Gatte Bill starb am letzten Freitag an einer Herzattacke. So passiert es fast ständig, wenn ich am Schreiben bin oder gerade Vorträge vorbereite: irgendjemand meldet sich oder taucht auf und überfällt mich mit der Frage: »Glauben Sie auch, was Sie sagen? Angenommen, Sie wären in der Lage von diesem oder jenem Menschen? Ist es wirklich wahr? Passt es auch für diese Situation?« O Herr, ja! Du bist mein Vater, du bist auch Sherrills Vater. Du bist auch der Weingärtner mit der Schere.)

Bassi fährt fort, die Weinernte zu beschreiben, wenn die Reben sich beugen unter der Last der Trauben – »als ob sie müde wären von der langen Anstrengung des Wachsens und Reifens«. Doch oh! Die Hände sind schon da, die den Schatz der reifen Trauben in Empfang nehmen wollen. Die Füße stehen schon bereit, sie in die Kelter zu treten, »bis der blutrote Strom des Weines herausfließt. Und dann ist das Land voller Freude. Doch der Weinstock steht ausgeplündert und einsam da. Er hat alles gegeben, was er hatte. Nun kommt für ihn die dunkle Zeit. Und kein Mensch gibt ihm etwas zurück für all den Trost und die Herrlichkeit, die er spendete.« Der Winter kommt, und die Reben werden bis auf den Stamm zurückgeschnitten (ich habe es nie erfahren, wie Johannes und Jesus und Bassi, wie schrecklich radikal der Beschneidungsprozess sein kann), »ausgeplündert, verunstaltet, als kahler Stecken bleibt er allein all die dunklen Tage hindurch.«

Während die Reben diesen Weg des Sterbens gehen, erfreut der Wein ihrer Trauben die Herzen der Menschen. Hast du vielleicht, wie sie, anderen Menschen Glück geschenkt und scheinst nun selbst vergessen? Hat dich das bitter gemacht? Der Wein wird »nicht bitter über der Qual, die er über sich ergehen lassen musste, die Rebe nicht unfruchtbar durch die Fülle der getragenen Früchte ... Jedes lebendige Glied am Leib Jesu stellt eine Rebe dar, aus der der Wein blutet. Ist er eine ärmere Gabe, weil er im geistlichen Sinne vergossen wurde?« In diesem Kontext erscheinen die Zeilen, die ich an meiner Wand fand:

»Miss dein Leben am Verlust, nicht am Gewinn,
nicht am Wein, den du getrunken, sondern
den du ausgegossen hast.
Kraft der Liebe findet sich zumeist im Opfer.
Und wer am meisten leidet, hat auch viel zu geben.«

Stellen Sie sich den jungen Mönch vor – wo er steht, laufen fünf lange Reihen mit Krankenbetten, angefüllt mit leidenden Menschen, zusammen. Selbst die, die ihn nicht sehen können, empfinden seine Gegenwart, während er die Reihen entlangschaut. Sie hören seine »freundliche Stimme, mit der er sich ihnen in liebevoller Weise zuwandte«.

Ich denke, Sie können verstehen, weshalb die folgenden Zeilen mich besonders angesprochen haben, – mich, die so wenig an körperlichem Leiden kennt:

»Hier steh ich in der Mitte derer,
die in Qual und Schmerz,
muss mit euch teilen die tägliche Pein,
die jeder von euch zu leiden hat;
muss suchen aber auch ein wenig Trost, ein wenig Kraft
der Hoffnung, die uns leben lässt und leiden.
Um euretwillen hat Gott mir's geschenkt, ihr Lieben,
und ich geb's gerne weiter.
Tragt es mit mir – ihr alle, die ihr leidet –

nur Leidende seh ich um mich herum.
Voll Achtung richte ich an sie die Worte,
und alle meine Hoffnungen, sie gelten ihnen.«

Als ich mein Buch »Ein Weg durchs Leiden« schrieb, hatte ich diese Predigt noch nicht entdeckt. Sie hätte eine passende Einleitung abgegeben.

Wie kommt es, dass wir nicht auf Gottes Stimme zu hören scheinen, außer wenn wir in Schwierigkeiten sind? Gott spricht häufig zu uns, sagt Bassi: z. B. durch den weichen Sommerwind – aber wir empfinden nicht, dass es Gott ist –, wir meinen, es sei nur der Wind. Er spricht zu uns, »wenn Freunde in harmonischer Runde zusammentreffen und alle fröhlich sind«. Doch wir sehen nur die Freunde. Wenn ein Vogellied uns in plötzliches Entzücken versetzt – hören wir die Stimme Gottes oder nur die des Vogels? »Doch wenn scharfe Schläge ins Fleisch und Herz dringen – bei dir und nicht bei anderen – «, dann erfahren wir, was niemand sonst im ganzen Universum fühlen oder kennen kann: »unsere verborgenen, gequälten Nerven, die unsagbare Pein.«

»Gott spricht zu uns wie eine Mutter
zu ihren zarten Kindern,
berührt sie auf vertraute Weise lieb und nah.
Kein sanft'rer Weg ist für ihn möglich, dass wir fühlen,
wie nahe er uns ist.
Und jeder ist von ihm geliebt, und jeden kennt er.«

Liest einer diese Worte, der nicht schlafen kann? Bassi schreibt: »Er gibt seinen Engeln die Verantwortung für die, die schlafen. Aber er selbst wacht über die, die wachen.« Er erinnert uns daran, dass der Sohn Gottes »vollkommen gemacht wurde durch Leiden. Das Siegel unserer Erlösung wurde auf seine Menschlichkeit gesetzt.« Er war der Mann der Schmerzen. »Und das Kreuz Christi bedeutet mehr für uns als alle seine Wunder.«

»Doch wenn das Kreuz du ungeduldig lässest fahren,
du find'st es in der ganzen Welt nicht wieder
und auch in keiner anderen. Hier – nur hier,
ist es um Gottes willen dir bestimmt zu leiden.
In anderen Welten werden wir vollkommener ihm dienen
und ihn lieben, ihn preisen, für ihn wirken.
Wir werden nah ihm sein und immer näher voller Freude.
Doch dann wird niemand uns zum Leiden wieder rufen.
Das ist allein Bestimmung hier.
Kannst du es nicht die eine Stunde tragen oder zwei?«

Das Gedicht endet mit ein paar Zeilen für diejenigen, die seine Gegenwart nicht mehr fühlen oder sein Angesicht sehen können. Diese Dunkelheit ist die letzte, tiefe Prüfung.

»Christus war verlassen, so wirst auch du es sein.
Du wirst sein Angesicht nicht erkennen
noch seine Hand fühlen,
nur das grausame Zermalmen der Füße,
wenn durch die bittre Nacht der Herr herniederkommt,
die Kelter selbst zu treten.
Nicht weil du siehst, doch durch den Glauben ertrage es,
ertrage es und sei treu bis zum Ende!«

Jesu Wort »bleibet« oder »beharret« (in ihm, in seiner Liebe), das in Johannes 15 zehnmal wiederholt wird, heißt, in ihm zu Hause sein, heißt beständig in seiner Gegenwart und in Harmonie mit seinem Willen zu leben. Es heißt keinesfalls ununterbrochen zu leiden (die Weinreben werden nicht jeden Tag zurückgeschnitten!). Diejenigen unter uns, die im Augenblick nicht leiden müssen – wir wollen uns sagen: Lasst uns keinem Kreuz ausweichen, das Jesus uns vielleicht zumuten möchte. Die kleinste Gelegenheit zur Selbstlosigkeit, die kleinste Aufgabe wollen wir mit Freude und Demut ausführen, jede Enttäuschung mit Barmherzigkeit und Schweigen akzeptieren. Es sind *seine* Enttäuschungen. Wenn wir hier daran vorbeigehen, werden wir sie weder hier noch in einer anderen Welt wiederfinden.

22

DIE MENSCHWERDUNG JESU IST ZU WUNDERBAR

Es gibt Dinge, die sind einfach zu wunderbar, als dass man sie erklären könnte – der Orientierungssinn der Arktischen Seeschwalbe z.B. Wie findet sie ihren Weg über zwölftausend Meilen übers Meer hinweg von ihren Nistplätzen in der Arktis zu den Überwinterungsplätzen in der Antarktis? Ornithologen haben alle möglichen Tests unternommen, ohne eine Antwort zu finden. »Instinkt« ist noch die beste Lösung, die sie anzubieten haben. Das ist zwar auch keine Erklärung, aber vielleicht eine Weise zu sagen, dass sie wirklich keine Ahnung haben. Ein Laysan-Albatros wurde einmal 3200 Meilen von seinem Nest auf den Midway-Inseln entfernt freigelassen. In zehn Tagen war er wieder zu Hause.

Die Vogelzüge sind eben auch eine mysteriöse Sache.

Als der Engel Gabriel zu Maria sagte: »Du wirst schwanger werden und einen Sohn gebären«, hatte sie nur eine einfache Frage zur Natur des Vorgangs: »Wie kann das sein, da ich doch eine Jungfrau bin?«

Die Antwort hängt auch nicht vom Natürlichen ab, sondern von etwas noch viel Mysteriöserem als es der Orientierungssinn der Zugvögel ist – von etwas, das tatsächlich gänzlich übernatürlich ist: »Der heilige Geist wird über dich kommen, und die Kraft des Höchsten wird dich überschatten ...« (Lk 1,35). Das ging absolut über alles Begreifen, und Maria schwieg still. Nach übernatürlichen Dingen konnte und wollte sie nicht fragen. Sie war zufrieden mit der Antwort, die Gott ihr zukommen ließ.

Die Wahrheit im Hinblick auf die Menschwerdung Jesu liegt auch für uns jenseits aller Verstehensmöglichkeiten. Wer kann sich vorstellen, was sich wirklich am Anfang im Leib einer Jungfrau aus Nazareth abspielte und später im Stall von Bethlehem!

Am Ende des Buches Hiob offenbarte Gott Hiob das Mysterium dessen, wer er war, statt seine Fragen zu beantworten. Danach verachtete Hiob sich selbst: »Darum hab ich unweise geredet, was mir zu hoch ist und ich nicht verstehe« (Hiob 42,3). In einem der Wallfahrtslieder Davids schreibt dieser: »Herr, mein Herz ist nicht hoffärtig, und meine Augen sind nicht stolz. Ich gehe nicht um mit großen Dingen, die mir zu wunderbar sind. Fürwahr, meine Seele ist still und ruhig geworden wie ein kleines Kind bei seiner Mutter; wie ein kleines Kind, so ist meine Seele in mir« (Ps 131,1–2).

Eine gründliche und bohrende Untersuchung der Frage, wie geistliche Dinge wirken, ist ein vergebliches Bemühen. Selbst das Nachdenken darüber, wie natürliche Dinge vor sich gehen sollen, wenn man Gott mit ins Spiel bringt – wie Gott zum Beispiel ein Gebet um Geld beantworten wird oder wie mein Schwiegersohn in Südkalifornien ein Haus für acht Personen finden kann (bei einem kleinen Pastorengehalt) –, ist manchmal eine pure Energieverschwendung. Gott weiß, wie er's machen kann. Warum soll ich mir den Kopf darüber zerbrechen, wenn ich ihm die Sache übertragen habe? Wenn das Wort des Herrn an uns heißt: »... dass wir vorherbestimmt sind nach dem Vorsatz dessen, der alles wirkt nach dem Ratschluss seines Willens« (Eph 1,11), dann können wir diese Tatsache allein im Glauben erfassen. Indem wir glauben, dass Gott genau das meint, was er sagt, und indem wir aufgrund seines Wortes handeln (Glaube erfordert immer auch Handeln), erfassen wir es – halten es fest, machen es uns zu eigen. Wir können es nicht durch bloße Vernunft erfassen und etwa sagen: »Ich sehe nicht, wie der und der Umstand irgendetwas zu tun haben kann mit einem göttlichen Plan.«

Warum sollten wir das »Wie« Gottes erkennen? Ist es nicht genug, dass uns gesagt wird, dass es so ist? Wir müssen es nicht sehen. Wir müssen nur glauben und weitergehen auf der Basis der zugesicherten Fakten.

Maria akzeptierte es sofort, als der Engel ihr eine Antwort gab auf den Einwand ihrer Jungfräulichkeit, obwohl sie sich das Komplizierte und Mysteriöse dieses Vorgangs in ihrem Körper nicht vorstellen konnte. Sie lieferte sich selbst Gott restlos aus – in Vertrauen und Gehorsam.

Verstehen Sie jetzt, was in dem unsichtbaren Bereich Ihres Lebens mit Gott vor sich geht? Sehen Sie, in welchem Verhältnis die sichtbaren Dinge zum verborgenen Plan Gottes und seinen Absichten stehen? Wahrscheinlich nicht. Mein zweiter Gatte Addison Leitch pflegte zu sagen: »Man kann das Unausforschliche nicht aufschrauben.« Aber man sieht vielleicht irgendetwas, vielleicht nur eine Kleinigkeit, die Gott von uns erwartet. »Denn das Gebot, das ich dir heute gebiete, ist dir nicht zu hoch und nicht zu fern (in anderen Übersetzungen heißt es: zu schwer oder zu mysteriös). Es ist nicht im Himmel ... Es ist auch nicht jenseits des Meeres ... Denn es ist das Wort ganz nahe bei dir, in deinem Munde und in deinem Herzen, dass du es tust« (5. Mose 30,11–14).

Lass es dir genügen, wie es Maria genügte – zu wissen, dass Gott den Hintergrund kannte. Wenn es Zeit zum Handeln ist, dann knie dich in deine Arbeit. Wenn es Zeit zum Schlafengehen ist, dann ruhe in Frieden. Überlass dem Herrn des Universums das Sorgen.

23 DIE SOUVERÄNITÄT CHRISTI

Im Oktober letzten Jahres erhielt ich ein Exemplar der Übersetzung des Neuen Testamentes für die Aucas (heute unter der Bezeichnung Waorani bekannt). Die Orthographie hat sich seit meinen Tagen erheblich geändert. Daher kann ich nicht allzu viel davon lesen, doch während ich es durchblätterte, wanderten meine Gedanken weite Wege. Mit der Übersetzung hatte ich nichts zu tun gehabt. Ich war nur zwei Jahre bei den Aucas gewesen. Während dieser Zeit hatten Rachel Saint und ich daran gearbeitet, die Sprache in Schrift umzusetzen. Doch wir hatten kaum damit begonnen, ein paar biblische Geschichten zu übersetzen, als ich mit meiner Tochter Valerie in die Quichua-Arbeit zurückkehrte.

Manchmal werde ich gebeten, zu jungen Leuten zu sprechen, die sich mit dem Gedanken tragen, Missionare zu werden. Sie wollen von mir wissen, wie ich in meinem Leben den Willen Gottes erkannte. Ich sage ihnen: Das Erste war, dass ich die Souveränität Christi in meinem Leben ein für allemal anerkannte. Ich stellte mich selbst rückhaltlos und für immer ihm zur Verfügung, was bedeutete, alle Rechte ihm zu übertragen – das Recht auf mein Ich, meinen Körper, mein Selbstbewusstsein, meine Vorstellungen, wie ich meinem Meister zu dienen habe. Oswald Chambers nennt das: »Die Schale meiner persönlichen Unabhängigkeit von Gott aufbrechen«. Solange dieser Zerbruch nicht erfolgt, ist alles andere »frommer Schwindel«. Ich sage diesen ernsthaften jungen Leuten, dass der Wille Gottes immer anders aussieht, als sie erwarten, immer größer und schließlich unendlich herrlicher als ihre wildesten Phantasien es ihnen ausmalen können.

Doch da gibt es auch Tode, die gestorben werden müssen. Paulus entdeckte das auch. »Täglich ...«, so sagte er. Das ist der Preis, den man einfach zahlen muss auf dem Weg des Kreuzes. Wenn wir das Ziel haben, andere zu retten, muss uns klar sein, dass wir uns selbst dabei nicht bewahren können. Auch Jesus konnte das nicht.

Das beunruhigt die Menschen. Doch was gibt es da zu fürchten, wenn Christus den ersten Platz in unserem Leben einnimmt? Wo anders als im Willen des Vaters sollten wir Selbstwert, Sicherheit und Gelassenheit finden?

Gottes Führung für mein Leben ist so völlig verschieden gewesen von meinen ursprünglichen Vorstellungen. Ich wollte ja ein Leben lang Dschungel-Missionarin sein. Die vollständige Vergeblichkeit – menschlich gesprochen – aller sprachlichen Arbeit (in Colorado, bei den Quichuas, den Aucas – aus verschiedenen Gründen kam nichts dabei heraus) war eine tiefgreifende Lektion im Fach »Souveränität Christi«. Wem hatte ich dienen wollen? Kann er dann nicht machen, was er will – mit seiner Nachfolgerin und deren Arbeit? Ist irgendetwas, das Christus geopfert wird, jemals verschwendet? Ich dachte über die Opfer im Alten Testament nach. Wenn ein Mann ein Lamm brachte, legte der Priester es auf den Altar, schnitt ihm die Kehle durch und verbrannte es. Dann war das Opfer akzeptiert. Doch was blieb dabei übrig? Amy Carmichael, die irische Indienmissionarin und Autorin von vierzig Büchern, lehrte mich, was zu einem lebendigen Opfer dazugehört:

»Doch sieh die sonderbare Asche, Herr, dies Nichtige,
verwirrendes Empfinden von Verlust?
Kind, war die Qual des Nacktseins weniger,
des Kreuzes Folter nicht so groß?
War ich nicht in den Staub gedrückt,
tief bis zum Tod – ein Wurm und nicht ein Mensch?
Zu Asche gemacht durch den scharfen Hauch
des Feuers von Golgatha?
O liebes Kind, dies ist das Wünschen
deines Herzens,
dies und nichts andres folgt, wenn das verzehrend Feuer
auf dem verbrannten Opfer niedersinkt:
Geh und koste die Freude – so hoch und weit,
dass keine Freud ihr gleicht.

Dein Weg wird hell erleuchtet, wie von einem
großen Stern.
Komm nun und folge mir!«

Ich möchte hier ausdrücklich betonen, dass ich tatsächlich diese Freude erfahren habe. Ich kann mir kein Leben vorstellen, das wunderbarer gesegnet worden wäre als meines. Die Treue eines liebenden Vaters – das ist es, was ich gefunden habe – jeden Tag, jede Woche, jedes Jahr und es wird noch immer besser. Wie sehr wünschte ich mir, dass diese potentiellen Missionare mir glauben würden!

24 HERR ZU ALLEN ZEITEN

Vor ein paar Jahren hatte ich Vorträge vor einer Gruppe von Frauen in Florida zu halten. Das Thema sollte heißen: »Jesus Christus – der Herr zu allen Zeiten«. Die Frauen hatten dieses Thema selbst gewählt. Ich überlegte mir, wie gewöhnlich, die Grundsätze, nach denen ich dieses Thema anfassen konnte. Während der vergangenen Woche hatten Lars und ich festgestellt, dass alle achtundzwanzig schönen, neuen (und sehr teuren) Fenster undicht waren. Es gab im Augenblick viele Dinge, die mir Kummer machten: die Gesundheit meiner Mutter; das zu erwartende Enkelkind; ein neues Textverarbeitungsprogramm, von dem ich nicht wusste, ob ich es würde lernen können, und (leider) auch noch ein Zahn, der wohl nicht mehr zu retten sein würde. Das war eine ganze Menge, um sich Sorgen darum zu machen.

Doch Jesus war für mich gestorben! Und er ist auferstanden und kommt wieder! Er hat mir ein Erbe geschenkt, das »unvergänglich und unverwelklich aufbewahrt wird« (vgl. 1. Petr 1,4) und ein Königreich, das durch nichts erschüttert werden kann (Hebr 12,28). So lautet die »Gute Nachricht« – das Evangelium. Hat das vielleicht etwas zu tun mit undichten Fenstern, Computern, Enkelkindern und Zahnschmerzen? Nun, so sagte ich mir, wenn nicht, dann kannst du dich nicht vor diese Frauen hinstellen und den Mund aufmachen. Wenn ich selbst dem Herrn nicht in jeder Situation danken und vertrauen und ihn anbeten kann – angesichts aller Umstände, die mein Leben berühren mögen –, dann bin ich überhaupt kein glaubender Christ. Genau hier, in meiner persönlichen Ecke von Gottes Erdboden, meiner speziellen Lebenssituation habe ich meine Lektion in der Schule des Glaubens zu lernen.

P.S. Etwas später: Die Fenster wurden repariert, doch dabei stellten wir fest, dass alle vier äußeren Türen auch reparaturbedürftig waren. Gott war noch nicht fertig mit unserer Lektion.

25 DER GRUNDLEGENDE WIDERSPRUCH

Zwei Menschen wanderten auf einer steinigen Straße dahin. Sie waren in ein Gespräch vertieft über alles, was gerade geschehen war. Schlimmer hätte es gar nicht kommen können, so schien es. Und ich denke, die Straße kam ihnen länger und staubiger und steiniger vor, als sie es je empfunden hatten, obwohl sie sie schon mehr als einmal gegangen waren. Als sie so dahinstolperten und versuchten, einen Sinn im Dahinschwinden ihrer Hoffnungen zu finden, gesellte sich ein Fremder zu ihnen und wollte wissen, worüber sie sich unterhielten.

»Du bist wohl der einzige Fremde in Jerusalem, der nichts von dem gehört hat, was da gerade passiert ist!«, sagte der eine der beiden Wanderer. Er hieß Kleopas.

Es schien tatsächlich so, als ob der Fremde keine Ahnung hätte, deshalb begann Kleopas mit einer Erklärung: Da sei ein Mann aus dem Dorf Nazareth gewesen, Jesus mit Namen. Er sei ganz eindeutig ein Prophet gewesen. Aber man hätte ihn vor ein paar Tagen an einem Kreuz hingerichtet.

»Wir aber hofften, er sei es, der Israel erlösen werde.«

Die Situation in Israel war nun schon eine lange Zeit schlimm gewesen. Diejenigen, die die alten Schriften kannten, schauten nach einem Befreier und Retter aus. Kleopas und sein Freund hatten ihre ganzen Hoffnungen auf diesen Jesus gesetzt – er war ganz sicher der, der von Gott gesandt war, ein Prophet »mächtig in Taten und Worten vor Gott und allem Volk« (Lk 24,19). Doch diese Hoffnungen waren vollständig zerstört worden. Er war umgebracht worden, und man konnte nicht einmal seine Leiche finden. Wohin sollten sie sich nun wenden?

Im weiteren Verlauf der Geschichte wird berichtet, wie der Fremde den beiden erklärt, dass sie wohl nicht richtig verstanden hätten, was die Propheten geschrieben hätten, und dass dieser Tod, der ihren Glauben so sehr erschüttert hätte, unvermeidlich gewesen wäre, wenn der Messias zu »seiner Herrlichkeit kommen sollte«.

Was war das für eine seltsame Sache – »zu seiner Herrlichkeit kommen«? Was sollte das bedeuten? Ich kann mir vorstellen, dass die beiden sich ziemlich verwundert anschauten. Dieser schändliche Tod, um »seine Herrlichkeit zu finden«?

Als sie ihr Ziel erreichten, schien der Fremde weitergehen zu wollen. Doch sie baten ihn, bei ihnen zu bleiben. Als sie sich zum Essen niedersetzten, nahm der Gast den Laib Brot auf, dankte dafür und brach ihn in Stücke, die er ihnen gab. Plötzlich erkannten sie ihn: Es war Jesus! Die beiden waren keine Pessimisten gewesen. Sie hatten tatsächlich Hoffnungen gehegt. Aber was für schwache Hoffnungen waren das gewesen. In ihrem kühnsten Optimismus hätten sie sich nicht vorstellen können, was sie hier an »Herrlichkeit« zu sehen bekamen. Eine Auferstehung von den Toten war geschehen, der radikalste Widerspruch zu allem Leid der Welt. Sie sahen Jesus mit ihren eigenen Augen. Wie mussten ihnen jetzt ihre Worte in den Ohren klingen: »Wir aber hofften ...« Sie konnten zwar nicht leugnen, dass diese Hoffnungen gestorben waren. Aber welcher verrückte Träumer hätte mit der Möglichkeit rechnen können, die hier an ihrem eigenen Tisch sichtbar geworden war? Ihr Erlöser war zurückgekommen. Er war mit ihnen zusammen hierher gewandert. Er war hier in ihrem Haus. Er aß das gleiche Brot mit ihnen.

Wenn die Auferstehung Tatsache ist – und es gäbe kein Osterfest, wenn es nicht so wäre –, dann ist keine einzige Situation so hoffnunglos, kein Horizont so schwarz, dass Gott auf diesem Weg nicht zu »seiner Herrlichkeit« finden könnte. Die Wahrheit ist vielmehr, dass ohne solche zerstörten Hoffnungen, ohne diesen Tod, ohne das Leiden, das er unvermeidlich nannte, die Herrlichkeit gar nicht zustande kommen konnte. Die Antwort auf die Frage, warum das Weltall so eingerichtet ist, müssen wir dem überlassen, der es arrangiert hat. Aber dass es so ist, sind wir genötigt zu glauben.

Wenn wir selbst uns in so hoffnungloser Lage befinden, unser Weg so anstrengend ist, passiert es uns vielleicht auch, dass der auferstandene Christus sich zu uns gesellt und sich als unsern Träumen überlegen erweist, dass er alle unsere Hoffnungen übersteigt. Er ist es ja – nicht seine Gaben, seine Macht, noch was er für uns tun kann, sondern er selbst –, der kommt und sich uns zu erkennen gibt. Und das ist dann die einzige reine Freude für diejenigen, die in Kummer und Leid stecken.

Und trotzdem ... und trotzdem machen wir uns Sorgen. Die herrliche Tatsache der Auferstehung ist das Herzstück unseres Glaubens. Wir machen all unsere Hoffnungen daran fest. Und trotzdem sorgen wir uns. Es ist dem Menschen immer noch bestimmt, einmal zu sterben, und die, die zurückbleiben, müssen trauern – »nicht wie die, die keine Hoffnung haben«, denn die geliebten Angehörigen werden auferweckt werden. Dieser »radikalste Widerspruch« scheint uns noch in weiter Ferne zu liegen. Trotzdem sind die Tränen der Menschen und die reine Freude der Gegenwart Christi nicht unvereinbar – er weinte ja selbst auch menschliche Tränen. Als wir kürzlich von lieben Freunden hörten, dass sie ihr Baby verloren hätten, versuchte ich, ihnen etwas Tröstliches zu schreiben. Man bat mich, es hier für andere in ähnlicher Situation zu veröffentlichen:

»Eure kurze Nachricht wartete auf uns, als wir gestern aus Kanada zurückkehrten. Unsere Herzen flogen euch zu, wir weinten mit euch, und wir hätten euch gern gegenübergesessen, um das Leid mit euch zu teilen. Und trotzdem ist es ›nichts Befremdliches‹, das euch passiert, wie Petrus es nennt (1. Petr 4,12). Es gibt euch Teil am Leiden Christi. Für mich ist das eins der tiefsten, aber tröstlichsten aller Geheimnisse des Leidens. Nicht nur, dass Christus ins Leid in seinem tiefsten und vollständigsten Sinn hineinkam, dass er mit uns und für uns litt, sondern gerade in der Tiefe unseres Kummers erlaubt er uns in seiner Gnade, an seinem Leid Anteil zu haben.

Er gewährt uns das hohe Privileg, das noch zu ergänzen, was an seinem eigenen Leiden noch gefehlt hat (Kol 1,24). Anders ausgedrückt: er macht aus unserem zerbrochenen Herzen etwas Erlösendes, wenn solche Herzen ihm hingegeben werden. Uns ist gesagt, dass er ein zerbrochenes Herz niemals verachten wird. Es ist ein angesehenes Opfer, wenn es ihm ganz und gar zu seiner Verherrlichung angeboten wird. Da gibt es eine Menge für uns zu lernen. Doch das geht nicht an einem Tag oder in einer Woche. Schicht um Schicht der Tiefe muss ausgelotet werden, wenn wir mit dem guten Hirten gehen. Er besorgt sein reinigendes, klärendes, mühsam vorankommendes, gestaltendes Werk in uns, so dass wir dem Bild Christi selbst ähnlich werden. Ein solches Gestalt-werden-Lassen braucht einen Hammer, einen Meißel und eine Feile – harte Werkzeuge. Und es ist ein schmerzhafter Prozess.

Eure geliebte kleine Laura befindet sich in den Armen des guten Hirten. Sie wird niemals leiden müssen. Sie kannte nur den Himmel des mütterlichen Leibes (den sichersten Platz der Welt – abgesehen von der Praxis der Abtreibung) und jetzt kennt sie den vollkommenen Himmel der Gegenwart Gottes. Ich bin sicher, dass eure Gebete für eure beiden Kinder zum Inhalt hatten, dass Gott seinen Plan mit ihnen zur Erfüllung bringen möchte. Das ist das Höchste und Beste, was wir für unsere Kinder erbitten können. Dieses Gebet hat Gott für Laura bereits erhört.

Kennt ihr die Briefe von Samuel Rutherford (1600–1661)? Er schrieb so wunderbar tröstliche Worte an Mütter, die ihre Kinder verloren hatten. Hier möchte ich einen der Briefe wiedergeben:

> ›Die Gnade reißt mütterliche Gefühle nicht aus, sondern bindet sie an das Steuer dessen, der alle Dinge neu macht, so dass sie verbessert und verfeinert werden können. Deshalb ist der Kummer um ein totes Kind erlaubt, wenn auch mit Maß und Grenzen. Die Erlösten des Herrn haben keine Gewalt über ihren Kummer und andere Gefühle, so dass sie die Gaben Christi nach Belieben verschwenden könnten. Er befahl euch zu weinen.

Und jener Fürst des Lebens nahm das Herz eines Mannes mit sich in den Himmel, um ihm ein mitleidiger Hoherpriester zu sein. Der Kelch, den ihr trinken müsst, war auch am Mund von Jesus. Auch er trank daraus. Ihr solltet nicht denken, dass es eine schlimme Sache für eure geliebte Tochter war, dass sie starb. Sie hat Gold für Kupfer und Blech eingetauscht – Ewigkeit für Zeit. Die Schwierigkeit besteht vor allem darin, dass sie so früh starb, so jung, am Morgen ihres Lebens. Die absolute Souveränität Gottes muss eure Gedanken zur Ruhe bringen. Ich war auch einmal in eurer Situation: Ich hatte nur zwei Kinder, und beide sind gestorben, seit ich hier bin. Der oberste und absolute Gestalter aller Dinge gibt uns keine Rechenschaft über irgendeine seiner Entscheidungen. Der gute Gärtner kann seine Rosen und Lilien im Hochsommer pflücken und einsammeln und ich wage zu sagen, auch in den ersten Frühsommermonaten. Und er kann zu jeder Jahreszeit junge Bäume aus der Ebene in höher gelegene Landstriche verpflanzen, wo sie mehr Sonne und freiere Luft haben werden. Alle Güter gehören ihm. Der Schöpfer von Zeit und Winden hat auf gnädige Weise der Natur Wunden geschlagen (falls ich mir das Wort erlauben darf), indem er den Passagier so früh zur Landung brachte.‹

Jesus lernte Gehorsam an dem, was er litt, nicht an den Dingen, die ihm Freude machten. Um euch beide für seine Pläne hier und in Ewigkeit vorzubereiten, hat er euch diesen Kummer zukommen lassen. Doch er selbst trägt das schwerere Ende des Kreuzes, das er euch auferlegt hat. Seid gewiss, dass Lars und ich für euch beten, ihr lieben Freunde.«

TEIL 2

GOTTES LEHRPLAN

O Herr, unser Herrscher, wir flehen dich um
deine Gnade an,
dass wir die himmlische Vorstellungskraft gewinnen
und Dinge seh'n, wie du sie siehst.
Dass der Aufruhr dieser Welt uns gilt als etwas,
das den tiefen Frieden der Ewigkeit mit sich bringt.
Und dass in allen Nöten und Sorgen unserer Herzen
wir Gutes seh'n und so mit ruhigem Sinn
und inn'rem Frieden, unbesorgt um äuß'res Stürmen
die Pflichten unseres Lebens tun – was uns ein
ruhiges Herz beschert, das immer dir vertraut.

Wir danken dir für alle deine Gnaden,
erfleh'n Vergebung, die du schenkst
für alle uns're Sünden.
Wir bitten um dein Führen in allem, was geschieht,
um deine Gegenwart im Angesicht des Todes,
um deine Herrlichkeit im ew'gen Leben!
In deiner Gnade erhöre uns
durch Jesus Christus, unsern Herrn!
Amen.

George Dawson, 1821–1876

1 GOTTES LEHRPLAN

Vor kurzem regte sich irgendjemand schrecklich auf und verletzte mich dann mit heftigen Worten. Ich war sicher, dass ich diese Reaktion nicht verdient hatte. Doch als ich mich deswegen an Gott wandte, erinnerte er mich an einen Teil eines Gebetes, das ich vor kurzem ausgesprochen hatte: »Lehre mich, alles was an mich herankommt, mit innerem Frieden und der Gewissheit aufzunehmen, dass dein Wille über allem regiert.«

Wo konnte diese Art von Frieden herkommen? Ganz allein von Gott, der »nicht gibt, wie die Welt gibt.«

Sollte es wirklich sein Wille sein, dass ich so verletzt wurde? An dieser Stelle dürfen wir nicht vorschnell urteilen. Sein Wille regiert tatsächlich alles. In einer vom Bösen erfüllten Welt leiden wir (und verursachen) viel Böses. Gott ist da, um zu heilen und zu trösten und zu vergeben. Derjenige, der einst Segen für viele wirkte aus der Sünde der neidischen Brüder gegenüber Josef, will auch, dass diese Verletzung mir letztlich zum Segen dient. Und ich glaube, dass die Liebe zwischen mir und dem, der mich verletzte, wachsen soll. Die Liebe ist sehr geduldig, sehr freundlich. Die Liebe sucht niemals das Ihre. Die Liebe schaut auf Gott und erwartet von seiner Gnade die Hilfe.

»Ihr habt mich nicht hergesandt, sondern Gott ...«, sagte Josef zu seinen Brüdern. »Ihr gedachtet es böse mit mir zu machen, aber Gott gedachte es gut zu machen« (1. Mose 45,8; 50,20).

Es gibt eine Strömung im Bereich der säkularen Pädagogik, die der Meinung ist, dass Schüler oder Studenten ihren eigenen Lehrplan aufstellen sollten, je nachdem, was sie bevorzugen. Doch es gibt nur wenige unter ihnen, die die Voraussetzungen für eine solche Auswahl besitzen, weil sie nämlich nicht ahnen, *wie* wenig sie wissen. Die Vorstellungen von dem, was sie lernen müssen, sind nicht nur äußerst begrenzt, sondern auch verzerrt. Was sie brauchen, ist Hilfe – von denen, die mehr wissen als sie selbst.

In seiner Güte überlässt Gott es nicht uns, unsern Lehrplan selbst aufzustellen. Seine Weisheit ist vollkommen, sein Wissen umfasst nicht nur die ganze Welt, sondern auch das Herz und das Denken jedes seiner geliebten Kinder. Mit innigem Verstehen unserer tiefsten Bedürfnisse und persönlichen Möglichkeiten wählt er unsern Lehrplan aus. Wir brauchen nur zu bitten: »Gib uns heute unser täglich Brot, unsere täglichen Lektionen und unsere Hausaufgaben.«

Eine wütende Entgegnung von jemand kann genau die Gelegenheit sein, die wir brauchen, um nicht nur Geduld und Vergebungsbereitschaft, sondern auch Bescheidenheit und Freundlichkeit zu lernen – Früchte, die wir von Natur aus nicht haben, sondern die nur aus dem Heiligen Geist heraus geschenkt werden. Amy Carmichael schrieb einmal: »Ein Becher, der randvoll mit Süßem gefüllt ist, kann keinen einzigen Tropfen bitteres Wasser verspritzen, einerlei wie plötzlich er angestoßen oder erschüttert wird.«

Gottes Lehrplan für alle, die ihn ernstlich kennen lernen und seinen Willen tun wollen, schließt immer auch Lektionen ein, die wir lieber auslassen würden. Aber je mehr wir davon auf uns selbst anwenden, desto mehr können wir auch ehrlich sagen, was der Psalmist sagt: »... dein Knecht sinnt nach über deine Gebote. Ich habe Freude an deinen Mahnungen; sie sind meine Ratgeber. Ich laufe den Weg deiner Gebote; denn du tröstest mein Herz« (Ps 119,23–24.32).

2 KLEINE DINGE

In unserer Kinderzeit lehrten uns unsere Eltern durch Wort und Beispiel, auf kleine Dinge zu achten. »Was du auch tust – mach es sorgfältig«, hieß die Parole. »Streich die Bettlaken ordentlich glatt! Beim Putzen lass die Ecken nicht aus! Schieb die Stühle alle beiseite, wenn du die Küche aufwischst! Rolle die Zahnpastatube sauber auf und schraub die Kappe wieder darauf! Hole die Haare aus der Bürste – jedesmal, wenn du sie benutzt hast! Hänge dein Handtuch gerade auf die Stange! Falte deine Serviette zusammen und steck sie wieder in den Ring, bevor du vom Tisch aufstehst! Leck die Finger nicht ab, wenn du ein Buch umblätterst!« Meine Eltern hielten ein Versprechen, das sie uns Kindern gegeben hatten, ebenso ernsthaft wie gegenüber Erwachsenen. Und sie lehrten uns, es ihnen nachzumachen. Man nimmt z.B. nicht eine Einladung an und geht dann doch nicht hin. Man verspricht auch nicht, in einer Ferienbibelschule mitzuhelfen und lässt die Sache dann fallen, weil man etwas Interessanteres zu tun findet. Die einzigen finanziellen Schulden, die meine Eltern sich je aufluden, war eine Hypothek auf ein Haus. Mein Vater sagte damals, dass das eine ganz besondere Ausnahme sei, weil es sich um sicheren Landbesitz handele, der seinen Wert nie verlieren würde.

Als ich dann ins Internat kam, galten die gleichen Regeln wie zu Hause. Da gab es einen Flur mit kleinen orientalischen Brücken. Wir nannten den Gang den Charaktertest-Pfad. Die Vorsteherin, Mrs. DuBose, konnte nämlich von ihrem Armstuhl in der Eingangshalle aus den Gang überblicken und jeden einzelnen Studenten beobachten, der z.B. die Ecke eines Teppichs hochtrat und sie nicht wieder glättete. Sie sprach ihn unweigerlich an und korrigierte ihn. »Diese kleinen Dinge sind es, die Sie nachher im Leben scheitern lassen, wenn Sie die Schule hinter sich gelassen haben!« An kleinen Dingen würde unser Charakter sichtbar. Unsere Einstellung dazu würde uns Erfolg haben oder zerbrechen lassen. »Lauft nicht mit der Bibel unterm Arm herum, wenn ihr unter eurem Bett nicht geputzt habt.« Sie wünschte keine frommen Gespräche in einem unordentlichen Raum.

»Große Gedanken gehen am besten einher mit Alltagspflichten. Was auch jemals euer Amt sein mag, es ist ein Bruchstück in einem unermesslichen Dienstbereich der Liebe« (Bischof Brooke Foss Westcott, 1825).

Kinder oder Erwachsene, die zuverlässig, sorgfältig, gründlich und treu sind, lassen sich nicht so leicht finden. So manches Leben scheint durchsetzt zu sein mit unbedeutenden Fehlern, Nachlässigkeiten in kleinen Dingen, die schließlich aber den Unterschied zwischen Ordnung und Chaos ausmachen. Vielleicht liegt es daran, dass es so selten gelehrt wird, dass die sichtbaren Dinge Zeichen einer unsichtbaren Wirklichkeit sind. Dass Alltagspflichten ein unermesslicher Liebesdienst sein können. Geistliches Training der Seele kann nicht getrennt werden von der praktischen Disziplin. Jesus lehrte es so eindeutig: »Wer im Geringsten treu ist, der ist auch im Großen treu; und wer im Geringsten ungerecht ist, der ist auch im Großen ungerecht. Wenn ihr nun mit dem ungerechten Mammon nicht treu seid, wer wird euch das wahre Gut anvertrauen? Und wenn ihr mit dem fremden Gut nicht treu seid, wer wird euch geben, was euer ist?« (Lk 16,10-12). (Mit dem »was euer ist« meint Jesus den innersten Besitz, den ein Mensch haben kann – die geistlichen Güter.)

3
WAS MEINEN SIE MIT UNTERORDNUNG?

Das fragen mich die Menschen immer wieder. Was bedeutet dieser Akt der Unterordnung, von dem Sie unentwegt reden? Man fühlt sich nicht gerade wohl dabei. Es scheint sich um etwas Negatives zu handeln. Man hat den Eindruck, als ob Frauen nicht so viel wert sind wie Männer. Sollten Frauen ihre Begabung nicht ausüben? Dürfen sie überhaupt den Mund aufmachen?

Bei einer solchen Art von Unterordnung würde ich mich auch nicht wohl fühlen. Tatsächlich bin ich mit keiner Art von Unterordnung besonders glücklich. Aber da das Gottes Idee war und nicht meine, erklärt man sich am besten damit einverstanden, was die Bibel darüber sagt. Die oppositionelle Haltung bringt nicht viel, und die ganze Sache ist auch oft missverstanden und falsch interpretiert worden. Ein klares Beispiel dafür fand ich in 1. Chr 11,10: »Dies sind die Helden Davids, die sich treu zu ihm hielten in seinem Königtum mit ganz Israel, dass man ihn zum König machte …« Da liegt der entscheidende Punkt. Es geht vor allem um die Anerkennung der von Gott gegebenen Autorität. Sie erkannten David an, akzeptierten ihn und hielten mit allen Kräften zu ihm. Sie taten alles, was in ihrer Macht stand, um ihn – nicht sich selbst – zum König zu machen.

Christen – einerlei ob Männer oder Frauen – sollten zuallererst die Autorität Christi anerkennen. Sie beten doch »Dein Wille geschehe«. Und dann machen sie ernsthafte Anstrengungen, sich diesem Willen anzuschließen, alle Knicke in ihrem eigenen Leben auszubügeln, um den Willen Gottes zu tun. Eine Frau, die Christ sein will, wird dann in Unterordnung unter Gott die von Gott verliehene Autorität ihres Mannes anerkennen (beachte: er hat sie sich nicht verdient, er hat sie durch göttliche Bestimmung bekommen). Dann wird sie ihre ganze Kraft dafür einsetzen, ihm bei dem zu helfen, was Gott für ihn vorgesehen hat, zu sein, was er nach Gottes Willen sein soll – ihr Haupt. Sie wird nicht ständig versuchen, ihren eigenen Weg zu gehen. Sie wird es ihm möglichst erleichtern, seinen eigenen Aufgaben nachzukommen. Sie wird versuchen, zu seinen Zielsetzungen beizutragen – nicht darauf hinarbeiten, ihre eigenen durchzusetzen.

Wenn das verdächtig klingt, wie ein überholtes Stück alter Traditionen oder (was noch schlimmer wäre) wie eine typische »Elisabeth-Elliot-Ansicht«, dann prüfen Sie sie anhand der Schrift nach. Was bedeutet Unterordnung unter Christus?

»Ihr Frauen, ordnet euch euren Männern unter wie dem Herrn« (Eph 5,22). Stellen Sie diesen Vergleich an und richten Sie sich danach.

4
WOHIN BRINGT DICH DAS KLAGEN?

Anlässlich eines Besuchs in Dallas waren wir bei unserer Freundin Nina Jean Obel zu Gast. Eines Morgens saßen wir in ihrer schönen, sonnigen Küche. Die gelben und blassgrünen Farbtöne ließen den Raum noch freundlicher erscheinen. Nina zitierte im Gespräch die Bibelstelle aus 5. Mose 1, nach der die Israeliten anfingen, sich zu beklagen. Dabei waren sie gerade erst vierzehn Tage im Gelobten Land. Dieses Murren war eine Angewohnheit, die Mose, ihren Führer, bereits so erzürnt hatte, dass er sich den Tod wünschte. »Ich vermag all das Volk nicht allein zu tragen, denn es ist mir zu schwer« (4. Mose 11,14). Sie waren zum Horeb gezogen und hatten das Bergland der Amoriter erreicht. Doch nun weigerten sie sich, der Verheißung Gottes zu glauben. Sie bestanden darauf, Spione auszusenden, die das Land auskundschaften sollten. Diese kamen zurück und berichteten begeistert davon. Doch das Volk glaubte auch ihnen nicht. Es rührte sie nicht im Geringsten, als sie die herrlichen Früchte des Landes sahen, weil es nämlich »Riesen« dort gab und sie alle umgebracht werden würden. Befestigungen hatten die Kundschafter gesehen, die »bis zum Himmel« reichten. Wie sollten sie die jemals erobern?

Ihre Haltung war eine zutiefst neurotische, d.h. ihre seelischen Konflikte waren nicht verarbeitet. Keine wie auch immer ausfallende Antwort würde ihnen genügen. Keine angebotene Lösung erschien ihnen sicher genug. Die Verheißungen Gottes, die bisherige Führung Moses, der Bericht der Kundschafter – alles war nicht akzeptabel. Das Volk hatte sich bereits seine Meinung gebildet, dass sie nichts von dem wollten, was Gott für sie vorgesehen hatte. Sie murmelten etwas von Verrat. Sie meinten, Gott hasse sie. Er hätte sie nur aus Ägypten herausgeholt, um sie jetzt durch die Amoriter vernichten zu lassen. »O Gott, welch ein Schicksal! O Gott, warum tust du uns das an? O Gott, wie sollen wir aus dieser Lage wieder herauskommen? Es ist alles deine Schuld! Du hasst uns! Mose hasst uns! Alles und jeder ist gegen uns!«

Für Nina Jean hatte das zu dem Ergebnis geführt: Wenn Jammern und Klagen und Sich-Beschweren der Grund gewesen seien, weshalb Gottes Volk das Privileg verlor, das Gelobte Land betreten zu dürfen, dann wollte sie selbst auf jeden Fall damit aufhören. Sie stellte sich eine harte Aufgabe: Vierzehn Tage lang wollte sie sich absolut jeder Klage enthalten. Der Test glich einer Offenbarung für sie. Erstens erkannte sie, wie stark diese Gewohnheit bei ihr bereits geworden war, und zweitens, wie anders die Welt aussah, wenn sie das Klagen unterließ. Nachdem ich eine Weile mit Nina Jean zusammengewesen war, gewann ich den Eindruck, dass die vierzehn Tage genügt hatten, um mit dieser Angewohnheit zu brechen. Ich habe sie niemals wieder klagen hören.

Es waren nicht nur der Sonnenschein und die freundlichen Farben, die ihre Küche zu einem angenehmen Aufenthaltsort machten. Es war ihre Gegenwart. Dieses Klima würde ich auch gern um mich herum verbreiten. Ich habe mir das gleiche Ziel gesteckt.

5 UNWICHTIGER ÄRGER ODER ZUFRIEDENHEIT

Das Wort Humdudgeons ist für mich neu – ich liebe seinen Klang. Es bedeutet so viel wie lautes Klagen über eine Lappalie. Kennen Sie das in Ihrem Haus? Aus jüngster Zeit? Eine Mutter erinnert sich an eine Anekdote: In einer Familie hatte man eingeführt, dass alle solche Klagen öffentlich vorgebracht werden mussten. Es mündlich zu tun, war nicht erlaubt. Sie mussten mit zweihundert oder noch mehr Worten zu Papier gebracht werden. Die Menge der Klagen und Beschwerden ging daraufhin plötzlich auffallend zurück.

Eltern *lehren* ihre Kinder häufig zu jammern – durch ihr Vorbild. Kein Wunder, dass es so schwierig ist, es ihnen wieder abzugewöhnen. Hören Sie doch nur mal den Unterhaltungen im Lift, beim Friseur oder am nächsten Tisch im Restaurant zu. Jeder klagt über alles Mögliche: das Wetter, die Gesundheit, die Politiker, die Probleme mit den Versicherungen, den Verkehr, die Kinder.

Das menschliche Leben ist voller Schwierigkeiten, die nicht einfach aus dem Nichts entstehen oder grundlos aus dem Boden wachsen, sagte Hiobs Freund Elifas. Der Mensch sei geboren, um zu leiden. Vergleichen Sie doch einmal die Liste Ihrer Probleme mit denen eines berühmten Mannes:

1. Er hatte eine schwere Kindheit.
2. Er ging weniger als ein Jahr in eine ordentliche Schule.
3. Mit 31 Jahren hatte er geschäftlich Pech.
4. Mit 32 Jahren erlitt er eine Niederlage vor dem Gesetz.
5. Mit 33 versagte er noch einmal im Geschäftsleben.
6. Mit 34 wurde er in die gesetzgebende Versammlung gewählt.
7. Mit 35 verlor er seine Verlobte durch den Tod.
8. Mit 38 fiel er als Redner durch.
9. Mit 40 fiel er als Kandidat durch.

10. Mit 42 heiratete er eine Frau, die ihm nicht zur Hilfe, sondern zur Last wurde.
11. Nur einer seiner vier Söhne wurde älter als achtzehn Jahre.
12. Mit 43 fiel er bei den Wahlen in den Kongress durch.
13. Mit 46 wurde er in den Kongress gewählt.
14. Mit 48 fiel er im Kongress wieder durch.
15. Mit 55 fiel er im Senat durch.
16. Mit 56 fiel er als Vizepräsident durch.
17. Mit 58 fiel er im Senat wieder durch.
18. Endlich wurde er als Präsident gewählt.

Es war Abraham Lincoln – natürlich. Wenn ich mir die Liste seiner Rückschläge ansehe, frage ich mich, ob ich jemals überhaupt ein Problem gehabt habe.

Adler sagt: »Für den Neurotiker gibt es Zeit seines Lebens die kategorische Aussage, dass er ja immer nur durch die Schuld anderer versagt und deshalb nicht verantwortlich ist.« Das ernüchterte mich sehr. Lade ich, wenn ich irgendwo versage, sofort die Schuld auf jemand anderen ab? Gibt es immer eine Entschuldigung, eine Anklage, ein inneres Gejammer?

Wahrhafte Frömmigkeit ist immer von einem Geist ruhiger Zufriedenheit begleitet. Der tiefe Friede, der aus dem festen Vertrauen auf Gottes Barmherzigkeit resultiert, wird selbst von den schlimmsten Umständen nicht zerstört, weil jene ewigen Arme uns halten. Immer stehen wir »unter der Gnade«. Auch Corrie ten Boom wurde, wie wir alle, »geboren, um zu leiden«. Aber in einem deutschen Konzentrationslager sprang sie jeden Morgen auf ihre Füße und sang fröhlichen Herzens: »Steh auf, steh auf für Jesus!« Sie dankte dem Herrn selbst für den kleinen Zug der Ameisen, die durch ihre Zelle wanderten und ihr Gesellschaft leisteten. Paulus und Silas sangen und beteten im Gefängnis. Nicht die Schwierigkeiten machen Heilige, sondern die Reaktion auf diese Umstände. Selbst Wunder können uns nicht zu Heiligen machen. Paulus erinnert die Korinther daran, dass die

Israeliten alle durch die gleiche Wolke geführt wurden, dass alle es erlebten, durchs Meer hindurchgehen zu können. Alle empfingen die gleiche übernatürliche Nahrung und alle tranken das Wasser aus dem Felsen. »Aber an den meisten von ihnen hatte Gott kein Wohlgefallen, denn sie wurden in der Wüste erschlagen« (1. Kor 10,5). Der Grund der göttlichen Ablehnung kam aus einer einzigen Wurzel: Unzufriedenheit, zu der noch die Lust an verbotenen Dingen kam (Abgötterei und unerlaubter Sex, weswegen 23 000 an einem Tag getötet wurden). Dazu kamen dann noch die Klagen um ihrer Meinung nach berechtigte Ansprüche, die Gott nicht erfüllt hatte – Zwiebeln, Knoblauch, Kürbisse und Fisch. Sie standen am Eingang ihrer Zelte – Eltern und Kinder – und jammerten: »Nun aber ist unsere Seele matt, denn unsere Augen sehen nichts als das Manna!« Viele wurden von einer großen Plage befallen und starben. Als Paulus durch den »Pfahl im Fleisch« sehr gequält wurde, wünschte er sich natürlich, von seinem Leiden frei zu werden. Er brachte sein Anliegen vor Gott, doch die Antwort lautete: »Nein!« Gott änderte die physische Situation des Paulus nicht, wohl aber seine geistliche. Er gab ihm das, was er nötiger hatte als die körperliche Heilung. Er gab ihm die höchste Gabe des Himmels: Gnade. Paulus akzeptierte die Antwort nicht nur, er lernte es sogar, für seine Schwachheit dankbar zu sein: »denn meine Kraft ist in den Schwachen mächtig«.

Alles, was uns zum Klagen verleiten könnte, ist vielleicht gerade das Instrument, durch das der Töpfer den Ton in das Bild seines Sohnes gestalten will – ein Kopfschmerz, eine Beleidigung, eine Schlange bei der Gepäckausgabe im Flughafen, die Grobheit oder mangelnde Dankbarkeit eines anderen, Missverständnisse, Enttäuschungen, Unterbrechungen. Amy Carmichael sagt: »Sieh eine Gelegenheit darin, das Ich sterben zu lassen.« Das sollte heißen: Sieh eine Chance zur Selbstlosigkeit und zum Ja zum Willen Gottes darin – ein »Gleichgestaltetwerden seinem Tode«. Das ist kein krankhafter Märtyrerkomplex, sondern gelassene und glückliche Zufriedenheit in der Gewissheit, dass Güte und Gnade uns unser Leben lang folgen werden. Würden unsere Kinder nicht leichter den Weg zur Frömmigkeit finden, wenn sie an uns ein Beispiel von Zufriedenheit statt Jammern und Klagen sehen würden? Akzeptanz statt Rebellion? Frieden statt Frustration?

Möge uns der Geist der siebzehnjährigen Lady Jane Grey erfüllen, die 1554 in ihrer Gefängniszelle vor ihrer Enthauptung Folgendes betete:

»O gnädiger Gott, sei du bei mir,
ein starker Turm der Verteidigung.
Demütig flehe ich dich an.
Gib mir die Gnade, deine Zeit abzuwarten
und geduldig zu tragen,
was du mit mir vorhast.
Keinen Zweifel oder Misstrauen
gegenüber deiner Güte lass aufkommen;
Du weißt ja, was gut für mich ist,
besser als ich es weiß.
Deshalb tu mit mir
alles, was du willst.
Nur darum bitte ich: rüste mich aus
mit deinen Waffen,
dass ich fest bestehen kann.
Und vor allem halte über mir
den Schild des Glaubens.
Ich bitte dich, dass ich
mich ständig deinem Willen unterordne.
Erhalte mir dein Wohlgefallen und tröste mich
in all den Nöten, die du mir senden willst.
Lass mich sehen, dass sie mir zum Guten dienen.
Und dann will ich fest versichert sein,
dass alles, was du tust, nichts anderes sein kann
als Gutes.
Und dir gebührt alle Ehre und aller Ruhm.
Amen.«

6

VERSCHIEDENE WEGE, UM SICH SELBST ELEND ZU FÜHLEN

1. Zähle deine Probleme auf, nenne sie eins nach dem anderen – am Frühstückstisch, wenn jemand dir zuhören will, oder so bald wie möglich hinterher.

2. Mach dir jeden Tag über irgendetwas Gedanken. Komm dabei ja nicht aus der Übung. Das lässt dich zwar keinen Zentimeter größer werden, verbraucht aber vielleicht ein paar Kalorien.

3. Bedaure dich selbst. Wenn du das ausgiebig genug tust, braucht es kein anderer für dich zu tun.

4. Denk dir klug, aber dezent, Wege aus, wie du Gott *und* dem Mammon dienen kannst. Schließlich muss der Mensch ja leben.

5. Lass es dir angelegen sein, herauszufinden, was deine Nachbarn dieses Jahr kaufen und wohin sie fahren. Versuche, sie wenigstens an einem Punkt zu übertrumpfen, auch wenn du dazu eine neue Hypothek aufnehmen musst.

6. Halt dich fern vom Absoluten. Was du für richtig hältst, ist das, was zählt. Sei du selbst und lass es nicht zu, dich darauf festzulegen, was andere von dir erwarten.

7. Sorg dafür, dass du zu deinem Recht kommst. Kümmere dich nicht um das Recht anderer Leute. Du musst dein eigenes Leben leben – und sie das ihre.

8. Pass auf, dass du nicht in irgendwelche Fallen des Mitleids hineintappst – in Situationen, wo andere Menschen dich

leicht überfahren können. Wenn du dich allzu sehr in die Probleme anderer Leute hineinhängst, vernachlässigst du unter Umständen deine eigenen.

9. Lass das Bibellesen und das Gebet nicht die wirklich relevanten Dinge wie das Fernsehen und die Zeitung verdrängen. Unsichtbare Dinge sind ewig. Bleib bei den sichtbaren – sie sind das, was heute gilt.

7 UNENTSCHLOSSENHEIT

Es ist leider offenkundig, dass viele jungen Leute heute schrecklich viel Zeit brauchen, um sich über irgendetwas eine Meinung zu bilden. Sie sind nicht »wirklich sicher«, auf welches College sie gehen oder welches Fach sie studieren sollen, mit wem sie zusammenziehen oder für welchen Beruf sie sich vorbereiten sollen, ob sie heiraten und ob sie sich mit Kindern belasten sollen – wenn sie heiraten – und wann sie das tun sollen. Und was sie mit den Kindern anfangen sollen, wenn sie welche bekommen. Ob sie versuchen sollen, ihnen irgendwelche Werte zu vermitteln (sich selbst keine Gedanken über diese Werte zu machen, bedeutet allerdings bereits eine Wertevermittlung an das Kind).

Garry Trudeau, Autor des Cartoons »Doonesbury«, stellt diese weitverbreitete Unentschlossenheit ebenfalls fest. In einem Streifen zeigt er einen jungen Mann in einem Interview mit dem Chef einer Werbefirma.

»So, junger Mann, Sie möchten also ein Werbefachmann werden?«, fragt der Geschäftsführer.

»Ich denke, mein Herr«, sagt der junge Mann. »Ich meine, ganz sicher bin ich natürlich nicht. Aber es scheint mir die Sache wert zu sein, sie näher ins Auge zu fassen. Wissen Sie, ich wüsste gerne, was dabei herauskommt, ob ich mich dabei gut fühle und ... ich ... ohhhh ...«

Ich denke zwar, dass Unentschlossenheit nichts Neues ist. Jakobus schrieb davon in seinem Brief. Und er zeigt, dass die Befreiung davon durch Vertrauen geschieht. Er weist uns an, um Weisheit zu bitten, wenn wir nicht wissen, wie wir uns verhalten sollen. »Er bitte aber im Glauben und zweifle nicht; denn wer zweifelt, der gleicht einer Meereswoge, die vom Wind getrieben und bewegt wird. Ein solcher Mensch denke nicht, dass er etwas von dem Herrn empfangen werde. Ein Zweifler ist unbeständig in allen seinen Wegen« (Jak 1,6–8).

»Vater, bringe unsern Geist zur Ruh' bei dir.
Schieb' jeden furchtsamen Gedanken fort!
Bewahre unsere Seelen ganz in deinem Frieden!«

C. Wesley

8 ÄNGSTE VON MÄNNERN UND FRAUEN

»Die meisten Männer halten Frauen im Einzelfall für großartige Wesen, sobald sie aber in Massen auftreten für furchterregend«, bemerkte der weise G. K. Chesterton. Oh. Sind wir so gefährlich? Robert Bly erklärt in seinem Bestseller »Iron John«, dass Männer vor weiblichem Zorn zu Stein erstarren. Ein Korrespondent der *Time*, Sam Allis, sagt: »Frauen stellen oft ein entmutigendes Hindernis für den Seelenfrieden eines Mannes dar. Und oft ist es so, dass die Männer bei all ihrem tapferen Reden in einer solchen Situation total aus der Fassung geraten.«

»Angst ist für den Mann eine Falle« heißt es in Gottes Wort. Mir scheint, dass die Angst der Frau noch Schlimmeres bewirkt. Diese Kommentare haben mich noch einmal grundsätzlich über Angst nachdenken lassen. Wenn Männer und Frauen ihres Gottes sicherer wären, gäbe es mehr echte Männlichkeit und Weiblichkeit und Frömmigkeit in der Welt – und sehr viel weniger Angst voreinander.

Jesus sagt uns, dass wir die nicht fürchten sollen, die nur den Leib töten können, sondern dass wir den fürchten sollten, der Leib und Seele in der Hölle verderben könne. In anderen Worten heißt das, dass wir Gott fürchten sollen und sonst nichts. »Durch den Glauben verließ er (Mose) Ägypten und fürchtete nicht den Zorn des Königs; denn er hielt sich an den, den er nicht sah, als sähe er ihn« (Hebr 11,27). Als Daniel vom Erlass König Darius' erfuhr, durch den dieser jedes Anbeten eines Gottes oder Menschen außer ihm selbst verbot, fuhr er trotzdem mit der Gewohnheit fort, regelmäßig auf den Knien bei offenem Fenster anzubeten, »wie er es auch vorher zu tun pflegte«. Dabei ertappten ihn seine Gegner (Dan 6). Daniel fürchtete Gott, und deshalb fürchtete er weder den König noch die Löwen. Seine drei Freunde

Schadrach, Meschach und Abed-Nego wurden vor die Wahl gestellt, entweder ein goldenes Standbild anzubeten oder in einem feurigen Ofen zu verbrennen. Sie trafen eine unmittelbare Entscheidung (Dan 3). Gottesfurcht ließ das Anbeten eines Götzenbildes undenkbar erscheinen. Die Furcht vor dem Feuer bezog sich im Vergleich dazu auf etwas Denkbares. Das ist Männlichkeit.

Usija, der mit sechzehn Jahren König von Juda wurde, war von Secharja zur Gottesfurcht erzogen worden. Ein Kind, das nicht in den ersten Lebensjahren gelehrt wird, Böses zu fürchten, wird im Erwachsenenalter große Mühe haben, Gottesfurcht zu lernen. »Freiheit von Furcht« nennt Russell Kirk »einen dummen, demagogischen Trugschluss«, weil wir alle »ein natürliches Bedürfnis nach der Herausforderung durch Furchterregendes« hätten.

Etwas vom Schönsten, das mir als Echo auf meine Rundfunksendung »Gateway to Joy« (Tor zur Freude) begegnete, kam mit dem Brief eines kleinen Mädchens: »Du machst mich so mutig!« Manchmal überlege ich, was aus solchen Begriffen wie Mut und Ausdauer geworden ist. Welchen Grund gibt es in unserer »Fühl-dich-wohl-Gesellschaft« noch, mutig zu sein? Sehr wenig – und wenn wir darüber nachdenken, vermissen wir etwas, nicht wahr? Wirklich mutig zu sein heißt, sich dem Vorwurf der Scheinheiligkeit auszusetzen, der Verweigerungshaltung oder fehlender Gefühle. Mose forderte von Josua, stark und mutig zu sein. Mut ist nicht Abwesenheit von Angst, sondern die Bereitschaft, das zu tun, wovor wir uns fürchten. Es heißt, geradewegs in den Feuerofen oder die Löwengrube hinein zu gehen. Hatten jene Männer keine Gefühle oder hatten sie den Boden der Realität verloren? Keineswegs. Und der Psalmist auch nicht, als er sagte: »Wenn ich mich fürchte, so hoffe ich auf dich« (Ps 56,4). Es ist ein großer Unterschied zwischen Gefühlen und Bereitschaft.

In George MacDonalds »Sir Gibbie« befindet sich der Junge (Gibbie) in den Bergen in einem Sturm. Er hört die Geräusche des Hochwasser führenden Flusses und es wird ihm klar, dass dieser auf den Bauernhof zuschießt. Er rast hinterher. »Er hat keine Angst. Ein Mensch mit seinem Glauben an die vollkommene Liebe und den vollkommenen Willen des Vaters aller Menschen als oberste Tatsache fürchtet nichts. Furcht ist mangelnder Glaube. Ein vollkommener Glaube würde uns absolut über alle Furcht erheben. In den Rissen und Spalten und abgründigen Defekten unseres Glaubens setzt sich der Schnee der Besorgnis fest und das Eis der Lieblosigkeit entsteht.«

Fühlst du dich, trotz all der Verheißungen Gottes, heute so hilflos wie ein Wurm? Dann gibt es ein ganz besonderes Wort für dich: »Fürchte dich nicht, du Würmlein Jakob, du armer Haufe Israel. Ich helfe dir, spricht der Herr ...« (Jes 41,14).

9 GEISTLICHER WIDERSTAND

Als Lars und ich von einer vierzehntägigen Reise nach Schottland und England zurückkehrten, wartete dort ein Haufen Arbeit auf uns – wir hatten damit schon gerechnet. Die übliche Angst, davon überwältigt zu werden, war auch da. Die Koffer mussten ausgepackt, die Wäsche besorgt, die Post geöffnet, gelesen und beantwortet werden. Teilweise war das Haus von der Studentin gesäubert worden, die mit uns darin lebte. Doch im oberen Stock musste ich mich mit Staub und Schmutz befassen. Telefonische Nachrichten warteten auf mich und Anrufe an Familienglieder waren fällig. Kennen Sie das Gefühl, allem nicht gewachsen zu sein? Ich bin sicher, dass es Ihnen auch nicht fremd ist. Aber ich denke, der Feind unserer Seelen ist zu solchen Zeiten besonders wachsam. Er versucht, sie so zu nutzen, dass er uns auf uns selbst zurückwirft, statt dass wir uns nach oben wenden an den Einen, der ständig bereit ist, unsere Zuflucht und unser Helfer zu sein.

Nachdem ich an jenem ersten Morgen nach unserer Rückkehr all unsere Arbeit vor den Herrn gebracht hatte, bat ich ihn um seine Hilfe, um alles treu, sorgfältig und ordentlich erledigen zu können. Ich glaube, dass er dieses Gebet beantwortete – ich bin sogar sicher, dass er es tat. Alles, was in jenen ersten drei Tagen fällig war, wurde geschafft. Das hätte ich aus eigener Kraft gar nicht fertig gebracht. Dann kam die herrliche Unterbrechung durch den Sonntag. Zeit zum Lesen und Nachdenken. Ich machte mir Gedanken für den folgenden Montag, über alles, was dann an Arbeit fällig war (Rundfunk-Interviews, Terminplanung von Ansprachen usw.). Ich saß an einem leeren Schreibtisch.

Dann kam der Montag. Ich übergab den Tag an Gott, wie ich es immer tat. Doch ich kam mir dabei vor wie die Räder der ägyptischen Streitwagen, die nur schwer zu lenken waren. Es gab Unterbrechungen, Ablenkungen. Ich kam nicht so voran, wie ich es erwartet hatte. Mein Denken war dumpf, verwirrt. Am Ende des Tages konnte ich kaum sehen, was ich fertig gebracht und mit meiner Zeit gemacht hatte.

Der Dienstag ließ sich nicht besser an als der Tag vorher. Wo waren die Stunden nur hin verschwunden? Wie gewohnt machte ich nach dem zweiten Frühstück einen Spaziergang am Strand entlang. Ein wolkenloser Himmel und ein glitzerndes Meer bot sich meinen Blicken. Ich war allein unterwegs und sprach mit Gott über mein Versagen. Ich bat ihn, Klarheit in die Dinge zu bringen. Zu Hause fiel mir eine unerwartete Quelle der Hilfe in die Hand – ein Brief, der dreißig Jahre früher von einem alten Missionar an meinen Vater geschrieben worden war. Damals gab es eine Zeitschrift, die »Sunday School Times«, deren Herausgeber mein Vater war. Er war zu dem Zeitpunkt am Rande eines Nervenzusammenbruchs und hatte diesen alten Kämpfer – es war E. L. Langston, der in Afrika lebte – um Rat gefragt. Hier nun dessen Brief:

»Der Satan liebt weder diese Zeitung noch die Artikel darin. Und es ist offenkundig, dass er dich in deinem tiefsten Innern attackiert. Er versucht weniger, dich zum Zweifeln zu verführen, als in dir einen Geist der Unzufriedenheit zu wecken. Glücklicherweise wissen wir beide, dass Anfechtung keine Sünde ist. Nur das Sicheinlassen auf die Versuchung führt uns zur Sünde. Ich habe den Eindruck, dass du es als Freude betrachten solltest, dass du diese Zeiten der Schwierigkeiten durchmachen musst. Sie sind sichere Zeichen dafür, dass der Herr dich segnet ...

Es gibt meiner Ansicht nach noch einen Grund für die Ursache dieser Gefühle in uns. Sie kommen aus dem Fleisch und der Selbstbeobachtung. Es ist nicht verkehrt, wenn wir uns selbst kontrollieren und wissen, wie abscheulich wir in Wirklichkeit sind. Aber nach einem einzigen Blick auf uns selbst sollten wir zehnmal Christus anschauen.

Keiner geht mehr zum Gottesdienst als der Satan. Und keiner erscheint so sehr als Engel des Lichtes wie er. Wir befinden uns mitten unter Mächten der Finsternis, die entschlossen sind, uns von Christus loszureißen und eine Kluft zwischen Gott und uns zu schaffen. Du und ich, mein lieber Bruder, sollen einfach nur auf Christus hoffen und uns auf ihn verlassen, dass sein Geist unsere Gedanken, unsere Wege und unsere Arbeit lenkt, so dass nicht wir es sind, die handeln, sondern Christus in uns.«

War es nicht großartig, dass dieser Brief aufbewahrt worden war, so dass ich ihn in der Stunde meiner Not zur Verfügung hatte? Aber das sieht dem Herrn so ähnlich: durch die gütige Härte gerade unserer Schwierigkeiten klopft der Menschensohn bei uns an. In jedem Ereignis, das mir begegnet, sucht er einen Zugang zu meinem Herzen, ja selbst in meinen hilflosesten, vergeblichsten, unfruchtbarsten Augenblicken. Gerade die Risse und leeren Spalten meines Lebens, meine Verwirrungen und Verletzungen und verpfuschten Arbeiten will er mit sich selbst, seiner Freude, seinem Leben füllen. Je unbefriedigender das ist, was ich erreicht habe, desto mehr ruft er mich dazu auf, sein Joch zu teilen. Ich sollte inzwischen wissen, dass mein Joch mich müde macht und überlastet. Er drängt mich dazu, von ihm zu lernen: »Ich bin freundlich und von Herzen demütig.«

10

DIE GABE DER ARBEIT

Die Hauptursache von Langeweile ist Arbeitsscheu. Die Menschen sind von Kindheit an daran gewöhnt worden, die Arbeit zu hassen. Eltern fühlen sich oft schuldig, wenn sie von ihren Kindern etwas verlangen, das über die allernotwendigsten Gesten hinausgeht. Die Kinder sollen z.B. ihre Betten machen und – etwas nachlässig und halbherzig – ihre Zimmer einmal im Monat aufräumen o.ä. Doch die volle Verantwortung fürs Tischabräumen, das Einräumen der Spülmaschine, das Scheuern der Töpfe oder Abwischen der Arbeitsplatten zu übernehmen, bleibt eine fragliche Angelegenheit. Wie viele Erwachsene haben den Mut, solche Arbeiten von einem oder einer Zehnjährigen zu erbitten? Für die meisten aus dieser Altersgruppe wäre es zu viel verlangt, weil die Eltern sie nie ernsthaft zu irgendetwas angehalten haben, als sie noch klein, vielleicht zwei oder drei Jahre alt waren. Kinder erfassen sehr schnell, wenn die Eltern selbst eine negative Haltung gegenüber der Arbeit haben. Dann gewinnen sie den Eindruck, dass man diese so viel wie möglich vermeiden sollte.

Auch unser Herr und Erlöser hat gearbeitet. Es gibt kaum einen Zweifel daran, dass er in der Zimmerwerkstatt unter der Anleitung seines irdischen Vaters Josef gearbeitet hat. Er investierte viele Stunden dabei und lernte das Handwerk gründlich. Er übte sich in Sorgfalt und Verantwortlichkeit und erkannte auch die Schönheit der Arbeit, weil man sie als Gabe ansehen und seinen himmlischen Vater damit verherrlichen konnte. Er tat immer das, von dem er wusste, dass es seinem Vater gefallen würde. Später wählte er alle seine Jünger aus Kreisen, in denen man sein Brot mit der Arbeit seiner Hände verdiente. Selbst Paulus, ein Mann mit glänzendem Intellekt, betrieb einen Beruf – den des Zeltmachers.

Booker T. Washington, ein Afro-Amerikaner, wuchs in

den Südstaaten auf. Dort schob man seiner Rasse die schwersten und schmutzigsten Jobs zu. Seine wichtigste Lektion lernte er aber am Beispiel einer christlichen Frau. Sie stammte aus Neu-England und war die Gründerin des Hampton-Instituts. Dort sollten Kinder, die als Sklaven geboren worden waren, erzogen werden. Diese Frau nun putzte eigenhändig die Fenster des Gebäudes – am Tag, bevor die Schule begann. Die Kinder sollten von einer schönen Umgebung empfangen werden, wenn der Unterricht anfing.

Muss Arbeit unbedingt etwas Schlimmes sein, vielleicht sogar ein Fluch? Ein Christ verbrachte viele Jahre in einem sowjetischen Arbeitslager. Dabei begegnete ihm die Arbeit in ihrer brutalsten, erniedrigendsten und unmenschlichsten Form. Der Mann bezeugt aber, dass er seinen Stolz selbst in diese Tätigkeiten setzte, dass er so viel schaffte, wie er konnte – jeden Tag bis an die Grenzen seiner Kraft. Warum? Weil er die Arbeit als eine Gabe ansah, die ihm von Gott zugewiesen wurde und seinem Willen für ihn im Augenblick entsprach. Er erinnerte sich daran, dass Jesus Bänke, Werktische und Dachbalken nicht jeweils durch Wunder hinstellte, sondern mit Säge, Axt und Breitbeil anfertigte.

Würde es nicht einen erstaunlichen Unterschied machen – nicht nur im Hinblick auf die Qualität unserer Arbeit – (im Büro, in der Schule, in der Fabrik, in der Küche oder im Garten), sondern auch im Hinblick auf unsere Befriedigung, ja sogar unsere Freude, wenn wir in jeder einzelnen Aufgabe Gottes gnädige Gabe erkennen könnten? Dann wäre es einerlei, ob wir Betten machen oder ein Baby baden, eine Kopie oder irgendeinen Entwurf anfertigen oder Computer verkaufen. Wenn unsere Kinder sehen, wie wir unsere Arbeit »von Herzen als dem Herrn« tun, dann haben sie damit erfahren, was wahrhaft glücklich macht. Sie lernen so, ihre Arbeit zu lieben und erwarten nicht mehr, dass ihnen alles erlaubt werden muss, was Spaß macht.

Ignatius von Loyola betete: »Guter Herr und Gott, lehre uns zu arbeiten und keinen Lohn dafür zu erwarten außer dem Wissen, dass wir deinen Willen tun.« Während ich es noch lerne, dieses Gebet zu sprechen, stelle ich fest, dass dabei doch eine Menge an Belohnung als Nebenprodukt auftaucht. Wenn wir unsere Arbeit Gott zum Opfer bringen, entdecken wir die Wahrheit eines Grundsatzes, den Jesus schon lehrte: Erfüllung ist kein Ziel, das man anstreben könnte, sondern immer ein Nebenprodukt des Opfers.

11 DIE ALLGEMEINE LAST

Es ist so wohltuend, den Mut zur Arbeit zu finden und dabei fröhlich zu sein und auch Anweisungen akzeptieren zu können. Heute ist es allerdings eher üblich, einen radikalen Widerwillen, wenn nicht gar Hass, gegenüber der Arbeit zu entwickeln. Dazu kommt dann noch die mangelnde Bereitschaft, von irgendjemand Befehle anzunehmen oder zu respektieren. Von dieser Einstellung haben wir wirklich inzwischen genug gehabt, oder? In den Betrachtungen eines Seemanns – aus dem großen klassischen Werk von Hermann Melville, »Mobby Dick« – findet sich ein Gegenmittel:

> »Was heißt es schon, wenn irgendein alter Seebär von Kapitän mir befiehlt, einen Besen zu nehmen und die Decks zu fegen? Was bedeutet diese Demütigung, was hat sie an Gewicht nach den Maßstäben des Neuen Testamentes? Glaubst du, der Erzengel Gabriel hält mich deshalb für minderwertiger, weil ich dem ollen Kerl in diesem konkreten Beispiel sofort und respektvoll gehorche? Wer ist kein Sklave? Sag mir das bitte. Also dann – was auch alte Seebären mir befehlen mögen – ich kann befriedigt feststellen, dass das alles in Ordnung ist. Jeder Mensch wird auf die eine oder andere Weise in der gleichen Art bedient – entweder im physikalischen oder auch im metaphysischen Sinn. So wird die allgemeine Last weitergegeben. Alle Hände sollten die Schultern eines anderen entlasten und dabei zufrieden sein.«

Die meisten von uns befinden sich nicht gerade unter dem Befehl so eines alten Seebären von Kapitän. Aber wir sollten willige und fröhliche Diener eines jeden sein, der uns zufällig gerade nötig hat. Habe ich wirklich ein zum Dienen bereites Herz? Ich sollte es jedenfalls haben. Ich bin sonst meinem Herrn Jesus keinesfalls ähnlich. Er kam nicht, um sich dienen zu lassen, sondern um zu dienen. Er hat uns ein leuchtendes Beispiel davon hinterlassen, wie praktisch er das meinte. Er wusch seinen Jüngern die Füße. Obwohl er seinen eigenen Ursprung und seine Bestimmung nicht aus den Augen verlor, tat er diese Arbeit mit Anstand und Liebe.

Was ist unser Ursprung? Was ist unsere Bestimmung? Auch wir »kommen von Gott und gehen zurück zu Gott«. Gibt es dann irgendeine Arbeit, die »unter unserer Würde« ist? Gibt es einen Schlag oder Stoß, auf den wir wirklich achten müßten?

»Ihr aber, liebe Brüder, seid zur Freiheit berufen. Allein seht zu, dass ihr durch die Freiheit nicht dem Fleisch Raum gebt; sondern durch die Liebe diene einer dem andern« (Gal 5,13).

Im letzten Sommer arbeitete ein Fünfzehnjähriger auf einer Ranch. Dort gehörte nicht nur das Geschirrspülen zu seinem Arbeitsbereich , sondern auch das Reinigen des Müll-Containers. Diese Arbeiten hatte er sich nicht gerade ausgesucht (er hätte viel lieber Pferde trainiert oder auch Ställe ausgemistet). Ich gab ihm das Wort mit auf seinen Weg: »Alles, was ihr tut, das tut von Herzen als dem Herrn und nicht den Menschen« (Kol 3,23). Später schrieb er mir einen wunderbaren Brief und berichtete, wie Gott ihm immer wieder geholfen habe.

12
ABER ICH HABE DOCH EIN STAATSEXAMEN!

Eine Frau wurde gebeten, zu den Studentinnen eines Seminars zu sprechen. Es ging um Beschäftigungsmöglichkeiten für solche mit Seminar-Abschluss. Sie schreibt: »Zuerst sprach ich grundsätzlich zu ihnen über das, was wir sind und tun und wohin wir nach dem Willen Gottes gehen (nicht darüber, wer wir sind, sondern wessen wir sind). Dann zählte ich traditionelle und moderne, kreative Wege auf, auf denen man notwendige Dinge im Reich Gottes als Aufgabe übernehmen könnte. Drei Feministinnen waren besonders beleidigt, dass ich es gewagt hatte, ›Kindermädchen‹ oder ›private Erzieherin‹ unter den etwa 70 Arbeitsmöglichkeiten zu nennen. Dabei war Aristoteles sogar das ›Kindermädchen‹ für Alexander den Großen gewesen! Diese Frauen hatten sich die Wertmaßstäbe unserer heutigen Welt zu eigen gemacht. Sie waren bereit, für z.B. zehn Jahre ›Computerprogrammieren in leitender Stellung‹ zu kämpfen. Sie erklärten, meine Ansprache hätte sie mehr gedemütigt als die Worte irgendeines Mannes zu dem Thema.«

Theologie bedeutet, sich intensiv mit Gott zu befassen. Doch wenn ein erworbenes Diplom auf diesem Gebiet eine Lebensposition mit sich bringt, die das Dienen als »unter unserer Würde« darstellt (die Frauen fühlten sich zutiefst gedemütigt), dann ist etwas sehr falsch dabei. »Der Knecht ist nicht größer als sein Herr«, sagt Jesus, »Wenn ihr dies wisst – selig seid ihr, wenn ihr's tut« (Joh 13,16–17).

Glück – bedeutet niemals den »Status« einer Tätigkeit. Die Jünger schlugen sich mit belanglosen Rivalitäten und Fragen im Hinblick auf Größe herum. Jesus, mit dem klaren Wissen darum, »dass ihm der Vater alles in seine Hände gegeben hatte« (Joh 13,3), nahm in eben diese Hände die staubigen, schwieligen Füße eines jeden seiner Zwölf, wusch sie und trocknete sie mit einem Handtuch. Er empfand es als Glück, den Willen seines Vaters tun zu können. Doch für diese rauhen Männer bedeutete es einen Schock. Ich vermute, dass das Fußwaschen ihnen nicht zu dem Thema von Größe und Dienen zu gehören schien, obwohl sie den Grundsatz früher schon zu hören bekommen hatten. Ich kann mir die Verwunderung auf ihren Gesichtern vorstellen. Man hat direkt den Ton des Petrus im Ohr, in dem er ausrief: »Herr, solltest du mir die Füße waschen?« (V.6).

Wertvorstellungen werden heutzutage so schnell verzerrt, nicht wahr? Die »Time« vom 7. November 1988 brachte das Zeugnis eines Mannes, der nach den Maßstäben unserer Welt im Hinblick auf Erfolg die höchste Spitze erreicht hatte. Es war der Bühnenautor Eugene O'Neill. Wenn es wirklich der Erfolg ist, der die Menschen glücklich macht, dann hätte er der glücklichste Mann sein müssen. Aus seinen Worten hört man eher das Gegenteil heraus: »Das verdammte Theater steht mir bis oben hin ... Die Sache ist der Mühe nicht wert. Wenn ich eine gewisse spirituelle Befriedigung aus dem Theater gewonnen hätte, wäre das noch ein Ausgleich. Aber das habe ich auch nicht gefunden. Erfolg ist – geistlich gesprochen – ebenso langweilig und schal wie ein Misserfolg. Nach der beispiellosen, hochjubelnden Kritik bei ›Mourning Becomes Electra‹ habe ich fast eine Woche im Bett gelegen, von tiefster Depression und nervöser Erschöpfung befallen.«

Vergleichen wir O'Neills Worte mit denen von Jesus: »Wenn ihr dies wisst – selig seid ihr, wenn ihr's tut.« Für uns erdgebundene sterbliche Menschen ist es schwer, sie in die Tat umzusetzen. Es geschieht so leicht, dass wir uns täuschen lassen von weltlichen Belohnungen, von kurzlebigen Versprechungen auf Erfüllung. Je glänzender die Aussichten sind, die die Welt uns anbietet, desto verschwommener werden die Grundsätze des Reiches Gottes für uns. Dort sind Demut und Dienen »der einzige Ausdruck und der einzige Maßstab für Größe« (Janet Erskine Stuart).

13

DER SCHLÜSSEL ZU ÜBERNATÜRLICHER KRAFT

Die Welt kann sich nicht vorstellen, dass Stärke aus Schwachheit kommen, dass man Gewinn aus Verlust schöpfen kann oder Macht aus Sanftmut. Auch Christen erfassen diese Wahrheit nur sehr langsam, wenn überhaupt. Wir sind ebenfalls stark beeinflusst von säkularem Denken. Lassen Sie uns einen Augenblick innehalten und darüber nachdenken, was Jesus meinte, als er sagte, die Sanftmütigen würden das Erdreich besitzen. Verstehen wir eigentlich, was Sanftmütigsein heißt? Sehen wir uns erst einmal an, was es *nicht* heißt.

Es geht dabei keinesfalls um ein von Natur aus phlegmatisches Temperament. Ich kannte eine Frau, die derartig phlegmatisch war, dass nichts für sie irgendeinen Unterschied auszumachen schien. Als ich eines Tages in ihrer Küche Geschirr abtrocknete, fragte ich sie, wo eine bestimmte Servierplatte hingehöre.

»Oh, das weiß ich nicht. Wo du denkst, dass ein guter Platz für sie ist, da stell sie hin«, war ihre Antwort. Ich überlegte, wie sie es anstellte, die Dinge wiederzufinden, wenn nicht alles seinen Platz hatte und sich auch dort befand.

Sanftmut ist auch nicht Unentschlossenheit oder Faulheit oder weibliche Zartheit oder unkontrollierte Sentimentalität oder Gleichgültigkeit oder leutselige Neutralität.

Sanftmut ist vor allem nicht gleichzusetzen mit Schwäche. Erinnern Sie sich, wer der sanftmütigste (demütigste) Mann im Alten Testament war? Mose (s. 4. Mose 12,3)! Die Vorstellung, die ich von ihm habe, ist absolut nicht die eines schwächlichen Mannes. Mein Bild rührt eher von den Skulpturen und Gemälden Michelangelos und den biblischen Beschreibungen her. Denken wir doch nur daran, wie er den Ägypter erschlug oder die Tafeln mit den Zehn Geboten zerschmetterte, dann das goldene Kalb zu Pulver zerrieb, es ins Wasser streute und die Israeliten zwang, dieses Wasser zu trinken. Kein einziges Anzeichen von Schwäche steckt darin. Auch bei David nicht, als er schrieb: »Die Demütigen leitet er nach seinem Recht, die Gebeugten lehrt er seinen Weg« (Ps 25,9; Einheitsübers.). Und auch nicht in Jesaja: »Die Erniedrigten freuen sich wieder über den Herrn, und die Armen jubeln über den Heiligen Israels« (Jes 29,19; Einheitsübers.).

Der Herr Jesus war zwar das Lamm Gottes. Und wenn wir an Lämmer denken, haben wir sofort die Vorstellung von Sanftheit (und vielleicht auch von Schwäche). Aber Jesus war auch der Löwe aus Juda. Er sagte von sich: »Ich bin sanftmütig und von Herzen demütig« (Mt 11,29). Und er sagte uns, dass wir Ruhe für unsere Seelen finden könnten, wenn wir zu ihm kämen, sein Joch auf uns nähmen und von ihm lernen würden. Sanftmut müssen wir lernen. Von Natur aus besitzt sie keiner von uns.

Sanftmut bedeutet, belehrbar sein. »Die Demütigen will er seinen Weg lehren«, heißt es (vgl. Ps 25,9). Die Bereitschaft dazu muss sichtbar sein. Dazu gehört auch die Bereitschaft, meine festen Vorstellungen loszulassen, meine Einwände und »Wenns« und »Abers«, meine Gewissheit im Hinblick auf die Berechtigung dessen, was ich schon immer getan, gedacht oder gesagt habe. Es läuft auf die fröhliche Frage des Kindes hinaus: »Zeig es mir! Ist das der rechte Weg? Bitte, hilf mir!« Wir kommen nicht ins Reich Gottes ohne diese Kindähnlichkeit, diese einfache Bereitschaft, uns lehren, korrigieren und helfen zu lassen. »... nehmt das Wort an mit Sanftmut, das in euch gepflanzt ist und Kraft hat, eure Seelen selig zu machen« (Jak 1,21). Sanftmut ist eine ausgesprochen geistliche Qualität, eine Frucht des Geistes, keine angeborene Sache. Sie zeigt sich in der Art der Aufmerksamkeit, die wir einander gewähren, dem Ton unserer Stimme, den wir anschlagen, in unserer Mimik.

An einem Wochenende sprach ich in Atlanta über dieses Thema. Am darauf folgenden Wochenende sollte ich in Philadelphia noch einmal darüber reden. Wie es oft geschieht, geriet ich in den wenigen Tagen dazwischen gerade an diesem Punkt schmerzlich in Versuchung. Diese Prüfung wurde meine Chance, dass ich belehrt und verändert und mir geholfen wurde. Gleichzeitig traf mich die Sache aber auch als schwere Anfechtung, ins Gegenteil von Sanftmut hineinzugeraten: ins Schmollen. Jemand hatte mich verletzt. *Er* bzw. *sie* hatte es nötig, verändert zu werden. Ich fühlte mich missverstanden, unfair behandelt und zu Unrecht gescholten. Obwohl ich es schaffte, meinen Mund zu halten, wusste der Herr und wusste ich ebenso, dass meine Gedanken nicht aus der Tiefe einer echten Güte und heiligen Nächstenliebe kamen. Ich wollte mich rechtfertigen vor dem Menschen, der mich beleidigt hatte. Daran wurde klar, wie wenig ich von Sanftmut wusste.

Der Geist Gottes erinnerte mich nun daran, dass er es war, der gerade diese Sache hatte geschehen lassen, um mir die Lektion von Sanftmut beizubringen, die ich sonst nirgendwo hätte lernen können. Er trieb mich buchstäblich in die Enge: Würde ich mich entschließen – hier und jetzt – von ihm zu lernen, von seiner Sanftmut zu lernen? Jesus wurde verachtet, abgelehnt, geschmäht, durchbohrt, unterdrückt, tyrannisiert, geplagt – doch er tat seinen Mund nicht auf. Was war dieser kleine Vorfall in meinem Leben im Vergleich zu den Leiden meines Herrn? Der Heilige Geist rief mir ins Bewusstsein, dass Jesus bereit war, nicht nur mit Judas zu essen, der ihn bald danach verraten würde, sondern auch vor ihm zu knien und ihm seine schmutzigen Füße zu waschen. Er erinnerte mich an den Blick, den der Herr dem Petrus zuwarf, als er ihn dreimal verleugnet hatte – einen Blick voll unbeschreiblicher Liebe und Milde, ein Blick so voller Sanftmut, die die Feigheit und Selbstsucht des Petrus überwältigte und ihn zur Reue führte. Ich dachte an Jesu Sanftmut, als er gefesselt am Kreuz hing und selbst im Todeskampf noch den Vater um Vergebung für seine Mörder anflehte. Da war keine Spur von Gehässigkeit oder Bitterkeit zu finden, nur der endgültige Beweis einer allumfassenden und unüberwindlichen Liebe.

Doch wie soll ich, die angeborenerweise nicht die geringste Spur dieser Qualitäten besitzt, ich, die ich es liebe, mit Argumenten und Debatten den anderen zu besiegen, jemals diese heilige Sanftmut lernen? Der Prophet Zefanja fordert uns auf, danach zu streben (Zef 2,3). Wir müssen aus dem Geist Gottes heraus leben und handeln und dürfen nicht den Wünschen unserer sündigen Natur nachgeben (z.B. meinem Wunsch, mit Worten zurückzuschlagen, Entschuldigungen und Vorwürfen Raum zu geben; meinem Wunsch, die Fehler des anderen aufzudecken, statt mir meine eigenen zeigen zu lassen). Wir müssen Sanftmut »anziehen« (Kol 3,12) wie ein Gewand. Das aber bedeutet eine ausdrückliche Entscheidung: Ich *will* sanftmütig sein. Ich *will* nicht schmollen, *will* nicht Vergeltung üben, *will* nicht den »Splitter« nachtragen.

Ein fester Blick auf Jesus anstatt auf eine Verletzung bewirkt schon einen großen Unterschied. Die Dinge in seinem Licht zu sehen versuchen verändert die gesamte Sicht.

In der »Pilgerreise« fragt die Klugheit den Christen im Haus der Schönheit: »Kannst du dich daran erinnern, wodurch du manchmal deinen Ärger besiegt fandest?«

»Ja«, sagt Christ, »wenn ich daran dachte, was ich am Kreuz gesehen hatte, dann war alles andere hinfällig.«

Die Botschaft vom Kreuz ist Torheit vor der Welt und für alle, deren Denken noch weltlich bestimmt ist. Aber »die Torheit Gottes ist weiser, als die Menschen sind, und die Schwachheit Gottes ist stärker, als die Menschen sind« (1. Kor 1,25). Die Sanftmut Jesu war eine Macht, die unwiderstehlicher war als irgendeine Macht der Erde. »... bei der Sanftmut und Güte Christi«, schrieb der große Apostel, »ermahne ich euch ... obwohl wir im Fleisch leben, kämpfen wir doch nicht auf fleischliche Weise. Denn die Waffen unseres Kampfes sind nicht fleischlich, sondern mächtig im Dienste Gottes, Festungen zu zerstören« (2. Kor 10,1.3–4). »Die Waffen der Sanftmut werden mit aller Feindschaft fertig, indem sie ein ungeschütztes Herz anbieten«, sagt der Schriftsteller Dietrich von Hildebrand.

Ist das nicht die simpelste Erklärung dafür, dass wir so schwer beladen, so müde, so überlastet, so verwirrt und bitter sind? Wir ziehen solche erstaunlichen Mengen von Ärger und Selbstbehauptung hinter uns her. Sollten wir nicht lieber einmal die Einladung annehmen: »Kommet her zu mir... Nehmt auf euch mein Joch und lernt von mir; denn ich bin sanftmütig und von Herzen demütig; so werdet ihr Ruhe finden für eure Seelen« (Mt 11,28–29).

14 DIE WAFFE DES GEBETS

Eines Tages bekam ich die Nachricht, dass eine Sache, für die ich gebetet hatte, schlimmer geworden war statt besser. »Was nützten meine Gebete überhaupt?«, war ich versucht zu fragen. Warum sollte ich mir noch Gedanken darüber machen? Das Ganze war für mich zu einem Rätsel geworden. Doch gerade an diesem Morgen kamen in meiner täglichen Bibellese die Worte Jesu vor: »Wenn nun ihr, die ihr doch böse seid, dennoch euren Kindern gute Gaben geben könnt, wie viel mehr wird euer Vater im Himmel Gutes geben denen, die ihn bitten!« (Mt 7,11). (War es nicht ein Glück, dass ich mir Zeit genommen hatte, auf seine Stimme zu hören?)

Geht es Ihnen auch so, dass Sie häufig in Versuchung geraten, die Wirksamkeit des Betens zu bezweifeln? Aber Jesus betete. Und er wies uns an, auch zu beten. Wir können sicher sein, dass eine Antwort kommt. Und sie wird gut sein. Wenn nicht gerade das eintritt, was wir erwartet haben, könnte es sein, dass wir nicht um das Richtige gebeten haben. Unser himmlischer Vater hört die Gebete, aber er möchte uns lieber Brot statt Steine geben.

Das Gebet ist tatsächlich eine Waffe. Paulus spricht von den Waffen, die wir handhaben können in 2. Kor 10,4–5: Sie sind »nicht fleischlich, sondern mächtig im Dienste Gottes, Festungen zu zerstören«. An jenem Morgen lag die Quelle meiner Zweifel an seiner Macht sicher nicht beim Heiligen Geist. Es war ein unheiliger Geist, der Zerstörer selbst, der mich daran hindern wollte, weiterhin die Waffe zu gebrauchen, die er selbst so sehr fürchtet.

15

WARUM ÜBERHAUPT NOCH BETEN?

Wenn Gott souverän ist und die Dinge ohnehin so laufen, wie er es für richtig hält, warum sollen wir dann noch beten? Es gibt verschiedene Gründe dafür. Erstens müssen wir vor allem wissen: Gott hat uns dazu aufgefordert. Es ist ein Befehl von ihm, und wenn wir ihn lieben, dann gehorchen wir seinen Geboten.

Zweitens: Jesus betete ebenfalls. Manchmal sagen Leute, dass der einzige Grund fürs Beten darin läge, dass *wir* es nötig hätten, verändert zu werden. Das hat etwas für sich, aber es ist nicht der einzige Grund zum Beten. Jesus hatte es nicht nötig, durchs Gebet verändert oder heiliger zu werden. Er hatte aber im Gebet vor allem Gemeinschaft mit seinem Vater. Er bat um bestimmte Dinge. Er dankte Gott. In seinem Gebet in Gethsemane flehte er zum Vater, das zu verhindern, was er auf sich zukommen sah. Aber gleichzeitig legte er seinen eigenen Willen vor Gott nieder.

Drittens gehört das Gebet nach dem Willen Gottes in das gesamte Universum hinein. Er ordnete es so, dass bestimmte physikalische Gesetze den Lauf der Welt regieren sollten. Ein Stapel Bücher bleibt zum Beispiel nicht auf einem Tisch liegen ohne das Gesetz der Schwerkraft. Es gibt aber auch geistliche Gesetze. Gewisse Dinge geschehen nicht ohne das Gebet. Gott könnte ja bewirken, dass die Bücher auf dem Tisch liegen bleiben durch das, was die Theologen »göttlichen Machtspruch« nennen. Alles, um das wir beten, könnte ebenso geschehen. Doch das ist nicht der übliche Weg, wie Dinge ablaufen. Pascal, der große französische Denker, sagte einmal, dass Gott uns im Gebet an der »Würde der Kausalität« teilhaben lässt.

Das Lesen der Bibel sollte unser Gebet gestalten. Ich möchte eine Stelle aus Kolosser 3,12–14 anführen, die mir besonders ins Auge fiel und mir sehr klar zeigte, dass Gott mir helfen musste, einiges zu verändern:

»So zieht nun an als die Auserwählten Gottes, als die Heiligen und Geliebten, herzliches Erbarmen, Freundlichkeit, Demut, Sanftmut, Geduld; und ertrage einer den anderen und vergebt euch untereinander, wenn jemand Klage hat gegen den anderen; wie der Herr euch vergeben hat, so vergebt auch ihr! Über alles aber zieht an die Liebe, die da ist das Band der Vollkommenheit.«

16 BETEN BEDEUTET KONFLIKT

Beten ist keine leichte Freizeitbeschäftigung. Während ich älter werde, wird mir immer mehr bewusst, wie nötig ich das Beten habe. Doch gleichzeitig scheint es mir mühsamer zu werden, wird es immer mehr zum Kampf. Die Konzentration fällt zum Beispiel schwerer. Ein paar persönliche Notizen von Amy Carmichael wurden mir zu einer großen Hilfe. Sie schrieb sie an ihre »Familie« in Dohnavur, in Südindien (Hunderte von Kindern und ihre Helfer – Inder und Europäer). Diese wollte sie für einen besonderen Gebetstag vorbereiten.

Amy zitierte Paulus im Kolosserbrief 2,1: »Ich will euch nämlich wissen lassen, welchen Kampf ich um euch führe.« Zumindest teilweise bezieht er sich dabei auf den Kampf des Gebets. Der gleiche Vers wird an anderer Stelle übersetzt mit: »wie sehr ich ankämpfe« (revid. Fassung der KJV) oder »wie tief meine Sorge ist« (Phillips), und in der Jerusalemer Bibel: »Ja, ich will euch wissen lassen, dass ich hart für euch kämpfen muss ... und um alle, die mich nicht von Angesicht gesehen haben, damit ihre Herzen gestärkt und zusammengefügt werden in der Liebe und zu allem Reichtum an Gewissheit und Verständnis, zu erkennen das Geheimnis Gottes, das Christus ist, in welchem verborgen liegen alle Schätze der Weisheit und der Erkenntnis.«

Nun die Anmerkungen Amy Carmichaels:

»*Gegen was kämpfe ich?*

1. Gegen alles, was mir sagen will: was nützt dein ganzes Beten? So viele andere, die mehr davon verstehen als du, beten schon. Was macht das schon aus, ob du auch noch betest? Bist du sicher, dass dein Herr dich hört? Natürlich hört er auf all die anderen Gebete. Aber deins zählt so wenig – bist du sicher, dass er sein Ohr zu dir herabneigt?

2. Gegen alles, was dir einreden will, dass man uns anhält, zu viel Zeit aufs Beten zu verwenden. Es gibt so viel zu tun. Warum nimmst du dir so viel Zeit, nur um zu beten?
3. Gegen alles, was mich persönlich entmutigt – vielleicht die Erinnerung an Sünde in der Vergangenheit, geistliche oder physische Müdigkeit, gegen alles und jedes, was mich abhält von dem, was Paulus so häufig mit Beschlag belegte: das lebenswichtige Beten.

Was hilft mir am meisten in diesem Kampf?

1. Die sichere Gewissheit, dass unsere Bedeutungslosigkeit keine Rolle spielt, denn wir kommen ja nicht zum Vater in unserem eigenen Namen, sondern im Namen seines geliebten Sohnes. Für diesen Namen ist sein Ohr immer offen. Dessen können wir ganz gewiss sein.
2. Die sichere Gewissheit, dass es eine Lüge des Satans ist, dass wir zuviel beten. Er fürchtet unser Gebet viel mehr als unser Tun. (Den Beweis dafür können wir an den enormen Schwierigkeiten erkennen, die wir immer vorfinden, wenn wir uns zum Beten entschließen. Sie sind viel größer, als wenn wir uns irgendeiner Arbeit zuwenden.)
3. Jesaja 44,22 und ähnliche Schriftstellen, auch 1. Johannes 1,9 betreffen alle die Not der Sünde. Jesaja 40,29–31 und 2. Korinther 12,9–10 beziehen sich auf alles, was geistliche oder körperliche Müdigkeit auslösen kann, um das Gebet zu behindern. Psalm 27,8 und Jesaja 45,19 begegnen allen anderen Schwierigkeiten. Im Augenblick, wenn wir zu Gott sagen: ›Dein Angesicht, Herr, will ich suchen‹, kommen seine mächtigen Kräfte zu unserer Rettung (s. Kol 1,2.9). *Größer, viel größer und stärker ist der Geist, der in uns ist, als der gegen uns ist. Rechnen wir mit der Größe Gottes.*

Aber müssen wir diesen Kampf bis ans Lebensende führen?

Nein, wir können an einen Punkt kommen – wenn wir den Verheißungen des Vaters bis zum Äußersten trauen –, wo unsere Herzen in ihm ruhen dürfen. Dann wird uns geschenkt, was Paulus den ›Zugang in aller Zuversicht‹ nennt (Eph 3,12). Aber wir dürfen nicht vergessen, dass dieser Zugang durch den Glauben ermöglicht wird – nicht durch unsere Gefühle. Es geht um den Glauben an ihn, unsern lebendigen Herrn, an den, der sagt: ›Kommt her zu mir.‹ Er stößt uns nicht weg, wenn wir kommen. Gehen wir auf diesem Weg weiter unter der Führung des Heiligen Geistes, der unsern Schwachheiten so freundlich aufhilft, dann finden wir uns bei 1. Johannes 5,14 wieder und schließlich bei Philipper 4,6.7. Es ist gut, daran zu denken, dass die unmittelbare Antwort aufs Gebet nicht immer sichtbar ist, aber immer in innerem Frieden besteht.
Wenn der Tag anders endet, als wir dachten, und wir entmutigt sind? Dann sage es ihm ›und schäme dich deiner Tränen nicht, die du zu seinen Füßen weinst‹ (hier zitiert Amy Carmichael F.W. H. Meyers Gedicht ›St. Paul‹). ›Herr, du weißt alle Dinge, du weißt, dass ich dich lieb habe.‹ ›Ja, mein Kind, das weiß ich.‹ Doch lass dich nie dazu verleiten, in die Haltung ›es ändert sich sowieso nichts‹ abzugleiten. Es *wird* anders werden, wenn wir uns ernstlich weiter darum mühen, den Herrn kennen zu lernen.«

17 SEI EHRLICH GOTT GEGENÜBER

Da Gott unsere Gedanken kennt, bevor sie uns ins Bewusstsein kommen – ist es da nicht absurd, dass wir zögern, ihm die Wahrheit über uns selbst offen zu sagen? Wenn wir glauben, unsere geistliche Nacktheit bedecken zu müssen, sollten wir uns Psalm 139 vornehmen: »Herr, du erforschest mich und kennest mich ... du verstehst meine Gedanken von ferne ... und siehst alle meine Wege. Denn siehe, es ist kein Wort auf meiner Zunge, das du, Herr, nicht schon wüsstest. ... Denn du hast meine Nieren bereitet und hast mich gebildet im Mutterleibe« (Ps 139,1–4.13).

Es gibt Zeiten, zu denen ich fast nicht beten kann, weil mir klar ist, wie weit ich von Gottes Maßstäben entfernt bin.

George MacDonald schreibt:

»Wenn ich fühle, dass mein Herz hart wie Stein ist, wenn ich Gott nicht liebe, oder einen Mann oder eine Frau oder ein kleines Kind, sage ich dennoch in meinem Herzen zu ihm: ›O Herr, sieh, wie ich dir vertraue, weil du vollkommen bist und nicht so hin- und herschwankst wie ich. Ich liebe dich nicht. Ich liebe keinen Menschen. Und mir tut es nicht einmal leid. Du siehst, wie sehr ich es nötig habe, dass du mir ganz nahe kommst, den Arm um mich legst und zu mir sagst: *Mein Kind*. Je schlimmer mein Zustand ist, desto mehr brauche ich den Vater, der mich liebt. Komm zu mir, und dann dämmert mir ein neuer Tag herauf. Dann kehrt meine Liebe zurück. Und wie sehr werde ich dich dann lieben, mein Gott! Und dann weiß ich, dass meine Liebe die deine ist, mein Gesegnetsein dein Wesen.‹ «

Und dann mögen wir das Gebet beten, das den 139. Psalm beschließt: »Erforsche mich, Gott, und erkenne mein Herz; prüfe mich und erkenne, wie ich's meine. Und sieh, ob ich auf bösem Wege bin, und leite mich auf ewigem Wege« (Psalm 139,23–24).

»Sei dessen gewiss, müde Seele«, schreibt Erzbischof Fenelon in seinen *Geistlichen Briefen an Frauen*, »dass er dich zu sehr geliebt hat, um damit wieder aufzuhören.«

18

EIN ALTES GEBET

Die Christen der orthodoxen Kirche sprechen ein Gebet, das sie das »Jesus-Gebet« nennen. Manchmal sprechen sie es im Rhythmus ihres Atmens. Auf diese Weise lernen sie sozusagen »ohne Unterlass zu beten«. Die Worte sind sehr einfach, aber sie umschließen alles, was wir für uns und andere erbitten müssen: »Herr Jesus Christus, Sohn Gottes, hab Erbarmen mit uns.«

Der Herr hat niemals gesagt, dass wir unsere Worte nicht wiederholen dürften. Er hat nur gesagt, wir sollten nichts sinnlos wiederholen und daherplappern. Ein Gebet, das aus dem Herzen eines Kindes zum Vater aufsteigt, ist niemals sinnlos.

Reverend Kenneth R. Waldron, ein Priester sowohl der Ukrainischen Orthodoxen als auch der Anglikanischen Kirche, schrieb mir nach einer Operation, der er sich unterziehen musste: »In meinem letzten bewussten Augenblick, bevor die Narkose sich auswirkte, hörte ich meinen Chirurgen wiederholt flüstern: ›Gospodi pomiluy, Gospodi pomiluy, Gospodi pomiluy ...‹ (Herr, erbarme dich ...). Es ist eine wunderbare Sache, in die Bewusstlosigkeit abzusinken und dabei diese Worte von den Lippen eines Mannes zu hören, dessen Händen du dich anvertraut hast, von dem du hoffst, dass er deine Probleme bewältigt. Es ist großartig, einen Chirurgen zu haben, der in einem solchen Augenblick beten kann. Stellen wir uns den Trost und die Hilfe vor, die dieses einfache Gebet Tausenden von Patienten im Lauf der Jahre vermittelt hat, ein Gebet, das auch für mich in jenem Januar 1982 eine große Hilfe bedeutete. Meine Freunde im Krankenhaus dachten schon, dass sie mich wohl nicht mehr lebend wiedersehen würden. Doch der gute Herr hatte noch ein bisschen für seinen alten Priester zu tun.«

Dieses Jesus-Gebet haben mein Gatte Add und ich oft gebetet, als er krebskrank im Sterben lag – wenn wir den Eindruck hatten, alle anderen Gebete »aufgebraucht« zu haben. Ich kann es nur empfehlen.

19 VERLOREN UND GEFUNDEN

Dies ist eine kleine Geschichte von einer simplen Antwort aufs Gebet. Lars war unterwegs. Ich musste das Auto zur Wohnung des Kfz-Schlossers fahren. Li Zeng, ein Student, der bei uns wohnte, kam in seinem Auto hinter mir her, um mich wieder nach Hause zu bringen. Die Hinweisschilder waren nicht eindeutig. In keiner Stadt kann man sich leichter verirren und verlieren als in Gloucester in Massachusetts. Ich betete darum, dass ich mich nicht verirrte – Li musste zum College, der Kfz-Mechaniker musste um 7.15 Uhr von zu Hause fort. Ich verfuhr mich prompt und machte eine schnelle Wende, ohne zu kontrollieren, ob Li noch hinter mir war. Er war weg. »Herr, Li kommt zu spät ins College, der Mann für mein Auto muss in ein paar Minuten von zu Hause fort – was soll ich tun?« Nach einem Telefonanruf fand ich das gesuchte Haus, ließ mein Auto stehen und lehnte das Angebot des Kfz-Mechanikers ab, mich heimzufahren. Ich wollte Li suchen, damit er nicht zu spät kam. Doch wie sollte ich ihn finden? »Herr, hilf mir.« Ich stand an einer Kreuzung und betete, dass er vorbeikommen möchte – eine absurde Vorstellung an einem Platz wie Gloucester. Li war in eine Einbahnstraße geraten, die ihn weit nach außen in Richtung Küstenstraße führte. Er hatte keinerlei Grund, auf der Kreuzung aufzutauchen, wo ich stand. Innerhalb von fünf Minuten war er da! Gott lehrt uns zu bitten, so dass er unsere Gebete beantworten kann. Das erinnert uns an die Quelle all unserer Segnungen. Die Antwort auf mein Gebet, mich nicht in die Irre fahren zu lassen, lautete »nein«. Ich sollte besonders gesegnet werden durch die Art und Weise, wie ich gefunden wurde.

Erinnern wir uns nur daran, wie der Herr Israel *aus* Ägypten herausbrachte, um das Volk *hinein*zubringen nach Kanaan. Er ließ mich verloren gehen, damit ich gefunden wurde. Wir wollen nie vergessen, dass einige seiner größten Gnaden seine Ablehnungen sind. Er sagt »nein«, damit er auf eine andere Weise, die wir uns nicht vorstellen können, »ja« sagen kann. Alle seine Wege mit uns sind gnädige Wege. Hinter allem steht immer seine Liebe.

Nachdem ich die obigen Zeilen geschrieben hatte, kam mir die folgende, viel erstaunlichere Geschichte von Brenda Foltz aus Princeton in Minnesota in die Hände. Brenda hatte zum ersten Mal eine Klettertour gemacht:

> »Ich begann in flottem Tempo und war entschlossen, den Gipfel nicht aus den Augen zu verlieren. Nach einer Weile kam ich an einen schwierigen Grat. Mein unaufhaltsames Klettern, das mich außer Atem gebracht hatte, fand ein abruptes Ende. Plötzlich war das Seil zu straff und schlug mir quer ins Auge. ›Oh nein!‹, dachte ich außer mir, ›jetzt ist meine Kontaktlinse weg!‹ Von dem unsicheren Absatz aus schaute ich mich um, soweit ich die Stelle überblicken konnte. Ich versuchte, auf dem scharfen Granitfelsen die kleine durchsichtige Linse zu entdecken, die man genauso gut für einen Wassertropfen hätte halten können.
>
> ›Herr Jesus, hilf mir, sie wiederzufinden!‹, betete und bettelte ich. Dabei wusste ich, wie hoffnungslos meine Suche bei so begrenzten Bewegungsmöglichkeiten war. Ich schaute und suchte, solange ich mich festhalten konnte, und betete dabei weiter mit immer mehr sinkendem Mut. Schließlich nahm ich meine Kletterei wieder auf. Einen winzigen Hoffnungsschimmer hatte ich noch: vielleicht steckte die Linse noch in meinem Auge, in eine Ecke geschoben oder unter dem Augenlid. Als ich den Gipfel erreichte, fand sich eine Freundin, die nachschauen konnte. Doch die Linse war nicht da. Jetzt war jede Hoffnung erloschen.
>
> Ich war enttäuscht und ärgerlich, weil ich mir nun eine neue Linse besorgen musste – so weit weg von zu Hause. Als wir dort saßen und uns ausruhten und uns die Welt aus dieser herrlichen Perspektive von hoch oben

betrachteten, schoss mir plötzlich ein Stück eines Bibelverses durch den Kopf: ›Die Augen des Herrn gehen durch alle Lande ...‹

Gott weiß also jetzt im Augenblick genau, wo meine Kontaktlinse ist – durch seinen absoluten Überblick. Dieser erstaunliche Gedanke traf mich sehr. ›Doch ich werde sie nie wiedersehen‹, schloss ich für mich. So machte ich mich – immer noch niedergeschlagen – auf den Pfad nach unten, wo die anderen sich gerade zum Aufstieg fertig machten. Etwa eine halbe Stunde später begann ein weiteres Mädchen den Aufstieg am gleichen Punkt, wo ich die Kletterei angefangen hatte. Sie hatte keine Ahnung von der verlorenen Kontaktlinse. Doch am Fuß der steilen Felswand schrie sie plötzlich aufgeregt: ›Hey, ihr da – hat jemand seine Kontaktlinse verloren?‹

Ich lief zu ihr hin, während sie weiter laut rief: ›Da ist eine Ameise, die eine Kontaktlinse den Berg hinunterschleppt!‹

Es stimmte tatsächlich. Das war eine Sonderbeförderung! Ich bückte mich, nahm der schwer arbeitenden Ameise die Kontaktlinse ab, tauchte sie in Wasser und brachte sie voller Freude wieder ins Auge. Ehrfurcht erfüllte mich, als ob mein Vater, wenn auch unverdient, mich gerade fest umarmt und gesagt hätte: ›Meine geliebte Tochter, ich kümmere mich um jede Einzelheit deines Lebens.‹

Ich schrieb meiner Familie und erzählte die Begebenheit. Mein Vater zeichnete daraufhin folgende Karrikatur: Eine Ameise schleppt eine Kontaktlinse, die fünfmal so groß ist wie sie selbst. Die Ameise sagt zu Gott: ›Herr, ich verstehe wirklich nicht, warum du willst, dass ich dieses Ding da hinunterschleppe! Wozu soll das gut sein? Ich weiß nicht einmal, was es ist, und ich kann es bestimmt nicht essen. Und es ist so groß und entsetzlich schwer. Na, gut, Herr, wenn du es so haben willst, werde ich es versuchen, aber es scheint mir ein völlig nutzloses Stück Abfall zu sein!‹ «

Ich staune über Gottes Wege und wie er beschließt, seine Gnade sichtbar zu machen auf eine Art, die unser menschliches Fassungsvermögen weit übersteigt.

> Wir sollten uns alle um einen gelasseneren Geist bemühen. Wir könnten dann Gott besser dienen und zu ihm beten, ihn preisen und anderen in Liebe dienen. Wir wären besser in der Lage, Gutes zu tun und zu empfangen, unsere Wanderfahrt zum Himmel leichter und fröhlicher werden zu lassen, ohne schlapp zu machen und die Flügel hängen zu lassen. So weit wir mit gutem Grund gelassen und fröhlich sind, so weit leben wir und sind bereits im Himmel.
>
> (nach R. Sibbes)

20

DANK SAGEN FÜR DAS, WAS WIR BEKOMMEN HABEN

Manche Leute nennen das Erntedankfest »Truthahn-Tag«. Ich denke, sie tun das, weil ihnen nicht bewusst ist, dass es jemand gibt, dem sie danken müssten. Außerdem denken sie, dass das Wichtigste an einem Festtag das Essen ist. Christen wissen, dass es jemand gibt, dem der Dank gebührt. Doch wenn wir uns darauf besinnen, wofür wir danken wollen und uns eine Liste dieser Anlässe machen, dann führen wir nur das auf, was uns angenehm war oder noch ist. Ein Brautpaar kommt nicht daran vorbei, für alles zu danken, was sie geschenkt bekamen. Das gilt nicht nur dem reichen Onkel, der sie mit einem geräumigen BMW beglückte, sondern auch der armen Tante, die ihnen ein schlichtes Hütchen fürs Toilettenpapier schenkte. In anderen Worten, sie müssen sich für alles bedanken, was sie auch immer bekommen haben.

Sollten wir es nicht Gott gegenüber genauso machen? Paulus ermahnt uns zum »Dank sagen für alles«, selbst wenn wir uns so fühlen wie das kleine Mädchen, das sagte, dass es sich eine Menge anderer Dinge vorstellen könnte, die ihm lieber wären als das ewige Leben. Der reife Christ dankt nicht nur aus Höflichkeit, sondern er spricht einen warmherzigen Dank aus, der aus einer weit tieferen Quelle entspringt, als es seine eigene Befriedigung wäre. Danken ist eine geistliche Übung, die notwendig für die Entwicklung einer gesunden Seele ist. Das Danken nimmt uns heraus aus der stickigen und spießigen Atmosphäre unserer Selbstbezogenheit und taucht uns in die frische Brise und das helle Sonnenlicht des Willens Gottes. Der einfache Akt des Dankens Gott gegenüber bedeutet für die meisten von uns einen abrupten Wechsel ihres Tuns, eine Unterbrechung von Arbeit und Sorge, einen Schritt hin auf Entspannung und Erholung.

Ich empfehle nicht das affektierte Leiern von dummen Plattitüden oder die Umgehung der Wahrheit. Auf diese Weise wird Gott nicht geehrt und keine Seele gestärkt. Ich möchte deutlich sehen, was mir gegeben worden ist und Gott mit aufrichtigem Herzen dafür danken. Was aber sind diese Gaben?

Undankbare Kinder sind wir alle miteinander – mehr oder weniger. Wir erfassen nur andeutungsweise die Wahrheit von Gottes unergründlicher Liebe zu uns. Wir kennen ihn nicht als den gnädigen Geber; wir verstehen seine kostbarste Gabe nicht, noch die Tiefe seiner Liebe, die Weisheit, mit der er unser Leben geplant hat, den Preis, den er bezahlt hat, um uns Herrlichkeit und Erfüllung zu bringen. Wenn eine unbedeutende private Sorge oder vielleicht einige schlechte Nachrichten mich bedrücken und verwirren, dann habe ich schon keine dankbaren Gefühle mehr. Davon bin ich dann weit entfernt. Aber das ist genau der Moment – gerade dann –, in dem ich bewusst meinen Geist auf einige bedeutendere Realitäten konzentrieren muss.

Was sind diese »Gaben«? An was glaube ich vor allem ganz unerschütterlich? Ich glaube an Gott, den allmächtigen Vater, an Jesus Christus, seinen eingeborenen Sohn. Ich glaube an den Heiligen Geist, eine heilige christliche Kirche, die Gemeinschaft der Heiligen, die Vergebung der Sünden, die Auferstehung der Toten und ein ewiges Leben. Das ist keine lange Aufzählung, aber es ist alles, was wir brauchen. »Die notwendigen Hilfen, die für uns da sind, die Standardausrüstung für einen Christen.« Für keins davon haben wir gebeten. (Stellen wir uns vor, wir hätten nur die Dinge, um die wir einmal gebeten haben!) Diese anderen Dinge sind uns einfach geschenkt worden.

Nehmen wir eine Liste von all dem, wofür wir nicht dankbar sind und messen sie an den überwältigenden Grundsteinen unseres Glaubens. Die Wahrheit unseres persönlichen Lebens kann nur in der Relation zu diesen gewaltigen Tatsachen verstanden werden. Manche unter uns wissen wenig von Leiden, aber wir kennen Enttäuschungen und

Betrügereien, Verluste und Bitterkeit. Sollen wir tatsächlich Gott für solche Dinge danken? Über eins müssen wir uns klar sein: Gott hat das alles nicht verursacht, was uns nicht gefällt. Aber er lässt zu, dass es geschieht, weil wir in dieser gefallenen Welt leben, in der wir lernen müssen, im Glauben zu leben. Er überlässt uns jedoch nicht uns selbst. Er geht jeden Schritt mit uns. Er ist unsere einsame Straße zuerst gegangen. Er gab sich für uns dahin. Er starb für uns. Können wir einem solchen Gott nicht trauen? »... wie sollte er uns mit ihm nicht alles schenken?« (Röm 8,32). Diese Enttäuschungen geben uns die Gelegenheit, ihn und die Bedeutung seiner Gaben kennen zu lernen und mitten in der Finsternis sein Licht zu empfangen. Kann das alles nicht die Liste unserer Undankbarkeit in die der Dankbarkeit verwandeln?

21
EIN NEUES ERNTEDANKFEST

Die Leute mit dem »Truthahn-Tag-Erntedankfest« haben meiner Vermutung nach etwa folgende Gedanken: Solange wir niemand haben, dem wir danken können und keine konkreten Anlässe, für die wir danken können – welchen Sinn sollte es haben, irgendwelche Bilder heraufzubeschwören, auf denen vielleicht ein paar fromme Leute in sonderbaren Hüten auftauchen und ein paar Indianer, die Mais und Kürbisse herbeibringen? Ich hoffe, dass Christen sich auf etwas anderes konzentrieren als auf einen gebratenen Vogel (den Truthahn). Wir haben einen, dem wir danken können und eine lange Liste von Dingen, für die wir ihm danken können. Aber manchmal beschränken wir unser Danken nur auf die Dinge, die uns angenehm sind. Wenn wir Gott besser kennen lernen, sehen wir, dass das himmlische Licht auf alles fällt – selbst aufs Leiden –, so dass wir ihm auf einmal für Dinge danken können, von denen wir es nie für möglich gehalten hätten. Der Apostel Paulus sah das Leiden selbst als etwas Gutes an (Kol 1,24).

Ich habe darüber nachgedacht, was wohl das Danken unterdrückt. Es ist der Geist der Sucht nach irgendetwas – die Sucht, etwas Bestimmtes zu tun, etwas Bestimmtes zu sein und etwas Bestimmtes zu haben.

Als der Satan zu Jesus kam, um ihn in der Wüste zu versuchen, warf er auch einen solchen Köder aus. Er wollte in Jesus die Lust wecken, mehr zu tun als der Vater von ihm erwartete – weiter zu gehen, mehr Macht zu demonstrieren, dramatischer aufzutreten. So kommt der Feind in dieser hektischen Zeit auch zu uns. Unaufhörlich werden wir zu irgendwelchen Aktivitäten aufgefordert: auf sozialem oder politischem Sektor, im Bereich der Pädagogik, des Sports und – ja sogar auch des Geistlichen. Unser Selbstbewusstsein (ein erbärmliches Wort) hängt oft nicht von dem ruhigen, verborgenen »Tu es um meinetwillen!« ab, sondern von der Liste, die die Welt uns aufdrängt von dem, was »wichtig« sein soll. Es ist eine lange Liste. Sie ist gleichzeitig dumm und gar nicht realisierbar. Wenn wir darauf hereinfallen, vernachlässigen wir die kurze Liste der Gaben Gottes.

Nur ganz wenige Dinge sind wirklich wichtig. Für sie haben wir das Versprechen der göttlichen Hilfe: schweigend vor dem Meister zu sitzen und sein Wort zu hören und ihm auf dem ganz gewöhnlichen Weg der Pflicht zu gehorchen. Da geht es z.B. darum, ein guter Ehegatte oder eine gute Ehefrau, Vater oder Mutter, Sohn oder Tochter zu sein. Oder auch geistlicher Vater oder Mutter unsern Nächsten gegenüber, die Schutz und Fürsorge nötig haben. Das sind bescheidene Aufgaben, die niemals auf den öffentlichen Prioritätenlisten der Welt stehen. Sie weisen keine eindrucksvollen Ergebnisse auf, wenn man Bilanz zieht. Washington Gladden schrieb 1879: »O Meister, lass mich mit dir gehn; die schlichten Wege freien Dienens ...«

Versuchung gibt es auch im Hinblick auf das, *was man ist*. Die Schlange im Garten Eden überlistete Eva mit dem Versprechen, dass sie etwas sein würde, was ihr von Gott vorenthalten worden wäre. Das Essen der verbotenen Frucht würde ihren Lebensstandard beträchtlich erhöhen. Sie würde sein wie Gott. Eva schloss daraus, dass es ihr Recht sei und dass Gott sie um dieses Recht betrügen wollte. Der Weg, ihr Recht trotzdem zu bekommen, bestand im Ungehorsam Gott gegenüber.

Die Versuchungen, die über uns kommen, sind keine anderen. Satan braucht keine neuen Tricks. Die alten haben seit dem Garten Eden immer sehr gut funktioniert, wenn er sie manchmal auch unter anderen Masken anwandte. Wenn eine tiefe Ruhelosigkeit uns erfüllt, für die wir keine Erklärung haben, kann es sich um eine solche Begierde handeln. Wir möchten vielleicht irgendetwas sein, was unser liebender Vater uns nie bestimmt hat. Der Friede liegt beschlossen in der vertrauenden Annahme seines Planes, seiner Gaben, seiner Anweisung im Hinblick auf unsern Platz, unsere Position und unserer Leistungsfähigkeit. So kam der Menschensohn auf diese Erde. Er war entschlossen, all das zu akzeptieren, was der Vater ihm bestimmte, nichts an sich zu reißen – kein Werk, nicht ein einziges Wort –, das der Vater ihm nicht gegeben hatte.

Dann ist da die Sucht, etwas haben zu wollen. »Das fremde Volk aber unter ihnen war lüstern geworden. Da fingen auch die Israeliten wieder an zu weinen und sprachen: Wer wird uns Fleisch zu essen geben?« (4. Mose 11,4) Gott hatte ihnen genau das gegeben, was in der Wüste für sie notwendig war: Manna. Es war immer genug da, und immer war es wieder frisch, immer gut (»mit einem Geschmack wie Semmeln und Honig«; 2. Mose 16,31). Doch das Volk liebte die Abwechslung. Diese Fremden weckten in ihnen neue Vorstellungen. »Es gibt mehr zu essen als dieses Zeug. Ist das alles, was ihr bekommen habt? Ihr könnt ganz anderes haben. Das ist doch nur ein Stückchen vom Leben!«

So nahm der Wunsch, *alles* Wünschenswerte zu haben, überhand in Gottes Volk. Sie begannen zu jammern, »alle Geschlechter miteinander« – ein jeder in der Tür seines Zeltes. Das Verbrauchen, Nehmen und Haben nimmt kein Ende. Wir sind unersättliche Konsumenten. Es gibt keinen Stillstand des Konkurrenzdenkens, des Karrieremachens, des Angebens (»du hast was, dann zeig's auch«). Wir können es nicht ertragen, etwas nicht zu haben, was anderen unentbehrlich erscheint. Auf diese Weise macht die ganze Welt den Frieden und die Einfachheit kaputt, die Gott uns zugedacht hat. Zufriedenheit mit dem, was er für uns vorgesehen hat, löst diese Abhängigkeit auf – zusammen mit Frömmigkeit. Statt dankbar zu sein, gieren und jammern wir und lehren das Gleiche auch unsere Kinder. (Kinder eines Dschungelstammes, den ich vor Jahren kennen lernte, beklagten sich niemals, weil man es ihnen nicht vorgemacht hatte.)

> »Herr, wir danken dir für alles, was du uns in deiner Gnade geschenkt hast, dass wir es sein und haben und tun dürfen. Befreie uns, Herr, von aller Gier, etwas sein, tun und haben zu wollen, das nicht mit deinen heiligen

Plänen in Einklang ist. Lehre uns, in deinen Verheißungen alles Nötige zu finden und zur Ruhe zu kommen. Lass uns erkennen, dass wir alles, was wir nicht haben, auch nicht brauchen. Lehre uns, das zu wünschen, was deinem Willen entspricht – nicht mehr und nicht weniger, und sonst überhaupt nichts. In Jesu Namen, Amen!«

22
EIN ÜBERFLIESSENDER KELCH

»Gnädig und barmherzig ist der Herr... allen gütig ... getreu in allen seinen Worten und gnädig in all seinen Werken ... der Herr ist nahe allen, die ihn anrufen ... Der Herr behütet alle, die ihn lieben ... Mein Mund soll des Herrn Lob verkündigen« (aus Ps 145).

Während das Jahr dahingeht, wird mein Herz weit. Wie soll ich die Freude und den Dank zum Ausdruck bringen für den täglichen Beweis dessen, was da in Psalm 145 gesagt ist. Ich danke Gott für alle Heiligen, deren Leben mir deutlich gezeigt hat, was es heißt, ein Christ zu sein. Dr. May Powell, eine bemerkenswerte englische Dame, starb mit fünfundneunzig Jahren. 1924 hatte sie sich mit Amy Carmichael zusammengetan, um ihre medizinische Arbeit in Indien aufzubauen. Als Amy krank wurde, übernahm sie einen Teil der Verantwortung in dem Team von Dohnavur. Nach Amys Tod 1951 fiel die Leitung des ganzen Werkes ihr zu. Schließlich kehrte sie nach England zurück, um für zwei alte Schwestern zu sorgen. Nach deren Tod diente sie weiterhin ihrem geliebten Herrn. Immer stand sie zur Verfügung für viele, die ihre Gebete und ihren Rat brauchten.

1983 besuchte ich diese Dame in England, weil ich an der Biographie Amy Carmichaels schrieb. Telefonisch hatte sie mir genaue Anweisungen gegeben, wie ich sie mit der Bahn und dem Taxi erreichen und schließlich ihr Wohnheim finden konnte, wo sie nun lebte. Sie stand bereits am Tor und erwartete mich, sehr schmal und aufrecht, sehr fröhlich und sehr unmittelbar. Sie erinnerte mich mit einem Mal an die alte Dame in »Beverly Hillbillies« (allerdings nur im äußeren Erscheinungsbild).

»Sie sind also Elisabeth. Kommen Sie rein. Kennen Sie den Ausdruck ›Loo‹? (Ich kannte ihn – es ist die britische Umschreibung für Toilette.) ›Ja‹. Da ist also das WC. Und da ist Ihr Zimmer. Tee gibt es in zwanzig Minuten dort im oberen Stock.« Energisch ging sie bereits die Treppe hinauf. Ihr eigenes Zimmer war nicht viel mehr als eine Klosterzelle. Ein schmales Feldbett, ein kleiner Tisch mit der Teekanne darauf, Tassen und Kekse, alles bereit auf einem sauberen Tuch, zwei Stühle davor. An der Wand ein schmales Bücherregal. Die Hälfte der Bücher stammte von Amy Carmichael. Ich hatte meinen Notizblock bei der Hand.

»Was möchten Sie wissen?«, fragte sie. Die Zeit reichte nicht für alle meine Fragen. Aber in jenen Stunden wurde mir bewusst, dass ich bei einer großen Frau war, einem von den unscheinbaren Kindern Gottes, dessen Kraft nicht erklärt werden konnte durch seine Persönlichkeit oder durch angeborene Anlagen. Sie stammte allein von dem, der für diesen Menschen Fels, Festung und Macht war – in der trostlosesten Finsternis ihr einziges, wahres Licht. Es ist, als ob von ferne ein Siegeslied an uns herandringt. Es stiehlt sich in unser Ohr, gibt unsern Herzen neuen Mut und unsern Armen neue Kraft. Preisen wir Gott für solche lebendigen Flammen seiner Liebe.

Dann sind da noch meine Eltern, die jetzt beide schon beim Herrn sind. In den vergangenen Jahren lebten sie plötzlich wieder mit mir – wenn ich an einem Buch schrieb und christliches Familienleben schilderte. Während ich ihre Briefe und Tagebücher noch einmal eingehend studierte, wiederholt Mutters Selbstbiographie las, die sie für uns Kinder aufgezeichnet hatte, mich in die alten Bilder vertiefte, mein Gedächtnis und das meiner Geschwister durchstöberte, legte ich öfter eine Pause ein und sagte: »Danke, lieber Herr, dass du uns solche Eltern gabst und so ein Zuhause.« Gleichzeitig wurde mir mit großem Ernst bewusst, welche Verantwortung damit auf uns gelegt war, denn »wem viel gegeben ist, bei dem wird man viel suchen; und wem viel anvertraut ist, von dem wird man um so mehr fordern« (Lk 12,48).

Als Herausgeber verbrachte mein Vater einen großen Teil seines Lebens damit, zu lesen, was andere Leute geschrieben hatten. Niemals kam ihm der Gedanke, ein eigenes Buch zu schreiben. Drei Sammlungen seiner kurzen Artikel wurden jedoch in Buchform herausgegeben. Eine davon trug den Titel »New Every Morning« (heute vergriffen). Hier lasse ich die Titelgeschichte folgen. Es ist eine Einübung zum Danken und wirft ein Licht auf den Mann, der er war. Ich denke, meine Leser werden dann verstehen, warum ich für solch einen Vater dankbar bin.

»Segnungen, die wir als selbstverständlich hinnehmen, werden beim Danken oft vergessen. Unser himmlischer Vater überschüttet uns täglich mit Wohltaten. Ich möchte an einiges erinnern, das nichtsdestoweniger zu seinen wunderbaren Gaben gehört:

... der komplizierte, empfindliche Mechanismus unserer Lungen, der still und andauernd achtzehn- bis zwanzigmal in der Minute frische Luft einsaugt ...

... das unermüdliche Herz, das große Mengen von sauberem Blut durch das Labyrinth unserer Gefäße pumpt ...

... die konstante Körpertemperatur, die sich normalerweise kaum um ein Grad verändert ...

... die Temperatur der Atmosphäre, die zwar starken Schwankungen unterworfen ist, aber niemals so sehr, dass sie das menschliche und tierische Leben auslöschen würde ...

... der gewöhnliche Wechsel zwischen Tag und Nacht, Frühling und Sommer, Herbst und Winter, so dass, bis auf wenige Ausnahmen, der Mensch sich entsprechend darauf einstellen kann ...

... die große Vielfalt an Nahrungsmitteln, vom Bauernhof, vom Feld, aus dem Wald und dem Meer, um unsere verschiedenen Wünsche und körperlichen Bedürfnisse zu erfüllen ...

... die Schönheit eines jeden Tages – der Morgenstern und das erwachende Licht des Sonnenaufgangs, die weißen Wolken am Nachmittag, die weichen Töne eines friedevollen Sonnenuntergangs und die Herrlichkeit eines von Sternen übersäten Himmels ...

... die Symphonie eines morgendlichen Vogelgezwitschers, vom unmusikalischen Schilpen der Spatzen bis zum ekstatischen Tirilieren des Goldfinks und dem ruhigen, reichen, glockenartigen Ton der Drosseln ...

... die Erfrischung, die der Schlaf uns bringt ...

... die einfachen Freuden unseres Heims, das Lachen der Kinder und ihre witzigen Bemerkungen, glückliche Stunden um den heimischen Tisch herum, Liebe und Verstehen von Ehegatten und die Harmonie der Stimmen, die miteinander Gott preisen ...

All das und vieles andere kommt aus der gütigen Hand dessen, ›der dein Leben vom Verderben erlöst, der dich krönet mit Gnade und Barmherzigkeit, der deinen Mund fröhlich macht, und du wieder jung wirst wie ein Adler‹ (Ps 103,4–5).

›Die Güte des Herrn ist's, dass wir nicht gar aus sind, seine Barmherzigkeit hat noch kein Ende, sondern ist alle Morgen neu, und deine Treue ist groß‹ (Klgl 3, 22,23).

›Das ist ein köstlich Ding, dem Herrn danken und lobsingen deinem Namen, du Höchster‹ (Ps 92,1).«

23 TIPS FÜR DIE »STILLE ZEIT«

Jeden Tag eine Stille Zeit mit dem Herrn zu haben, ist absolut notwendig, wenn man geistlich vorwärts kommen will. Doch das muss man einplanen. Sie passiert nicht »von ungefähr«. Wir sind alle viel zu sehr beschäftigt. Am besten gelingt sie am frühen Morgen. Es gibt eine Reihe von biblischen Vorbildern dafür. (Jesus z.B. stand lange vor Tagesanbruch auf. Der Psalmist sagt: »Morgens wirst du meine Stimme hören.«) Wenn du dem Herrn begegnest, bevor du einem anderen Menschen begegnest, dann bist du schon in die rechte Richtung gewiesen für all das, was im Lauf des Tages an dich herantritt. Gott weiß, wie schwierig das für manche zu realisieren ist. Wenn du wirklich einen handfesten Grund hast, kannst du ihm das sagen, warum es morgens einfach nicht möglich ist. Ich bin sicher, er wird dir helfen, eine andere Zeit zu finden. Manchmal kann für eine Mutter die Nachmittagszeit günstig sein, in der die Kinder schlafen. Auf jeden Fall, plane die Zeit ein. Fasse den festen Entschluss, daran festzuhalten. Beginne mit einer kurzen Zeit – vielleicht fünfzehn Minuten oder so. Du wirst überrascht sein, wie bald du selbst das Verlangen nach mehr hast.

Nimm dir ein einzelnes Buch der Bibel vor. Wenn dir das Bibelstudium fremd ist, beginne mit dem Markusevangelium. Bete zuerst darum, dass der Heilige Geist dich beim Bibellesen führt. Lies ein paar Verse, einen Abschnitt oder ein Kapitel. Dann stelle dir die Frage, was diese Bibelstelle dir sagt über: 1. Gott, 2. Jesus Christus, 3. den Heiligen Geist, 4. dich selbst, 5. Sünden, die du bekennen oder vermeiden musst, 6. Gebote, denen du gehorchen solltest, 7. das, was christliche Liebe bedeutet.

Führe ein Notizbuch darüber. Schreibe einige deiner besonderen Gebetsanliegen mit Datum auf. Mache auch Notizen über eine Antwort, wenn sie kommt. Notiere auch einige der Antworten, die du auf die obigen Fragen bekommen hast, oder irgendetwas anderes, was du gelernt hast. Erzähle deinen Kindern, deinem Ehepartner, deinen Freunden etwas davon. Das wird dir helfen, dich an all das zu erinnern. Du wirst erstaunt sein, wie sehr eine solche Stille Zeit dein Leben verändert.

24 Chronik einer Seele

Ich habe fünf Jahre lang ein Tagebuch geführt – von der Oberschule an durch das College hindurch. Während des letzten Jahres im College (1948) begann ich, geistliche Tagebücher zu führen. Das habe ich bis heute beibehalten. Solche Aufzeichnungen stellen eine Chronik des Wachstums, der Entfaltung dar: der geistigen, der emotionalen und der geistlichen. Es ist immer wieder überraschend, wenn man darin zurückblättert und an Dinge erinnert wird, die man vollständig vergessen hatte. Es stärkt auf wunderbare Weise den Glauben, wenn ich sehe, dass mein Erlöser mich tatsächlich allezeit geführt, meine Gebete gehört, meine Bedürfnisse gestillt hat und mich ihn besser kennen lehrte. »Du sollst dich erinnern an all die Wege, die der Herr, dein Gott, dich in all den vierzig Jahren in der Wüste geführt hat.«

Mein Gedächtnis ist ziemlich schlecht. Ein Tagebuch ist ein Bericht seiner Treue (und außerdem meiner eigenen Kleingläubigkeit; das lehrt mich besonders, seine Gnade und Barmherzigkeit zu schätzen). Wenn du dich entschließt, deinen Lebensweg aufzuzeichnen, kauf dir ein Notizbuch (oder eines der hübschen bunten, in Leinen gebundenen leeren Bücher, die man in Geschenkläden oder Schreibwarengeschäften bekommen kann) und fang mit dem Schreiben an (es muss nicht jeden Tag sein). Notiere:

1. Was ich aus meiner Bibellese lernte. (Wenn du das in ein Tagebuch einträgst, statt es nur in der Bibel anzustreichen, wirst du beim Bibellesen immer wieder auf etwas Neues stoßen, statt die Stellen durch das Raster alter Anmerkungen zu lesen. Der Versuch lohnt sich!)
2. Wie du diese Lektionen auf dein eigenes Leben anzuwenden gedenkst. (Wenn du deine Notizen später noch einmal durchliest, werden dir Antworten auf Gebete klar werden, die du im anderen Fall übersehen hättest.)

3. Gespräche mit dem Herrn. Was du ihm gesagt hast, was er dir zu sagen schien im Hinblick auf ein Problem oder eine Frage oder eine Not.
4. Zitate von außerhalb der Bibel, die bei deinem Bibellesen auftauchen.
5. Gebete, die aus geistlichen Liedern stammen, die du dir besonders zu eigen machen willst.
6. Gründe zum Danken (Vorsicht: wenn du dir angewöhnst, diese festzuhalten, könnte die Liste dir über den Kopf wachsen).
7. Dinge, für die du betest. Vielleicht nimmst du dafür lieber ein besonderes Notizbuch oder einen Anhang an einer anderen Stelle des gleichen Tagebuchs. Halte das Datum fest, an dem du gebetet hast, und das Datum, an dem die Antwort kam – vielleicht mit ein wenig Freiraum für Bemerkungen, wie die Antwort in bestimmten Fällen eintraf.

Wenn du eine Familie hast, würde ich sehr empfehlen, ein Gebetstagebuch als Familie zu führen. Das wird jedem helfen, zuallererst zu lernen, für alles zu beten, statt nur miteinander zu reden oder zu streiten oder sich Sorgen zu machen. Es wird auch helfen, konkret zu beten, die Bitten vor dem Herrn zu sammeln und dann die Antworten aufzuschreiben und gemeinsam zu danken (vor allem, wenn die Antworten nicht so ausfallen, wie du sie erwartet hast).

George MacDonald schrieb: »Keine Gabe, die man nicht klar als von Gott kommend erkennt, dient zum Besten: Deshalb müssen viele Dinge, die Gott uns gerne geben würde, selbst Dinge, die wir lebensnotwendig brauchen, so lange warten, bis wir um sie bitten. Wir sollen wissen: Wenn wir in allen Gaben ihn finden, dann sind uns mit ihm alle Dinge gegeben.«

> »Wo ich die Wahrheit fand, da fand ich meinen Gott, die Wahrheit selbst, die ich, seit ich sie kennen lernte, nie wieder vergessen habe ... zu spät erst habe ich dich geliebt, du Schönheit, ewig alt und doch ewig neu! Spät

habe ich dich geliebt. Und siehe, du warst innen, und ich war draußen, und da suchte ich nach dir ... du hast gerufen und geschrien und meine Taubheit zerrissen. Du hast geblitzt, geleuchtet und meine Blindheit verscheucht. Du hast Duft verbreitet, und ich sog den Hauch und lechzte nach dir. Ich habe gekostet und hungerte und dürstete nun. Du rührtest mich an, und ich bin entbrannt vor Verlangen nach deinem Frieden.«

Augustin, *Bekenntnisse* (X,24-27)

»Wer an Gott glaubt, kümmert sich nicht um das Morgen. Er arbeitet fröhlich und von ganzem Herzen. ›Denn den Seinen gibt er es im Schlaf.‹ Sie müssen arbeiten und wachsam sein, doch niemals sorgenvoll oder ängstlich, aber ihm in allem ergeben. Sie leben in heiterem Frieden und mit einem ruhigen Herzen, als solche, die sicher schlafen und ruhen.«

Martin Luther

25 WARTEN

»Ich harrte des Herrn, und er neigte sich zu mir und hörte mein Schreien« (Ps 40,1).

Ich denke, eine Prüfung im Hinblick auf unsere Bereitschaft, geduldig auf den Herrn zu warten, trifft die meisten von uns fast täglich. Wahrscheinlich gehöre ich zu den ungeduldigsten Nachfolgern des Herrn, so dass ich diese Lektion ständig wiederholen muss. Ein besonders harter Test traf mich, als die Familie meiner Tochter (zehn Personen) nach einem Haus suchte. In Südkalifornien ist das nicht gerade eine leichte Sache. Es war eine lange Geschichte. Aber schließlich – alle anderen Möglichkeiten waren inzwischen ausgeschöpft – fand sich ein Haus und es wurde ein Angebot gemacht. Abends kam die Nachricht, dass noch zwei weitere Anbieter aufgetaucht seien, wobei der Preis noch nicht festgelegt war. Dunkle Bilder füllten meine Seele: die anderen würden sicher das Haus bekommen. Der Familie Shepard würde nichts anderes übrig bleiben als eine Wohnung zu mieten. Und man hatte uns gesagt, dass die Mieten etwa bei 2000 $ im Monat beginnen würden (abgesehen davon, dass man erst einen Hauseigentümer finden müsste, der bereit war, an eine Familie mit acht Kindern zu vermieten!).

»Harre des Herrn! Sei getrost und unverzagt und harre des Herrn!« (Ps 27,14)

Ich lag wach bis in die frühen Morgenstunden (»wo alle Maulwurfshügel des Lebens zu Bergen anwachsen«, wie Amy Carmichael sagt). Immer wieder sagte ich mir Schriftstellen vor von Gottes Treue, vom Vertrauen, vom Abwerfen aller Sorgen, vom Warten. Ich musste meine Sorgen und meine Ungeduld ständig neu vor den Herrn bringen. Um vier Uhr stand ich auf und las die Geschichte von Abraham und Isaak. Abraham nannte den Platz, an dem er Isaak hatte opfern sollen: »der Herr wird Vorsorge treffen« (nach einer englischen Übersetzung). Ich nahm das als das Wort des Herrn an mich für diesen Morgen.

Noch vor neun Uhr rief mein Schwiegersohn Walter an und gab durch: »Unser Angebot ist akzeptiert. Die beiden anderen lagen zwar höher als wir, sind aber abgelehnt.« Es gab keine Erklärung dafür. Der Herr hatte gehandelt.

Warten erfordert Geduld – eine Bereitschaft, ruhig zu akzeptieren, was wir haben oder nicht haben, wo wir uns gerade befinden oder wo wir gerne wären, mit wem wir vielleicht gerade zusammen leben oder arbeiten müssen.

Etwas zu wünschen, was wir nicht haben, bedeutet einerseits Ungeduld, und andererseits ist es Misstrauen Gott gegenüber. Hat er nicht die völlige Kontrolle über alle Umstände, Ereignisse und Bedingungen? Wenn es da etwas außerhalb seines Herrschaftsbereichs gäbe, wäre er nicht Gott.

Ein Geist des Widerstandes kann nicht auf Gott warten. Ich glaube, dass es dieser Geist ist, der die Ursache für einige unserer größten Leiden darstellt. Dem Handeln Gottes in unsern »Problemen« und durch sie Widerstand zu leisten, verschärft sie nur noch. Hier und jetzt geht es darum, dass wir Siege gewinnen oder Niederlagen erleiden. Geistliche Siege werden in der ruhigen Akzeptanz ganz gewöhnlicher Ereignisse gewonnen, die Gottes »bevorzugte Diener« sind und uns ständig umgeben.

Ruhelosigkeit und Ungeduld verändern nichts außer unserem Frieden und unserer Freude. Friede wohnt niemals in äußeren Dingen, sondern in dem Herzen, das bereit ist, vertrauensvoll und still auf ihn zu warten, der alle Dinge sicher in seinen Händen hält. »Den Frieden lasse ich euch ... Nicht gebe ich euch, wie die Welt gibt« (Joh 14,27). Welche Art von Frieden hat er uns zu geben? Einen Frieden, der beständig blieb inmitten unaufhörlichen Wirkens (mit wenig sichtbarem Erfolg), in häufigen Unterbrechungen, gegenüber ungeduldigen Forderungen, bei wenig äußerer Bequemlichkeit, ein Frieden, der nicht durch Argumente, Glaubenslosigkeit oder Hass der Menschen zerstört wurde. Jesus hatte vollkommenes Vertrauen zu seinem Vater. Er war gekommen, dessen Willen zu erfüllen. Nichts konnte ihn berühren ohne die Erlaubnis seines Vaters. Auch mich kann nichts treffen ohne die Erlaubnis meines himmlischen Vaters. Kann ich dann nicht geduldig warten? Er wird den Weg zeigen.

Wenn ich damit einverstanden bin, still in meines Meisters Hand zu ruhen, kann ich dann nicht im Hinblick auf alles andere auch ruhig sein? Er hält die ganze Welt in *seinen Händen*! Es spielt dabei keine Rolle, ob die Dinge uns unmittelbar von Gott her treffen oder von anderen Menschen her – alles, was geschieht, geschieht entweder auf Gottes Anweisung oder mit seiner Erlaubnis. Wenn ich Gott gehorsam sein und mich seinem Willen unterordnen will, weil er mein Herr ist, darf ich nicht vergessen, dass alles, was er geschehen lässt, für mich in diesem Augenblick zu seinem Willen wird. Vielleicht ist es die Sünde eines anderen Menschen, doch wenn Gott zulässt, dass sie mich trifft, dann möchte er, dass ich etwas daraus lerne. Der Zwang zum Warten ist für mich eine Form von Erziehung oder Läuterung. Gott muss mich zur Ruhe bringen, muss bewirken, dass ich meinen Mund halte und auf ihn im Hinblick auf das Ende einer Sache schaue.

Seine Botschaft an mich lautet jeden Tag neu: *Warte, sei still, vertraue und gehorche!*

Das führt mich in den Bereich meiner Tätigkeit auf der Ebene der Beratung. Als wir von unserer Englandreise zurückkehrten, fand ich einen großen Stapel Post vor. In vielen Briefen gab es Anfragen, was bei bestimmten Notsituationen zu tun sei: wenn sich z.B. eine Ehefrau nur in Kritteleien äußere; bei Arbeitslosigkeit; wenn eine Frau Mann und Kinder verlassen habe; wenn eine allein stehende Mutter einen ihr völlig verhassten Job hätte; was man angesichts eines untreuen Ehegatten tun könne; was ist mit einer Frau los (die *mir* sagt, dass sie vom Heiligen Geist erfüllt ist), die eine Affäre mit ihrem Pastor hat; wie kann einem Farmer geholfen werden, der dringend eine Frau sucht; oder wie geht man mit einer Schwiegermutter um, die hässlich zu ihrer Schwiegertochter ist; einem Stiefsohn, der zornig ist, »weil wir seinen Kindern nicht genug Geld geben«; einer Frau, die ihren Mann jedes Mal anfährt, wenn er sich an sie kuscheln will; und einem Ehemann, der trinkt wie ein Fisch, flucht wie ein Seemann und dabei sagt, dass er Gott liebt?

Ich wünschte, ich könnte jedem den gleichen Brief schreiben: Warte geduldig auf den Herrn. Er wird sich dir zuwenden und dein Weinen hören. Es ist erstaunlich, wie klar die Dinge werden, wenn wir vor ihm *still* werden, nicht klagen und jammern, nicht auf schnellen Antworten bestehen, nur versuchen, in der Stille sein Wort zu hören und so die Dinge in seinem Licht zu sehen. Es gibt nicht viele Menschen, die bereit sind, auf diese Weise ihre Antwort zu empfangen. »Das wäre zu einfach«, lautet ihr Einwand. Ein Hörer meiner Radio-Sendung »Das Tor zur Freude« schrieb einmal: »Ich habe mich aufgeregt über das, was Sie da sagten. Ich habe die Kopfhörer herausgerissen und geschrien: ›Ich tue das, was ich will!‹ « Aber es gibt auch solche, die sagen können: »Siehe, das ist unser Gott, auf den wir hofften ... Das ist der Herr ... lasst uns jubeln und fröhlich sein über sein Heil« (Jes 25,9). Hier seien noch zwei Zeugnisse angefügt:

»Ich habe meine Mutter verloren, meinen Bruder, meinen Gatten und mein Kind. Mein Lied heißt: ›Meine ganze Liebe soll dir gehören, o Christus‹ .«

»Gott hat die Fetzen und Stücke aufgelesen und uns heil gemacht – eine ganze Frau, ein ganzer Mann, eine heile Ehe.«

26 GOTTES SCHÄFERHUNDE

Eine Freundin schrieb mir, deren zweieinhalbjähriger Sohn an einer Zyste operiert werden musste: »Die Zyste war gutartig! Wir sind sehr dankbar dafür! Wir haben den Herrn vor Augen und sind deshalb nicht so sehr besorgt um unsere Lebensumstände. Unser Ziel ist nicht, ein bequemes Leben zu führen und bei allen Ereignissen ein ›happy end‹ zu erfahren, sondern Gott nahe zu sein und auf unsere sterbende Welt und ihre Maßstäbe einen Einfluss auszuüben ... Möge Gott weiterhin die Botschaft deines Lebens läutern, während er dich als seine Nachfolgerin von willentlichen Sünden fernhält. Mögen sie nicht über dich herrschen (Ps 19,13). Barrett (mein Sohn) lernte 1. Mose 4,7 auswendig und sagt den Vers auf, wenn ihn etwas in Versuchung führen will. Er lernt allmählich, richtige Entscheidungen zu treffen und gehorsam zu sein. Wir haben ihn allerdings auch nicht im ›Laissez-faire-Stil‹ erzogen. Doch das hat sich positiv ausgewirkt. Er selbst sagt: ›Die Strafe hat meine Dummheiten ausgetrieben.‹ «

Dieser Brief kam am selben Tag an, als ich Hannah Whitall Smith's »Everyday Religion« (Religion für den Alltag) las. Sie zitiert darin George MacDonald. Seine Worte beleuchten, was Barretts Mutter schrieb:

»Der Mensch hat so etwas wie einen Anspruch an Gott auf jeden Schmerz, jeden durchkreuzten Wunsch, jede Enttäuschung und jedes Elend, die dazu beitragen, dass er das wird, was er nach Gottes Willen werden soll. Er hat einen Anspruch auf Strafe, darauf, dass nicht ein Schlag fehlt, der ihn zur Reue führen könnte. Ja, er hat direkt einen Anspruch darauf, zur Reue gezwungen und nach allen Seiten hin eingeengt zu werden. Er hat Anspruch darauf, dass diese starken, scharfzähnigen Schäferhunde des Großen Hirten einer nach dem anderen hinter ihm hergeschickt werden, um ihm jeden Wunsch zu durchkreuzen, jeden Plan zu vereiteln, jede Hoffnung zu zerstören, bis er endlich erkennt, dass nichts seinen Schmerz wirklich lindert, nichts sein Leben lebenswert macht, außer der Gegenwart des lebendigen Gottes. Dass nichts gut ist außer dem Willen Gottes, dass nichts für ein menschliches Herz wünschenswert ist als das Einssein mit dem Ewigen. Aus diesem Grund muss Gott ihn dahin bringen, dass er ihm sein ganzes Sein ausliefert – damit er selbst in ihm leben kann.«

27
ALLGEMEINE HÖFLICHKEIT

Ich sprach mit einer Gruppe von Studenten eines Seminars und erwähnte dabei, dass die Regeln der allgemeinen Höflichkeit heute vielfach übersehen würden. Besonders gilt das für diejenige Generation, die in den letzten zwei Jahrzehnten aufgewachsen ist – in einer Ära, in der alle Konventionen und Traditionen suspekt wurden. »Bloße Konvention« hieß jetzt plötzlich »reine Heuchelei«. Wurde eine Sache als traditionell bezeichnet, musste sie verschwinden. Sie war nicht mehr »relevant«, hatte »keine Bedeutung mehr« oder war einfach nicht klug. Hatte ein Mann den Mut, für eine Frau die Tür offen zu halten, konnte es ihm passieren, dass er als Sexist verschrien wurde. Mein Anliegen, weshalb ich die Frage der Höflichkeit überhaupt zur Sprache gebracht hatte, war ganz einfach. Man kann dabei ein ganz klein wenig das tief reichende Prinzip demonstrieren, das für unsern christlichen Glauben an zentraler Stelle steht: »Mein Leben für deins.« Ich fragte, ob einer der anwesenden Ehegatten gewohnt sei, seiner Frau bei Tisch zum Niedersitzen zu helfen, auch wenn gerade keiner zusah. Eine Woche später hielt mich einer der Männer im Foyer des Seminargebäudes an.

»Ich wollte Ihnen nur sagen, dass sich mein Verhalten meiner Frau gegenüber geändert hat, seit Sie uns letzte Woche den Vortrag hielten. Und stellen Sie sich vor: nicht nur meine Haltung ihr gegenüber, sondern auch ihre zu mir hat sich geändert. Es war direkt eine Offenbarung für uns. Ich möchte mich bei Ihnen bedanken.«

Ich habe mich riesig gefreut. Es ist immer schön, wenn man merkt, dass Menschen offene Ohren haben und dann auch wirklich etwas von dem Gehörten in die Tat umsetzen.

28 UNTERBRECHUNGEN, VERZÖGERUNGEN, UNGELEGENHEITEN

Emily war die Frau des ersten amerikanischen Auslandsmissionars Adoniram Judson. Sie schrieb 1847 aus Moulmein in Indien nach Hause:

»Sich um Babys zu kümmern, die gerade Zähne bekommen, oder Eingeborene zu lehren, wie man Strümpfe stopft, und englisches Kauderwelsch zu reden, nur um ein genießbares Essen zu bekommen, das ist wirklich eine merkwürdige Beschäftigung für Fanny Forester (ihr Pseudonym – sie war eine in England sehr bekannte Schriftstellerin, bevor sie Judson heiratete). Doch allmählich söhne ich mich mit meinen augenblicklichen Sorgen aus.«

Sie war ehrgeizig gewesen und hatte sich zu »Höherem und Besserem« berufen gefühlt. Doch sie hatte gelernt, dass jemand, der »große Dinge gut bewältigen wollte, sich in den täglichen Kleinigkeiten üben musste. Sie wünschte sich die Hilfe des Allmächtigen in wichtigen Angelegenheiten und musste sich nun täglich und stündlich daran gewöhnen, in den kleinen Dingen des Alltags nach seinem Willen zu fragen.«

James O. Fraser arbeitete vor etwa acht Jahren als Missionar allein in Tengyueh, im Südwesten Chinas. Seine Situation ging ihm in jeder Weise »gegen den Strich«. Er mochte Hausarbeit durchaus nicht, und sich um ein Grundstück zu kümmern, lag ihm auch nicht. Der Hausboy war reizbar und empfindlich und hatte dauernd Streit mit dem Koch. Endlose Kleinigkeiten, die geregelt werden mussten, zersplitterten Frasers Zeit, die er fürs Sprachstudium geplant hatte. Er musste lernen, um des Evangeliums willen dauernd Unannehmlichkeiten hinzunehmen. Nach einigen Wochen des Alleinlebens schrieb er:

»Ich habe entdeckt, dass es ein Fehler ist, sich darauf einzustellen, eine bestimmte Arbeit in einer bestimmten Zeit schaffen zu wollen. Das endet immer mit Enttäuschung, abgesehen davon, dass es meiner Meinung nach auch nicht die richtige Methode ist. Es lässt einen ungeduldig gegenüber jeder Unterbrechung und Verzögerung werden. Gerade wenn du fast mit einer Sache zu Ende gekommen bist, erscheint bestimmt jemand und möchte ein wenig mit dir plaudern. Du hältst es wahrscheinlich kaum für möglich, dass man da ungeduldig wird und jemanden rausschickt, wo es doch eine so gute Gelegenheit ist, das Evangelium weiterzusagen – aber es passiert tatsächlich. Vielleicht ist gerade Essenszeit oder du schreibst an einem Brief, der noch mit der Post weg soll, oder wolltest nach draußen, um vor der Teezeit noch ein wenig Bewegung zu haben. Doch ein Besucher muss willkommen geheißen werden. Und ich denke, es ist gut, wenn man sich angewöhnt, einen jeden von Herzen jederzeit willkommen zu heißen. ›Kein Zutritt außerhalb der Geschäftszeit‹ dürfte kaum missionarischem Geist entspringen.«

Nichts gewährt uns so klare Perspektiven und hilft uns so sehr, die geistliche Balance zu halten wie die Biographien großer christlicher Persönlichkeiten. Diese beiden sind das Lesen wirklich wert. Es war J.O. Fraser, der meinen Gatten Jim Elliot derart mit seinem missionarischen Weitblick inspirierte, dass Jim seinen ersten Sohn nach ihm nennen wollte.

Noch ein Zitat – aus dem vergriffenen Buch »The Life and Letters of Janet Erskine Stuart«. Es stammt von einer Frau, die jahrelang ihre Assistentin gewesen ist:

»Sie freute sich direkt darüber, wenn ihre Pläne durch unerwartete Ereignisse über den Haufen geworfen wurden. Darin erblickte sie sogar einen Trost. Sie sah solche Geschehnisse als Versicherung Gottes an, dass er über ihre Haushalterschaft wache. Es machte sie sicher, dass sie seinen Willen tat und seine Pläne zur Durchführung brachte. Dabei spielte es keine Rolle, ob die Zweitursache im Gebet eines Kindes begründet war oder in der Unvollkommenheit eines Mitmenschen, in Hindernissen, die sich aus Missverständnissen ergaben, oder im Eingreifen äußerer Institutionen. Sie blieb fröhlich dabei und bereit, das Wirken von Gottes regierender Hand darin zu erkennen und ihm zu erlauben, sie selbst auf diese Weise zu führen.«

29
MEIN LEBEN FÜR DEINS

Vor etwa zehn Jahren saß eine junge kanadische Frau in der Aula der Universität von Illinois in Urbana. Zusammen mit siebzehntausend anderen Studenten besuchte sie eine missionarische Veranstaltung der InterVarsity Fellowship of Students. Das Singen der Loblieder, das Bernie Smith anführte, riss sie mit. Atemlos hörte sie den Rednern zu.

»Ich erinnere mich noch an die unglaubliche Erregung und den Wunsch, Gott kennen zu lernen und ihm zu dienen, die mich damals erfüllten. Inzwischen bin ich durch tiefe Wasser gegangen und fühle mich heute gedrängt, Ihnen zu schreiben«, hieß es in ihrem Brief an mich. Unmittelbar vor der jetzigen Konferenz hatte sie zwei meiner Bücher gelesen. Zur Zeit wurde Barbara besonders von dem Gedanken an den Preis bewegt, den die Verherrlichung Gottes kosten würde. Ihr Brief berichtete aus ihrem Leben.

Drei Jahre nach der Zeit in Urbana hatte sie Gerry Fuller geheiratet, »einen wunderbaren Mann, der sich durch ein brennendes Herz für Christus und ein leidenschaftliches Bemühen um andere Menschen auszeichnete. Ihn erfüllte ein tiefes Mitleid mit Verwundeten, Zerbrochenen, die die heilende Liebe Jesu Christi dringend brauchten.« Nach dem Absolvieren des Seminars und einer Zeit als Studentenpfarrer wurde er Gefängnisgeistlicher und Missionar im Innenstadtbereich (Slums). Dann heiratete er Barbara und gemeinsam arbeiteten sie in Saint John, New Brunswick, unter Straßenkindern, entlassenen Strafgefangenen und Klebstoff-Schnüfflern.

Dann kam eine Zeit, in der Barbara feststellte, dass Gerry den Herrn mit einer solchen Intensität suchte, dass für sie selbst die Frage nach ihrer eigenen Hingabebereitschaft aktuell wurde. War sie so bereit, ihr Ich in den Tod zu geben, wie er es war? Was trieb ihn, so zu beten, wie er es tat – einmal sogar bis vier Uhr morgens? War ihre eigene Liebe zum Herrn so tief wie seine? Oder wurde sie vielleicht überdeckt von der Liebe zu ihrem Gatten?

Gerry hatte einen Neffen namens Gary, »ein verschlossener junger Mann mit künstlerischer Veranlagung und Begabungen, die in seiner Kindheit unterdrückt worden waren. In der Folge war er sehr unsicher und undiszipliniert gewesen.« Er hielt es an keinem Arbeitsplatz aus und kam mit dem Gesetz in Konflikt. Verwandte erlaubten ihm, ihr Ferienhaus zu benutzen. Daraufhin wurde im Nachbarhaus eingebrochen. Der Eigentümer hatte Gerry angerufen und ihm mitgeteilt, dass sein Gewehr bei der Gelegenheit abhanden gekommen sei. Der erste Verdacht fiel natürlich auf Gary. Doch Gerry und Barbara wollten die Polizei nicht benachrichtigen, bevor sie nicht mit ihm selbst gesprochen hatten.

Gerry war »zu Tode erschrocken« gewesen. Doch ihm war klar, was er am nächsten Morgen zu tun hatte: Er musste sein ganzes Vertrauen auf Gott setzen, in das Haus gehen und versuchen, seinen Neffen zu bewegen, Selbstanzeige zu erstatten. Mit dieser Überzeugung gingen sie dann zu Bett.

Als sie am nächsten Morgen miteinander beteten, bat Gerry vor allem den Heiligen Geist, Barbara beizustehen, ihre kleinen Kinder Josh und Ben aufzuziehen. In Barbara tauchte eine Frage auf: Sollte sie eventuell *mit ihm* zu Gary gehen? Doch sie hatte den Eindruck, dass die Antwort darauf ein »Nein« war. »Wenn ihm etwas passiert, werden die Kinder mich brauchen«, schoss es ihr durch den Sinn.

Dann verabschiedete sich Gerry. Barbara fastete, betete, versorgte die kleinen Jungen, arbeitete im Garten und wartete – wartete den ganzen Tag. Ihr Mann kam nicht. Na ja, Gerry war häufig spät dran gewesen. Vielleicht waren sie in ein Gespräch vertieft. Er hatte Gary schon so oft zu helfen versucht. »Herr, lass ihn diesmal Erfolg haben dabei.«

Endlich hörte sie ein Auto kommen. Aufgeregt schaute Barbara von ihrem Gartenbeet auf. Kanadische Polizei. Ein Schauer überlief sie, dann sank sie schluchzend zu Boden.

Gerry war tot. Doch als sie dann in die verwunderten Gesichter ihrer Kinder schaute (vier und zwei Jahre alt), riss sie sich zusammen, nahm ihre kleinen Händchen in die ihren und sagte ihnen, dass ihr Daddy nun bei Jesus sei und sie ihn eine lange Zeit nicht mehr sehen würden. »Von diesem Augenblick an hatte ich das Empfinden, durch das ganze, fast traumhafte Geschehen getragen zu werden. Gott umgab mich mit seiner Gegenwart und dem überwältigenden Gefühl, dass ›alles gut war‹. Ich wusste, dass er verantwortlich war für die Situation.«

Der Mord war eine ganz bewusste Handlung gewesen. Gary verbüßt nun eine lebenslängliche Freiheitsstrafe zusammen mit anderen, die durch Gerrys Zeugnis zu Christus gefunden hatten. Diese anderen liebten Gerry sehr, aber um der Liebe zu seinem Herrn willen vergaben sie seinem Mörder. Eine Reihe von Menschen wurden durch sein Zeugnis verändert. Aber »trotz der positiven Ergebnisse, die sein Tod bewirkte, ist doch immer die Frage nach dem Warum offen geblieben«, schreibt Barbara. »Es ist so, wie Sie sagen: wir müssen Gott Gott sein lassen. Trotzdem ist das einem Dreijährigen schwer zu erklären, wenn er jammert: ›Ich möchte zu Vati!‹

Eine meiner größten Segnungen und Tröstungen erlebte ich etwa sechs Wochen nach dem Tod meines Mannes als große Überraschung. Ich stellte fest, dass ich vom Vorabend seines Todes her schwanger war. Und wie sieht es dem Herrn und seiner perfekten Zeiteinteilung ähnlich, mich am Ostersonntag mit einem wunderschönen Kind zu beschenken – dem Mädchen, um das ich gebetet hatte. Sie heißt Marah Grace. Und durch Gottes Gnade hat sie mein »bitteres Wasser« süß gemacht. (Die Wasser von Mara waren bitter; 2. Mose 15,23.)

Die Leute sagen, dass ich tapfer bin. Doch ich sehe keinerlei Tapferkeit darin, eine schwere Lebenserfahrung durchzumachen. Gott ist derjenige, der uns die Kraft für die Dinge gibt, die wir bewältigen müssen, wenn die Zeit da ist. Meine größte Angst war die, Gerry zu verlieren, aber als es dazu kam, war Gott plötzlich wie ein großer Vogel unter mir und trug mich wie auf Adlers Flügeln über den Sturm hinweg.

Das ist nun also meine Geschichte. Ich wollte sie gern mit Ihnen teilen. Irgendwie fühle ich mich Ihnen verwandt. Mein Mann ging seinen Weg im Gehorsam Gott gegenüber. Er war sich der Gefahr durchaus bewusst und setzte sein Leben um Christi willen ein. Meine Aufgabe ist es, seinem Beispiel zu folgen und meinen Kindern die Werte zu vermitteln, die Gerry und ich teilten. Der höchste Wert war für uns, Jesus Christus zu kennen und ihm zu dienen mit unserem ganzen Sein.«

Danke, Barbara, dass Sie ein weiterer treuer Zeuge geworden sind für einen ganz und gar treuen und souveränen Herrn. Wie Jim Elliot wusste Gerry, dass »er kein Narr war, wenn er gab, was er doch nicht halten konnte, um zu gewinnen, was er niemals verlieren würde«. Er hatte das Motto der Küstenwacht verstanden: »Ihr müsst hinaus aufs Meer, fürs Zurückkommen seid ihr nicht verantwortlich.«

30
BESUCH IN DOHNAVUR

Da ich aufgefordert worden bin, eine neue Biographie von Amy Carmichael in Dohnavur zu schreiben, besuchten Lars und ich das Werk, das sie in Südindien gegründet hatte. Wir kamen dort am Tag ihrer monatlichen Gebetszusammenkunft an – gerade noch rechtzeitig, um die Abendveranstaltung zu besuchen.

Das Gebetshaus ist ein schönes terrakottafarbenes Gebäude mit roten Dachziegeln und einem Turm, von dem um 6.00 Uhr morgens und 9.00 Uhr abends ein Glockenspiel ein Loblied ertönen lässt. Innen gibt es keinerlei Möbel außer ein paar Stühlen für Ältere und schwache Ausländer wie wir, die nicht gewohnt sind, auf dem Boden zu sitzen. Alle fanden sich in vollkommenem Schweigen ein. Barfuß bewegten sie sich lautlos über die polierten roten Ziegelböden und saßen schließlich in Reihen – dem Alter nach, die Kleinen vorn, in glänzend bunte Baumwollkleider gehüllt. Hinter ihnen saß die nächste Altersgruppe – Mädchen in Röcken und Blusen. Dann kamen Mädchen in Röcken, Blusen und halben Saris und schließlich die *accals* (die Älteren, die nach den Jüngeren schauten) in blauen, roten oder grünen Saris. Alle hatten glatt gekämmtes und geöltes schwarzes Haar, viele mit Blumen darin. Ein Inder spielte auf einem kleinen Harmonium, während verschiedene bekannte Choräle in Englisch gesungen wurden. Außerdem sangen sie auch Lieder ihrer »Amma« (das war der tamilische ehrerbietige Ausdruck der Achtung, die sie Amy Carmichael entgegenbrachten). Danach folgte eine Schriftlesung, ein Dankgebet für ein Kind, das gerade geboren worden war, und ein Gebet für ein kleines zweijähriges Mädchen, dessen Mutter es nicht behalten konnte. Seine neue Mutter, eine *accal*, trug das Kind zur Bühne und hielt es dort während eines Segnungsgebetes. Dann ertönte das Lied: »Jesus liebt mich«.

Bei einem anderen Gottesdienst saßen Lars und ich auf dem winzigen Balkon, über den man zum Turm hinaufging. Wir schauten auf das liebliche Bild hinab, das dieses Mal noch farbenfroher war. Man hatte den Kleinsten bunte Fähnchen gegeben, mit denen sie zur Musik bestimmter Lieder von Zeit zu Zeit winken mussten. Den Brauch hatte Amy Carmichael eingeführt. Meiner Meinung nach sollte jede Sonntagsschule und Gemeinde das nachahmen. Das macht es den Kleinen möglich, am Geschehen teilzunehmen, indem sie etwas tun, auch wenn sie noch zu jung sind, um die Worte zu verstehen. Ältere spielten auf Tamburinen, mit Triangeln und Glocken. Einer trommelte leise mit einer Ledertasche auf die Öffnung eines Tontopfes.

Ich durfte den Raum der »Amma« zum Lesen und Schreiben benutzen. »Raum des Friedens« hieß er und war hoch und weiträumig, mit Fliesen auf dem Boden und vielen Türen und Fenstern, die sich an drei Seiten auf eine Veranda hin öffneten, wo sich ein begehbarer Vogelkäfig befand. Ein mit Ziegeln gepflasterter Weg führte von der Veranda zu einer Terrasse unter Bäumen. Dorthin wurde Amy Carmichael nach ihrem Unfall gewöhnlich gebracht, damit sie die Abendkühle genießen konnte. Der Unfall hatte sie für den Rest ihres Lebens zur Behinderten gemacht. Schränke mit Glastüren, in denen sich ihre geliebten Bücher befanden, standen rings umher an den Wänden. Darüber hingen Gemälde ihres Freundes Dr. Howard Somervell. Schneebedeckte Gipfel sah man da. Es waren Bilder vom Mount Everest. Dann gab es handgeschnitzte und -gemalte Holztafeln mit Inschriften: »Gut und akzeptabel und vollkommen« (das bezog sich auf die Lektion, die sie nach ihrem Unfall so schwer zu lernen ankam – die Annahme des Willens Gottes); »Eine unmittelbare Hilfe«; »Durch einen, der liebt, wird ein anderer entzündet« (Augustin). Die größte Tafel war aus Teakholz und zeigte in blauen Buchstaben die Worte: »Gott hat uns nicht gegeben den Geist der Furcht«. Auf der Wand war außerdem ein Tigerkopf befestigt, eine Pendel-Uhr und eine der sehr seltenen Fotografien der »Amma«.

Als ich in jenem »Raum des Friedens« stand, war ich froh, keine Schuhe an den Füßen zu haben (in den Häusern von Dohnavur gehen alle barfuß) – es schien mir heiliger Boden zu sein. Ich sah die Randbemerkungen und Unterstreichungen in ihren geliebtesten Büchern und las die handgeschriebenen Tagebücher. Für die Glieder ihrer Dohnavur-Gemeinschaft hatte sie dort erklärt, welche Maßstäbe ihr der Herr gegeben hatte. Es waren die Grundsätze und praktischen Leitlinien vom Beginn ihrer Tätigkeit her. Ich blätterte durch wurmstichige Bücher, Notizen, Fotos – kostbare Dokumente, die die tägliche Geschichte einer Aufgabe nachzeichnen, die um des Herrn willen aufgegriffen wurde: die Rettung kleiner Mädchen vor der Tempelprostitution und kleiner Jungen vor einer gewalttätigen Gesellschaft, in der sie für üble Zwecke missbraucht wurden. In späteren Jahren wurden in dem Werk noch andere Probleme aufgegriffen, die Kinder betrafen.

Das stärkste Zeugnis im Hinblick auf die Qualität des Dienstes der Amma wird an den indischen Männern und Frauen sichtbar, die dort erzogen wurden und die bei der Devise blieben, ihr Leben für andere einzusetzen. Pungaja z.B. lebt in dem Lager mit dem Namen »Loving Place«, wo man für einige geistig Behinderte sorgt.

»Ich habe keine berufliche Ausbildung dafür«, sagte sie mir. »Der Heilige Geist gibt mir jeden Tag die Weisheit, die ich brauche, um mit ihnen umzugehen. Manche sind wie wilde Tiere, doch der Herr selbst steht mir bei. Auf einem Auge kann ich nicht sehen, aber selbst mit dieser Einschränkung hat er mir geholfen. Im ersten Korintherbrief heißt es, dass Gott die Schwachen erwählt hat, um die Maßstäbe der Mächtigen fragwürdig zu machen, so dass kein Fleisch sich vor ihm rühmen kann.

Eines Tages kam ich mit belastetem Herzen zur Amma, aber als sie mich umarmte, waren alle meine Sorgen verschwunden.

›Welche Arbeit tust du gerade?‹, fragte sie mich. Ich sagte es ihr.

›Findest du sie ziemlich schwierig?‹ Ich bejahte es.

›Das sind die Jahre der *militärischen Ausbildung*‹, sagte Amy.

Jetzt ist es meine Freude, diesen schwierigen Menschen zu dienen.«

Pungaja sprach ruhig und warf dabei einen Blick in den Hof, wo ein paar dieser Leute auf und ab gingen. Als Kind hatte sie ein Auge verloren und ihr Gesicht war von Leiden gezeichnet. Aber ich sah dort auch die Freude, von der sie gesprochen hatte – die Freude eines einsatzbereiten Lebens. Ich sah sie auf sehr vielen Gesichtern in Dohnavur. Sie reden nicht davon, dass es dort keine Abwechslung gibt, keinen Platz, an den man sich einmal zurückziehen könnte, keine Freizeit (außer zwei Wochen im Jahr – ich habe mich genau erkundigt). Sie tun ihre Arbeit für den, der kam, um zu dienen und nicht, damit er sich dienen lasse.

Wir waren zutiefst gepackt und dachten an Ammas eigene Worte aus ihrem kleinen Buch »Wenn«: »... dann weiß ich nichts von der Liebe, die am Kreuz sichtbar wurde«. Die Bedeutung vom lebendigen Opfer, vom Weizenkorn, vom gekreuzigten Leben war für uns in Fleisch und Blut sichtbar geworden – im zwanzigsten Jahrhundert.

»Geh nicht in Furcht und Zweifel den Weg zurück in die Vergangenheit, noch in ängstlicher Voraussicht in die Zukunft, sondern bleibe still unter Gottes Hand, wolle nichts als das, was er will.«

H.E. Mannin

31
REUE

Als mein Vater zwölf Jahre alt war, verlor er durch Ungehorsam sein linkes Auge. Es war ihm verboten worden, mit Feuerwerkskörpern zu hantieren. Doch am 4. Juli 1910 schlich er frühmorgens aus dem Haus und zündete mit Hilfe eines benachbarten Farmers ein paar Sprengkapseln. Ein Kupferstück durchbohrte ihm das Auge.

Vier Jahre später schrieb mein Großvater folgenden Brief an meine Großmutter:

»Liebste,

ich bin kein bisschen überrascht, wenn du dich nach all den Erfahrungen der vergangenen vier Jahre mit traurigen Erinnerungen herumschlägst. Aber ich glaube auch nicht einen Augenblick daran, dass du dir wegen Philipps Unfall damals Gewissensbisse machen müsstest. Wir können uns und andere nicht gegen alle Eventualitäten dieses komplizierten Lebens schützen. Und niemand, der so viel von seinem Leben in jedes seiner Kinder investiert hat wie du, sollte sich diesem Denken überlassen.

Keiner von uns könnte den uns bedrängenden Anforderungen des Tages gerecht werden, wenn wir die dunkle Schwere einer Vergangenheit mitschleppten – sei sie nun eine reale Last oder eine, die nur in unsern Gedanken lebt. Ich weiß, meine Liebe, dass dein Herr nichts dergleichen von dir wünscht. Und ich bin davon überzeugt, dass dein fester, heller und triumphierender Glaube dich mit seiner Hilfe da herausführen wird – zu den reichsten Erfahrungen, die du je hattest. Ich glaube das ganz fest.

Ich musste mich heute in großer Hilflosigkeit selbst an ihn wenden, um die Niedergeschlagenheit, die mich angesichts meines Versagens befallen hatte, zu überwinden. Das Fiasko in meiner Sonntagsschule in Swarthmore lastet schwer auf mir. Doch das ist nicht recht. Ich muss nach vorne schauen – und aufwärts, wie du mir oft sagst. Und ich will das auch. Wenn einer es weiß, wie sehr Gewissensbisse krank machen können, dann bin ich es. Doch ich weiß auch ebenso wie du, wie erleichternd und befreiend es ist, die ganze Sache ihm zu übergeben. Liebste, wir müssen mehr zusammen beten und die Bibel lesen. Ich habe es schon so oft gedacht und dann doch nicht in die Tat umgesetzt.

In Liebe
Dein Phil«

Mein Großvater war der fröhlichste und heiterste Mann, den ich in meiner Kindheit kannte. Ich kann mir kaum vorstellen, dass er irgendeinen Grund zur Reue oder Anfechtung oder Depression gehabt hätte. Dieser Brief, der eine 2-Cent-Marke trug und in Philadelphia abgestempelt war, war an Großmutter in Franconia, New Hampshire gegangen. Dort besaßen sie ein hübsches Ferienhaus. In meiner Kindheit habe ich oft den Sommer bei ihnen verbracht. Ich kann mir Großmutter auf der Veranda sitzend vorstellen – vielleicht am Jahrestag des damaligen Unfalls –, wie sie auf die Berge Lafayette, Bald und Cannon schaute. Vielleicht kämpfte sie gerade mit den schrecklichen Gedanken an ihre eigene Unachtsamkeit und ihr Versagen. Ich bin Gott dankbar für mein geistliches Erbe. Und ich danke ihm für das Wort seines treuen Dieners Paulus: »Ich vergesse, was dahinten ist, und strecke mich aus nach dem, was da vorne ist, und jage nach dem vorgesteckten Ziel, dem Siegespreis der himmlischen Berufung Gottes in Christus Jesus« (Phil 3,13–14).

32
STILLE

Ein voller Mond warf sein Licht auf das silbern glänzende Meer und hob die Konturen der Felsen scharf hervor. Ich saß in einem alten Schaukelstuhl am Fenster und hatte eine Tasse mit heißem Kakao in der Hand. Das Auf und Ab der schaumgekrönten Dünung, die im Mondlicht glitzerte, faszinierte mich.

Stille umgab mich. Absolutes Schweigen. Das ist eine große Gabe und steht denen, die sie am meisten schätzen und sich daran erfreuen, nicht immer zur Verfügung. Häufig wird sie von anderen gar nicht positiv beurteilt, die genug davon haben und unglücklich dabei sind. Äußerer Lärmeinwirkung kann man an manchen Orten nicht entgehen – Verkehr auf den Straßen und in der Luft, Sirenen, Hupen, Kettensägen, laute Stimmen und – vielleicht das Schlimmste von allem – dröhnende Rock-Musik mit donnernden Verstärkern, die den Boden zittern lassen.

Ich denke, dass man Stille erleben lernen kann – aber nur, wenn man ernstlich danach sucht. Gott sagt uns: »Seid stille und erkennet, dass ich Gott bin« (Ps 46,11). »Durch Stillesein und Hoffen würdet ihr stark sein« (Jes 30,15).

Die Stille, in der wir Gott begegnen, ist nicht oberflächlich – wie z.B. nur die Abwesenheit von äußerer Unruhe oder Gesprächen. Es ist eine bewusste und ruhige Aufmerksamkeit – auf Empfang eingestellt, wach, bereit. Ich denke an das, was Jim Elliot in sein Tagebuch schrieb: »Wo du auch immer bist – sei ganz da. Lebe zutiefst in jeder Situation, von der du glaubst, dass sie dem Willen Gottes entspricht.«

Für einen Sportler ist das vielleicht nicht so schwierig, da er gewohnt ist, mit den Augen konzentriert ein Spiel oder einen sportlichen Einsatz zu verfolgen. Für mich jedoch ist diese Stille in der Gegenwart Gottes, dieses »Ganz-da-zu-Sein-für-ihn«, nicht so leicht durchzuhalten – obwohl ich es schätze und mich danach sehne. Selbst an dem wunderschönen Ort, an dem ich lebe, fällt es mir schwer. Ich werde leicht abgelenkt. Und mir scheint, dies umso mehr, wenn ich versuche, mich auf Gott allein und sonst nichts einzustellen. Warum ist das so? Ich denke, C. S. Lewis legt den Finger in seinen »Ratschlägen an einen Unterteufel« genau auf die wunde Stelle: Er demonstriert sie als eine fiktive Korrespondenz zwischen Screwtape, dem Untersekretär des Satans, und seinem Neffen Wormwood. Dieser bekommt Anweisungen, wie er die Nachfolger des »Feindes« (Gottes) in Versuchung bringen könnte:

> »Mein lieber Wormwood: Musik und Stille – wie sehr verabscheue ich beides. Wie dankbar sollten wir sein, dass seitdem unser Vater in die Hölle einzog – was lange vor allem Menschengedenken geschah und in Lichtjahren gerechnet wird –, kein Zollbreit höllischen Bodens und kein Augenblick höllischer Zeit diesen abscheulichen Kräften eingeräumt worden ist, sondern alles durch Lärm ausgefüllt wurde. Lärm – diese herrliche Dynamik, der hörbare Ausdruck von all dem, was Triumph, Unbarmherzigkeit und Männlichkeit bedeutet – Lärm, der für uns dumme Bedenken, verzweifelte Skrupel und unmögliche Wünsche überwindet. Wir werden dafür sorgen, dass schließlich das ganze Universum von Lärm erfüllt ist. In dieser Richtung haben wir schon große Fortschritte erzielt, was die Erde angeht. Die Melodien und die Stille des Himmels werden am Ende niedergeschrien werden. Aber ich gebe zu, dass wir bis jetzt noch nicht laut genug sind. An der Stelle muss noch etwas geschehen. Die diesbezüglichen Forschungen sind bereits im Gange« (Übers. a. d. Engl.).

C. S. Lewis starb 1963. Untersuchungen im Hinblick auf Lärmerzeugung haben seitdem beträchtliche Fortschritte gemacht, nicht wahr? Um wieder zur Stille zurückzufinden, müssen wir den Kampf mit unserem alten Feind aufnehmen.

Er entwickelt große Macht und Geschicklichkeit und ist erfüllt von grausamem Hass. Doch ein weitaus Größerer steht auf unserer Seite. Seine Stimme ließ stürmische Winde und riesige Wellen zur Ruhe kommen. Und er wird uns ganz sicher helfen, wenn wir uns fest und entschlossen in seine Gegenwart begeben: »Ich bin hier, Herr, ich will dich hören.« Wenn kein Wort hörbar wird, dann denke daran: »Es ist ein köstlich Ding, geduldig sein und auf die Hilfe des Herrn hoffen« (Klgl 3,26). »Wenn er sich aber ruhig hält, wer will ihn verdammen?« (Hiob 34,29).

Stille ist eine Form der Anbetung. Als das siebte Siegel geöffnet wurde (s. Offb. 8,1), war Stille im Himmel für etwa eine halbe Stunde. Was würde in unsern Wohnungen und Häusern passieren, wenn wir diese himmlische Stille einmal nachahmen wollten – ein halbe Stunde kein Türenschlagen, kein Fernsehen, kein Stereo- oder Video-Empfang und ein Minimum an Gespräch, mit ganz ruhigen Stimmen? Würde es nicht auch schon eine beruhigende Wirkung haben, wenn wir nur einmal jede Bewegung unterlassen würden? Mein Vater ließ uns das hin und wieder üben. Warum sollten wir nicht einen »stillen Tag« oder sogar eine »stille Woche« einlegen – ohne all den üblichen Lärm? Dabei könnten sich Einblicke in das geistliche Leben ergeben, die bis dahin verschlossen waren, und eine tiefe Gemeinschaft mit dem Herrn, die einfach unmöglich ist, wenn da immer nur Lärm ist. Scheint Gott abwesend zu sein? Ja, für manche von uns gilt das sicher ab und zu. Aber dürfen wir nicht selbst zu einer solchen Zeit einfach nur still sein vor ihm? Dürfen wir ihm nicht zutrauen, dass er die Verwirrung kennt und versteht, die wir nicht in Worte fassen können?

TEIL 3

BERUFEN UND AUSGELIEFERT

Wer nur den lieben Gott lässt walten
und hoffet auf ihn alle Zeit.
Den wird er wunderbar erhalten
in aller Not und Traurigkeit.
Wer Gott dem Allerhöchsten traut,
der hat auf keinen Sand gebaut.

Man halte nur ein wenig stille
und sei doch in sich selbst vergnügt,
wie unsers Gottes Gnadenwille,
wie sein' Allwissenheit es fügt;
Gott, der uns sich hat auserwählt,
der weiß auch sehr wohl, was uns fehlt.

Sing, bet und geh auf Gottes Wegen,
verricht das Deine nur getreu
und trau des Himmels reichem Segen,
so wird er bei dir werden neu.
Denn welcher seine Zuversicht
auf Gott setzt, den verlässt er nicht.

Georg Neumark

1
DEN RUF GOTTES WAHRNEHMEN

Als kleines Mädchen hatte ich eine besondere Vorliebe für die Geschichte der Berufung Samuels. Er war damals noch ein Kind gewesen und hatte schlafend im Tempel gelegen. Ich überlegte, ob Gott mich wohl auch je rufen würde. Würde ich ihn hören und verstehen? Was würde er sagen? Während meiner Jugendjahre las ich viele Missionarsgeschichten und hörte sie erzählen, wenn Gäste aus fernen Ländern uns besuchten und wir beim Essen zusammensaßen. Ich war immer leidenschaftlich daran interessiert, zu erfahren, wie Gott sie berufen hatte. Als Studentin im College machte ich mir viel Gedanken darüber, ob ich vielleicht den Ruf des Hirten überhören könnte, dafür taub sein oder ihm aus einem anderen Grund nicht folgen würde. Ich fand, dass das so eine erstaunliche Angelegenheit war.

Heute ist das für mich kein Problem mehr. Die Erfahrung hat mich gelehrt, dass der Hirte weit mehr dazu bereit ist, seinem Schaf den Weg zu zeigen, als das Schaf willig ist, ihm zu folgen. Er ist unendlich barmherzig, geduldig, behutsam und voller Liebe. Wenn wir, seine dummen und eigensinnigen Schafe, wirklich geführt werden wollen, wird das ganz ohne Zweifel geschehen. Davon bin ich fest überzeugt.

Wenn wir Hilfe brauchen, jemand suchen, der genug Weisheit besitzt, um uns zu sagen, was wir tun sollen – Gott steht zur Verfügung. Wenn wir uns jemand wünschen, der erreichbar ist, falls wir ihn brauchen, und dann auch noch tatsächlich in der Lage, uns zu helfen – Gott ist es. Allwissend, allgegenwärtig, allmächtig – alles, was wir nötig haben. Die Frage ist nur, ob wir Vertrauen zu ihm selbst, zu diesem Hirten haben. Ein Vertrauen, das so umfassend ist, dass wir uns selbst ohne jeglichen Vorbehalt ihm in die Hände geben und uns entschließen, das zu tun, was er uns sagt.

Was er *sagt?* Aber wie soll ich das wissen?

Er spricht uns jeden Tag an – er kommt zu uns »über das aufgewühlte, wilde Meer unseres Lebens«. Er kommt in den kleinen Dingen zu uns, in den gewöhnlichen Pflichten, die zu unserem Alltag gehören. Er rief mich, als ich noch ein Kind war. Die Pflicht, die zu meinem Platz im Leben gehörte, war der Gehorsam gegenüber Vater und Mutter. In Schule und Sonntagsschule sprach er mich durch die Lehrer an. Ich wusste, dass ich das zu tun hatte, was sie mir auftrugen. In der ersten Klasse (ja, es war tatsächlich in der Grundschule) sangen wir das Loblied: »Vater, wir danken dir…« Die zweite Strophe heißt dann: »Hilf mir, zu tun, was mir zu tun gebührt ... zu anderen gut und freundlich sein, bei Arbeit oder Spiel der Liebe Raum zu geben.« Wieder traf mich der Ruf Gottes.

Es ist eine Verlockung, unsere eigene Situation als vielschichtig und uns selbst als sehr tiefgründig und kompliziert anzusehen, so dass wir viel Zeit damit vergeuden, über »den Willen Gottes« nachzudenken. Häufig hat unser Gewissen bereits die Antwort erhalten.

Mein Freund Jim O'Donnell erzählt, wie er, ein nüchterner, hartherziger Mann von Welt, Christus gefunden hat. Sein Gewissen war erwacht. Der Ruf Gottes lautete ganz unmittelbar: »Geh nach Hause und sei lieb zu deiner Frau.« Der Wechsel kam so plötzlich und so radikal, dass Lizzie nicht begriff, was über ihn gekommen war. Dieser selbstbewusste und egoistische Mann hatte plötzlich aufgehört, sich nur um sich zu drehen. Er war für sich selbst regelrecht »gestorben«. Von da ab führte er ein rundherum neues, verändertes Leben. Der erste Unterschied, der sichtbar wurde, war der schwerwiegendste: er betraf sein Privatleben. An dieser Stelle begann sein Gehorsam.

Wir sprechen hier nicht über sinnenhaft hörbare Stimmen. Obwohl Menschen in biblischen Zeiten auch öfter Gott in unmittelbarem Sinn sprechen hörten, können wir davon ausgehen, dass er heute im Allgemeinen durch sein Wort, durch das Gewissen, durch andere Menschen und durch äußere Ereignisse redet. Die Ereignisse an sich, die anscheinend unbedeutenden Abläufe eines jeden Tages können den Willen Gottes offenbaren. Sie *sind* in gewissem Sinn der Wille Gottes für uns. Während wir leben, uns fortbewegen und unser Dasein hier auf der Erde führen – an diesem Ort, in dieser Familie, in diesem Haus, an diesem Arbeitsplatz, leben wir, bewegen wir uns und haben unser Wesen *im Herrschaftsbereich Gottes*. Er »zieht an den Drähten durch die Umstände«, sagte Jim Elliot – selbst durch die schlimmen Umstände (s. 1. Mose 45,8; 50,20).

Drei Fragen könnten helfen, Licht auf das Problem des göttlichen Rufs zu werfen. Bin ich entschlossen, zu tun, was er sagt, unabhängig davon, was es mich kostet? Lese ich treu in der Bibel und bete regelmäßig? Bin ich gehorsam in dem, was ich heute als Gottes Willen erkenne?

»Lass mich am Morgen hören deine Gnade; denn ich hoffe auf dich. Tu mir kund den Weg, den ich gehen soll; denn mich verlangt nach dir« (Ps 143,8).

2
WIE MAN ERKENNT, WAS GOTT WÜNSCHT

Eine junge Frau kam in großer Verwirrung zu einem schottischen Pfarrer und fragte, wie sie mit ihren eigenen Wünschen umgehen sollte, wenn sie in einem starken Widerspruch zum Willen Gottes zu stehen schienen. Er nahm ein Stück Papier und schrieb zwei Worte darauf. Dann reichte er es ihr mit der Bitte, zehn Minuten still zu sitzen, die Worte zu bedenken, eins davon durchzustreichen und ihm den Zettel zurückzugeben. Sie setzte sich und las: »Nein, Herr«. Welches sollte sie streichen? Sie brauchte nicht lange, um zu erkennen: Wenn sie »nein« sagte, konnte sie nicht mehr »Herr« sagen. Und wenn sie ihn »Herr« nennen wollte, konnte sie nicht »nein« sagen.

Keine Frage taucht unter jungen Christen mehr auf als diese. Sie scheinen grenzenlosen Möglichkeiten gegenüber zu stehen und möchten wissen: »Wie kann ich erkennen, was Gott von mir erwartet? Wie lautet konkret meine Berufung?«

Es gibt zwei sehr einfache Voraussetzungen, um den Willen Gottes zu erkennen. Paulus nennt sie deutlich in seinem Brief an die Römer im 12. Kapitel. Die erste steht in Vers 1: »... dass ihr eure Leiber hingebt als ein Opfer, das lebendig, heilig und Gott wohlgefällig ist.« Der Ausgangspunkt ist da, wo man sich selbst völlig und vorbehaltlos Gott zur Verfügung stellt. Wir sagen dann »Ja, Herr«, und übergeben alle Rechte von Anfang an ihm. Wenn das klar ist, können wir uns die zweite Bedingung ansehen. In Vers 2 heißt es: »... stellt euch nicht dieser Welt gleich, sondern ändert euch durch Erneuerung eures Sinnes ...« Ich habe die Voraussetzungen einfach genannt. Damit habe ich nicht gesagt, dass sie leicht zu erfüllen seien. Das »Nein, Herr« gegen ein »Ja, Herr« auszutauschen, ist für mich oft ein sehr schmerzvoller Prozess gewesen. Doch ich wünschte mir einen »neuen Sinn«

– eine Einstellung, die ihre Maßstäbe aus dem Wort Gottes bezog, nicht aus den Massenmedien. Ich bete um einen klaren Blick, um den Nebel der öffentlichen Meinung zu durchdringen, und um einen Willen, der stark genug ist, gegen den Strom zu schwimmen. Mein Wille soll an Christus ausgeliefert sein, seinem gleichgemacht werden. Er ist mein Vorbild. Das bedeutet andere Zielsetzungen, andere Glücksvorstellungen und ganz allgemein andere Maßstäbe. Mein Verhalten wird sich dabei ändern. Sehr wahrscheinlich wird es sich so weit verändern, dass ich auf andere merkwürdig wirken werde. Doch auch meinen Meister hat man in vielem nicht verstanden.

Paulus spricht weiter davon, dass das der einzige Weg ist, um Gottes Willen zu erkennen und zu wissen, was gut, was Gott wohlgefällig und was vollkommen ist. Kein Wunder, dass wir uns am Kopf kratzen und fragen: »Was ist das Geheimnis seines Willens?« Wir haben nicht an der richtigen Stelle angefangen – dem vorbehaltlosen Opfer unserer Leiber und der radikalen Ablehnung der Maßstäbe dieser Welt.

»Herr, zeige mir deine Wege und lehre mich deine Steige!
Leite mich in deiner Wahrheit und lehre mich!
Denn du bist der Gott, der mir hilft...« (Ps 25,4–5).

»Weiß ich den Weg auch nicht,
du weißt ihn wohl.
Das macht die Seele still
und friedevoll.
Ist's doch umsonst,
dass ich mich sorgend müh,
dass ängstlich schlägt mein Herz,
sei's spät sei's früh.

Hedwig von Redern

»Wer ist der Mann, der den Herrn fürchtet? Er wird ihm den Weg weisen, den er wählen soll« (Ps 25,12).

3 UNGÖTTLICHE RATSCHLÄGE

»Wohl dem, der nicht wandelt im Rat der Gottlosen« (Ps 1,1).

Bei einer Konferenz erzählte mir kürzlich eine junge Frau, dass ihr Gatte sich hätte scheiden lassen wollen. Er hätte aber zugestimmt, noch einen christlichen Berater aufzusuchen, bevor der endgültige Schlussstrich erfolgen sollte. Ein Berater, der zu einem Team gehörte, sagte ihm nun, dass er selbst geschieden und sehr glücklich wieder verheiratet sei. Das war genau das, was der Ratsuchende sich wünschte. Der Mann, von dem er Hilfe erwartete, stellte sich selbst als Beispiel in dieser Angelegenheit vor. Natürlich ging der Ratsuchende befriedigt fort und reichte dann die Scheidung ein.

Das dreiundzwanzigste Kapitel im Buch des Propheten Jeremia beschreibt, was sich zur Zeit in unserem Land abspielt. Es ist voll von Ehebrechern. Die Weiden sind verdorrt; Macht wird missbraucht; Propheten und Priester sind gottlos; »auch in meinem Hause finde ich ihre Bosheit«. Jeremias Beschreibung der Propheten scheint schockierend gut auf einige Leute zu passen, von denen Christen heute Führung erwarten: »Sie betrügen euch; denn sie verkünden euch Gesichte aus ihrem Herzen und nicht aus dem Munde des Herrn. Sie sagen denen, die des Herrn Wort verachten: Es wird euch wohlgehen –, und allen, die nach ihrem verstockten Herzen wandeln, sagen sie: Es wird kein Unheil über euch kommen. Aber wer hat im Rat des Herrn gestanden, dass er sein Wort gesehen und gehört hätte? Wer hat sein Wort vernommen und gehört (gehorcht)?« (Jer 23,16-18).

Hier finden wir einen guten Test, der auf jeden, bei dem wir Rat suchen, anzuwenden ist. Hat dieser Mensch »im Rat des Herrn« gestanden? Hat er ihn gesehen? Hat er sein Wort gehört? Hat er ihn gehört und ihm gehorcht? Beachte die wenigen Propheten, die tatsächlich einen Preis für ihren Gehorsam bezahlt haben (wie Jeremia, der ausgepeitscht, verhaftet und in eine Schlammgrube geworfen wurde...). Diese wenigen sind diejenigen, denen man folgen sollte.

Das Kapitel geht weiter und beschreibt Menschen, die im Namen Gottes Lügen verbreiten, Träume träumen, ihre eigenen Phantasien laut werden lassen, eigene Worte ausbrüten und dann sagen: »Er hat's gesagt!« Sie führen in die Irre mit »Lügen und losem Geschwätz«.

»Ein Prophet, der Träume hat, der erzähle Träume; wer aber mein Wort hat, der predige mein Wort recht. Wie reimen sich Stroh und Weizen zusammen?, spricht der Herr« (V. 28).

Hüten Sie sich vor denen, die sich fürchten, die Schrift zu zitieren, die sagen: »Das ist zu einfach, das passt nicht mehr, das greift nicht.« Hüten Sie sich vor dem Berater, der »nondirektiv« arbeitet. Seien Sie vorsichtig, wenn ein Rat Ihnen angenehme Gefühle vermittelt, wenn Sie dabei aber wissen, dass Sie in Wirklichkeit im Unrecht sind. »Ist mein Wort nicht wie ein Feuer, spricht der Herr, und wie ein Hammer, der Felsen zerschmeißt?« (V. 29).

Es waren nicht nur die Ehrfurcht gebietenden Propheten des Alten Testamentes, die so redeten. Auch bei Jesus finden wir das. Obwohl er oft tröstliche Worte hatte, Worte, die Frieden und Hoffnung vermittelten, sagte er doch auch solche, die wie Feuer brannten (»Ich habe euch noch nie gekannt, weicht von mir...«; »Geh weg von mir, Satan...«) und Felsen zerschmetterten (»Du wirst nicht von dort herauskommen, bis du auch den letzten Pfennig bezahlt hast«; »Wer unter euch groß sein will, der sei euer Diener«).

»Vielmehr sollt ihr einer mit dem anderen reden und zueinander sprechen: ›Was antwortet der Herr?‹ und: ›Was sagt der Herr?‹ « (Jer 23,35).

Dies gilt natürlich nur denen, die wissen wollen, was der Herr wünscht. Wer bereits entschieden hat, nach eigenem Gutdünken zu handeln, braucht keinen wahrhaft von Gott kommenden Rat.

4 EIN MANN GEHT AUF DIE EHE ZU

Ich bekomme laufend Briefe von Männern und Frauen, die sich im Hinblick auf eine eventuelle Heirat in einem Dilemma fühlen. Während ich hier sitze und einen dieser Briefe zum wiederholten Male lese, ruft ein Mann an und möchte zum gleichen Thema etwas wissen. Ich frage mich, was da in unserer Gesellschaft abläuft. Warum gibt es so viel Verwirrung? Hier folgt nun einer der Briefe:

»Ich bin ein Mann – Christ –, der Hilfe braucht. Ich habe gerade eine lang andauernde ›Beziehung‹ zu einem Mädchen beendet, die kein Christ war. In den vergangenen Jahren machte ich viele Kompromisse. Mit Gottes Gnade hoffe ich, dass mir das nicht noch einmal passiert. Ich las Ihr Buch ›The Mark of a Man‹ (Merkmale eines Mannes) und erfuhr da Dinge, von denen ich bis dahin nichts wusste und die mich stark irritierten. Mich begeistert die Vorstellung, das Leben mit einem Mädchen auf eine Art zu teilen, die Jesus Ehre macht. Gleichzeitig fürchte ich mich davor, etwas Falsches zu tun. Ich frage mich, wann ich eine Beziehung aufnehmen könnte und ob ich in der Lage sein würde, als Missionar eine Familie zu ernähren. Das ist nämlich das Ziel, das mir im Augenblick vor Augen schwebt. Das mag sich alles etwas dumm anhören, aber für mich sind es sehr reale Probleme. Könnten Sie diese Fragen einmal für uns junge Männer ansprechen, die die Ehe immer noch als einen Segen ansehen und nicht als die Aussicht auf jahrelange Gefängnishaft?«

Die Fragen klingen für mich durchaus nicht dumm – weit gefehlt. Es sind lebenswichtige Fragen. Ich bin froh, dass es Männer gibt, für die sie so viel Gewicht haben, dass sie darum beten und um Rat fragen.

Ich denke, ein Grund für die herrschende Verwirrung liegt in einer Vorstellung, die sich ausbreitete, bevor diese Männer – die jetzt in den Zwanzigern und Dreißigern stehen

– geboren wurden, nämlich in der Idee von der »Gleichheit der Geschlechter«. Das ist ein Begriff, der in die Politik gehört, aber nicht in den Bereich des Werbens um einen Menschen, wo es doch um menschliche Wesen in ihrer Ganzheit geht.

Ein anderer Grund für die Verwirrung liegt im Missverstehen der Ordnung, die Gott am Anfang seinen Menschen mitgab. Ich habe versucht, diese göttliche Anweisung in zwei Büchern näher zu beleuchten: »Let Me Be a Woman« und »The Mark of A Man«. Wenn Männer Männer sein würden, könnten die Frauen auch besser Frauen sein (und umgekehrt natürlich, aber der »Schwarze Peter« liegt wirklich bei den Männern). Was bedeutet das also, ein Mann zu sein?

Christus ist selbst das größte Vorbild. Er war stark und er war rein, weil sein einziges Ziel im Leben war, dem Vater gehorsam zu sein. Gerade sein Gehorsam machte ihn in höchstem Maß männlich – verantwortlich, verbindlich, mutig, höflich und liebevoll. Der Gehorsam eines christlichen Mannes gegenüber Gott macht ihn mehr zum Mann als irgendetwas anderes in der Welt. Sehen wir uns diese Qualitäten einmal an:

Verantwortlichkeit. Er muss die Erlösung, die Gott ihm geschenkt hat, mit Ehrfurcht und Verantwortlichkeit ausleben. »Denn Gott ist's, der in euch wirkt ...« Gott gibt ihm den Willen und die Kraft, seine Absichten auszuführen (Phil 2,12–13). Der Mann sollte nach Gottes Willen der Initiator, der Ernährer und Beschützer für die Frau sein.

Hingabe. Ein Mann muss sein Wort halten, einerlei, was es kostet. Meines Vaters strenger Rat an meine vier Brüder lautete: »Sagt niemals einer Frau, dass ihr sie liebt, wenn ihr nicht bereit seid, diesen Worten unmittelbar folgen zu lassen: ›Willst du mich heiraten?‹ « Anders ausgedrückt: Die Liebe eines Mannes zu einer Frau – wenn sie tief und tragfähig ist –, führt zu einer lebenslänglichen Bindung an sie. Viel Herzeleid würde vermieden werden, wenn ein Mann alle Liebeserklärungen für sich behielte, bis er bereit wäre, diese Bindung einzugehen. Ist ein solches Versprechen einmal gegeben, sollte der Mann es niemals wieder zurücknehmen.

Mut. Ein Mann muss bereit sein, das Risiko der Ablehnung (sie könnte ›nein‹ sagen), der Kritik und all dessen, was Verbindlichkeit kostet, auf sich zu nehmen.

Höflichkeit. Die Lebensregel eines Christen lautet: »Mein Leben für deins.« Ein Christ ist besorgt um die Bequemlichkeit und das Glück anderer, nicht um sich selbst. Er ist nicht darum bemüht, seine eigenen Bedürfnisse zu stillen, sein eigenes Image aufzupolieren, sondern Gott zu lieben und andere auch dahin zu bringen, Gott zu lieben. Für all diese Ziele setzt er sein Leben ein. In kleinen wie in großen Dingen leuchtet die freundliche Liebe des Herrn aus ihm heraus.

Reinheit. Ein Mann muss Herr seiner selbst sein, wenn er anderen dienen soll. Das bedeutet, seinen Körper »zu zähmen«, ihn zur Unterwerfung zu veranlassen, wie Paulus es tat. Das bedeutet Beherrschung, Disziplin, die Kraft zu warten. Es bedeutet äußerste Ergebung in den Willen Gottes, wie er in 1. Kor 6,12–20 und 1. Thess 4,2–8 offenbart ist.

Nachdem ich die traurigen Geschichten gehört und mir das näher angesehen habe, was ich als »das große Tohuwabohu mangelnder Verbindlichkeit« in heutiger Zeit bezeichne, komme ich zu einem bestimmten Ergebnis. Es scheint mir so, als ob Männer generell eine andere wichtige Sache übersehen, die dem Beginn jeder Aufnahme einer Beziehung zu einer zukünftigen Frau vorausgehen sollte. Wenn wir davon ausgehen, dass ein Mann mit achtzehn (oder wenigstens mit einundzwanzig) erwachsen ist, sollte er sich schon mal ernsthaft Gedanken über eine Ehe gemacht haben. Er sollte mit Gott gründlich darüber gesprochen haben, um festzustellen, ob eine Ehe überhaupt im Plan Gottes für ihn liegt. Dazu gehört einige Zeit, und es könnte hilfreich sein, wenn er in dieser Zeit keine Verabredungen treffen und sich stattdessen dem Gebet widmen würde. So lange die Antwort Gottes nicht klar ist, sollte man keine Beziehung aufnehmen. Hört sich das extrem an? Das war nicht meine Idee. Ich erfuhr diesen Vorschlag von einer Gruppe junger Männer, die diesen Weg für sich gewählt hatten. Er garantiert die Vermeidung sexueller Aktivitäten (die in jedem Fall außerhalb der Ehe von Gott nicht erlaubt sind), er garantiert die Bewahrung der Unverletztheit und Heiligkeit eines Menschen, und er verhindert so unendlich viel Herzweh, das uns an jeder Ecke begegnet.

Ich möchte alle Ratsuchenden dringend bitten, Gott zu vertrauen. Er will Ihnen das Beste geben. Er will Ihnen helfen. Er hat versprochen, Sie zu führen. Er weiß, was Sie brauchen. Bitten Sie ihn, Ihnen zu zeigen, ob, wann und wen Sie heiraten sollen.

Und bleiben Sie nicht allein mit diesen Fragen. Lassen Sie sich von geistlichen Vorbildern raten, die weise sind, beten und schweigen können. Nehmen Sie ihren Rat ernst. Wenn sie Ihnen Vorschläge machen im Hinblick auf einen möglichen Lebenspartner, nehmen Sie das besonders ernst. Meine eigenen Eltern beteten um geistlich gesinnte Partner für alle ihre sechs Kinder. Sie nannten sogar vor Gott Namen von solchen, die vier von uns später heirateten.

Lesen Sie 1. Mose 24 und sehen Sie sich die Grundsätze an, nach denen Abrahams Diener handelte. Beten Sie in der Stille und beobachten Sie alles gelassen.

Bevor Sie eine Verabredung treffen, ziehen Sie für sich klare Linien, wie weit Sie gehen dürfen. Die einzige wirklich sichere Grenze ist eine sehr radikale, aber Erfolg versprechende. Sie heißt: Hände weg und Kleider anbehalten. Wenn Sie denken, dass Sie die Grenze woanders ansetzen können, denken Sie daran, dass kleine Dinge immer zu größeren führen. Eine Berührung führt zu einer Umarmung, die ihrerseits zum Küssen führt, und danach kommt das Spiel und schließlich der Vollzug der Vereinigung. So hat Gott die ganze Sache angelegt, aber seine Vorstellung von »ganzer Sache« bedeutet Ehe und Kinder.

Können Sie sich selbst vertrauen, wenn Sie einmal angefangen haben? Die Bibel sagt: »Fliehe die Begierden der Jugend.« Spielen Sie nicht damit.

Wenn Gott Sie dahin geführt hat, dass das »Ob«, das »Wann« und das »Wen« klar sind, dann sollten Sie sich bewusst auf die Seite der Liebe stellen und sich nicht fürchten. Der Wille Gottes schließt immer Risiken und Kosten ein. Aber der Herr ist mit seiner Gnade und Hilfe auch da und mit aller Weisheit, die Sie nötig haben. Jeder bewusste Entschluss zum Gehorsam Gott gegenüber – darauf können Sie sich verlassen – wird vom Feind angegriffen. Machen Sie sich nichts draus. Das ist nichts Neues. Seien Sie ein Mann und bleiben Sie dabei.

5 UNVERHEIRATETE (OHNE PARTNER)

Ich fühle mit den zahllosen Frauen in den Dreißigern oder Vierzigern, die mir schreiben, dass sie seelische Qualen ausstehen, weil sie immer noch Singles sind. Zwei Briefe liegen vor mir. In einem heißt es: »Ich bin eine gläubige Frau von dreißig Jahren. Ich sehe vor mir die Möglichkeit, dass ich ein ganzes Leben allein bleiben muss.« Im anderen steht: »Ich bin einundvierzig Jahre alt. Mir hat nie geträumt, dass ich eventuell unverheiratet bleiben müsste. Seit meinem sechzehnten Lebensjahr habe ich um einen Ehemann gebetet.«

Dieses Phänomen dürfte teilweise die Ursache sein, weshalb Demographen heute von der »spät zum Zug gekommenen Generation« reden (es sind die zwischen 1946 und 1964 Geborenen, die die Kinderwelle ausgelöst haben). Die Erscheinung hat inzwischen katastrophale Ausmaße erreicht. Männer warten mit dem Heiraten zehn oder zwanzig Jahre länger, als man üblicherweise das Heiratsalter ansetzte. Wenn der Spiegel ihnen sagt, dass sie schon graue Haare bekommen, dann beschließen sie, dass es Zeit ist, sich irgendwo niederzulassen. Da sie das Gefühl haben, dass eine junge Frau ihnen eine gewisse Gewähr bietet, dass sie den Höhepunkt des Lebens noch nicht überschritten haben, gehen sie an den Frauen ihres eigenen Alters vorbei. Überall, wo mein Mann und ich hinkommen, treffen wir hübsche, gut angezogene Frauen, auf geistlicher Ebene zutiefst engagiert und durchaus weiblich in ihrer Ausstrahlung – aber sie sind allein. Sie sehnen sich nach Ehe und Kindern. Doch was ist mit den Männern los? Sind sie blind gegenüber weiblicher Schönheit, taub für Gottes Berufung und empfindungslos für natürliches Wünschen?

Ich erinnere mich an ein Gespräch, das ich mit Gladys Aylward vor dreißig Jahren hatte. Sie war schon sechs oder sieben Jahre lang als Missionarin in China gewesen, bevor der Wunsch nach einem Ehepartner in ihr auftauchte. Als ein britisches Ehepaar ankam und in ihrer Nähe mit der Arbeit begann, beobachtete sie, was für eine wunderbare Sache ihre Ehe war. Nun wünschte sie sich etwas Derartiges auch für sich selbst. Da sie gewohnt war, ihr ganzes Leben immer im Gebet vor Gott auszubreiten und mit ihm zu besprechen, betete sie ab sofort darum, dass Gott einen Mann in England berufen, ihn umgehend nach China senden und veranlassen möchte, ihr einen Heiratsantrag zu machen. Als wir uns trafen, beugte sie sich auf dem Sofa vor, auf dem wir saßen. Ihre schwarzen Augen blitzten mich an, ihr magerer, kleiner Zeigefinger stieß in mein Gesicht hinein. »Elisabeth«, sagte sie, »ich *glaube*, dass Gott Gebet beantwortet! Er hat diesen Mann gerufen«, dann – in einem nur geflüsterten leidenschaftlichen Ton: »aber er *kam nicht*.«

Wo sind die »heiligen Männer Gottes«, die bereit sind, sich die volle Verantwortung eines Mannes aufzuladen, Risiken auf sich zu nehmen und das Opfer der Werbung um eine Frau? Wo sind sie, die eine Heirat eingehen und Kinder in die Welt setzen wollen im Gehorsam gegen Gott? Die Kirche wurde gesegnet durch Männer, die um des Reiches Gottes willen Singles blieben (und solche Männer achte ich nicht gering, wenn sie einen ernsthaften Ruf dazu hatten). Aber ist es nicht doch offenkundig, dass Gott die meisten Männer zur Ehe berufen hat? Wenn dann die nicht heiraten, die Gott dazu berufen hat, verweigern sie ihm den Gehorsam und verweigern den Frauen, die sie nach Gottes Willen heiraten sollten, das Vorrecht, Frau und Mutter zu sein.

Aber was soll ich den Frauen sagen, die mir aus einer solchen Situation von Kummer und Verwirrung heraus schreiben? Vor allem, dass es nicht unsere Aufgabe ist zu versuchen, die Männer zu irgendetwas zu zwingen. Sie sind Gott verantwortlich, der sie zu den Aktiven in dieser Sache bestimmt hat. Eine Frau aber ist Gott gegenüber verantwortlich dafür, dass sie ihre Situation als Alleinstehende akzeptiert. Sie sollte ihm darin zu begegnen suchen und etwas Gutes daraus machen durch ein friedevolles: »Ja, Herr!« Das ist besser, als wenn sie bei einem rebellischen »Nein!« bleibt. Dann entsteht nämlich etwas wirklich Böses daraus.

Lars meint: »Ich kann dir sagen, was die Dinge sehr schnell ändern würde – wenn nämlich alle Frauen sich entschließen würden, ›sich nicht herzugeben‹. Ich meine, wenn sie den Männern verweigern würden, was sie ohne Verbindlichkeit haben wollen.«

Eine junge Frau schrieb verzweifelt: »Tjaaa, so sollte es sein! Leider ist das nicht die Realität.«

Gottes Ordnungen ändern sich nicht durch den Ungehorsam von Männern (oder Frauen). Es bleibt dabei, wie er es angeordnet hat. Auf lange Sicht gewinnen wir nichts und verlieren sehr viel, wenn wir die Dinge in unsere eigenen Hände nehmen. Eine Frau kann natürlich einen Mann »gewinnen«. Je eindeutiger sie sich selbst verwirklicht, desto mehr Chancen scheint sie in der heutigen Gesellschaft zu haben. Doch ein Mann, der sich von einer solchen Frau angezogen fühlt, und eine Frau, die »hinter Männern her« ist, haben sich Gottes Ordnungen nicht unterstellt. Jedenfalls scheint es mir so. Wir sollten diesem Beispiel nicht folgen. Gott folgen, heißt auf die Dauer nichts verlieren und viel gewinnen. Jesus sagt: »... wer aber sein Leben verliert um meinetwillen, der wird's finden.« Es scheint nur wenig Menschen zu geben, die das fest genug glauben, um sich ganz und gar darauf zu verlassen.

»Gibt es in dieser Angelegenheit ein Rezept, das Erfolg verspricht?«, wurde ich gefragt. Das »Rezept« meiner Eltern war für mich erfolgreich: Sie beteten um Partner für ihre sechs Kinder. Sie lehrten auch uns, zu beten und Gott zu vertrauen. Meine Mutter sagte mir: »Halt sie auf Armlänge auf Abstand – und lauf nicht hinter ihnen her.« Das wirkt nicht in dem Sinn, dass es eine todsichere Methode wäre, einen Mann zu erwischen. (Ich habe niemals einen von den dreien, die Gott mir gegeben hat, so »ergattert«. Er führte sie mir auf die erstaunlichste und ungewöhnlichste Weise zu.) Aber es entspricht der biblisch fundierten Bescheidenheit einer gläubigen Frau und ihrer Bereitschaft, das anzunehmen, was Gott für sie vorgesehen hat. Sie wirft keine Angelhaken aus, sondern tut ruhig ihre Arbeit, die Gott ihr vor die Füße legt. Sie vertraut darauf, dass er seine Verheißung wahrmacht: »Er wird kein Gutes mangeln lassen den Frommen« (Ps 84, 12). Wenn eine Ehe für Sie das Beste ist, wird Gott dafür sorgen, dass Sie diese Gabe erhalten. Sind Sie bereit, zu sein und zu haben, was er möchte, dass Sie es sind und haben, und sonst nichts? Wollen Sie alle Ihre eigenen Hoffnungen, Träume und Pläne an ihn ausliefern?

»Das können Sie leicht sagen«, heißt vielleicht eine Antwort, die ich zu hören bekomme. »Schauen Sie doch bloß, was Gott Ihnen alles geschenkt hat.« Ja, das stimmt natürlich, aber davon ahnte ich nichts, als ich ihm meine Hoffnungen, Träume und Pläne auslieferte. Ich wusste nicht mal, ob er mir auch nur einen einzigen Partner geben würde. Ich musste ihm alles überlassen in dem Glauben, dass es das Beste für mich sein würde, was er mir auch immer gewährte oder vorenthielt.

Freunde sind oft mit allen möglichen guten Ratschlägen für alleinstehende Frauen bei der Hand: sei nicht zu aggressiv oder zu zurückhaltend, allzu freundlich oder zu schwer zugänglich, zu intellektuell oder zu stumm, zu nüchtern oder zu hochgeschraubt. Bleib sitzen bis zum bitteren Ende einer Grill-Party für Singles. Es könnte sein, dass dich einer heimbringen möchte. Oder aber: Geh keinesfalls zu einer Single-Party. Bleib zu Hause und lies deine Bibel und bete. Es ist alles schrecklich verwirrend.

»Ist mein Vater im Himmel zuständig oder sollte *ich* aktiv werden?« Er ist verantwortlich, wenn du willst, dass er es ist. Aber er nimmt dir nicht die Freiheit, selbst aktiv zu sein, wenn du das vorziehst. Doch wenn du *seinen* Weg gehen willst, nicht mehr und nicht weniger und nichts sonst, dann musst du alles ihm überlassen. An der Stelle täuscht man sich leicht – wir sagen zwar u.U., dass wir seinen Willen wirklich bejahen, meinen aber dabei: »... wenn er die Ehe einschließt.«

»Ich kenne die Spielregeln nicht«, schrieb ein enttäuschtes Mädchen. Sie kennt niemand. Chaos, Frustration, Verwirrung und emotionale Verwüstung sind möglich. Partnerschaft war niemals als Spiel gedacht. Deshalb sollten wir auch gar nicht versuchen, es zu spielen. Wir wollen alles den Händen überlassen, die für uns durchbohrt wurden.

Eine andere Frau versuchte die Last auf ihre eigenen schmalen Schultern zu laden. Aber es mache sie einfach krank, war ihre Aussage. Darüber wundere ich mich nicht. Sie hat Lasten übernommen, von denen Gott niemals wollte, dass sie sie trug. »Kommt her zu mir«, sagt er, »alle, die ihr mühselig und beladen seid; ich will euch erquicken. Nehmt auf euch mein Joch und lernt von mir; denn ich bin sanftmütig und von Herzen demütig« (Mt 11,28.29). Es ist alles eine Frage der restlosen Auslieferung an einen Gott, den wir über alles lieben. »Wir wissen aber, dass denen, die Gott lieben, alle Dinge zum Besten dienen«, heißt es in Römer 8,28. Gott lieben, bedeutet ein endgültiges und vorbehaltloses »Ja« zu allem, was sein heiliger Wille entscheidet. Und wenn er Alleinbleiben einschließt, dann passt auch das in Gottes Verheißung. Seine Zielsetzung ist immer gut.

»Wie kann eine alleinstehende gläubige Christin das Geheimnis von Christus und seiner Gemeinde erleben, wenn sie nie erfahren hat, was Ehe ist?«, fragt eine nachdenkliche junge Frau.

Die Gabe des Unverheiratetseins, die zunächst jeder hat, um sie Gott auszuliefern, damit er damit machen kann, was er für richtig hält, ist unbezahlbar und unersetzlich. Sie kann Gott dargebracht werden in dem reinen Opfer einer Ehe oder auch im Opfer einer lebenslänglichen Ehelosigkeit. Klingt das allzu hoch und heilig? Denken wir einen Augenblick nach: Da die Unverheiratete keinen Mann kennen gelernt hat, ist sie frei, sich ganz für die Sache Gottes einzusetzen. Paulus sagt es in 1. Kor 7, »dass sie heilig seien am Leib und auch am Geist«. Sie sieht ihr Herz als Braut Christi in einem sehr speziellen Sinn und opfert dem himmlischen Bräutigam alles, was sie ist und hat. Wenn sie sich ihm bereitwillig in Liebe zur Verfügung stellt, braucht sie sich nicht zu rechtfertigen vor der Welt oder vor anderen Christen, die sie mit Fragen und Vorschlägen quälen. In einer Weise, die für verheiratete Frauen gar nicht möglich ist, strahlt ihr tägliches »lebendiges Opfer« ein kraftvolles und demütiges Zeugnis der Liebe aus. Ich glaube, dass diese Frauen in das »Mysterium« der Gottesbeziehung tiefer eindringen als wir anderen alle.

»Aber wie kann sie z. B. das Mysterium der Liebe des himmlischen Vaters zu seinen Kindern begreifen, wenn sie doch selbst niemals Kinder hatte?« Es ist durchaus möglich, dass sie auch Kinder hat. Sie kann eine geistliche Mutter werden, wie Amy Carmichael es war. Gerade ihr Alleinstehen kann, als Opfer gebracht, umgeformt werden zum Besten von weit mehr Kindern, als eine leibliche Mutter je zur Welt bringen könnte. Gott empfängt und heiligt alles, was ihm geopfert wird.

Nun habe ich dieses Kapitel um des Themas willen sehr lang werden lassen. Aber meine umfangreiche Korrespondenz sagt mir, dass es wirklich ein sehr brennendes Thema ist. Ich möchte so gern, so weit es mir irgend möglich ist, helfen – gerade ihnen, die keine Hilfe oder Trost oder irgendwelche Unterstützung von der Welt finden. Manchmal finden sie leider auch herzlich wenig davon in Kirche und Gemeinde.

»Wäret ihr von der Welt, so hätte die Welt das Ihre lieb. Weil ihr aber nicht von der Welt seid, sondern ich euch aus der Welt erwählt habe, darum hasst euch die Welt« (Joh 15,19). Und denkt auch daran: »... die Welt vergeht mit ihrer Lust; wer aber den Willen Gottes tut, der bleibt in Ewigkeit« (1. Joh 2,17).

6 SELBSTMITLEID

Eine allein stehende Missionarin schreibt: »Ich hatte niemals eine Beziehung zu einem Mann. Ist es ein realistischer Wunsch für eine Frau, wenn sie einmal im Leben auch eine Bestätigung ihrer Weiblichkeit haben möchte? Habe ich Grund, mich selbst zu bemitleiden? Habe ich Grund, auf Gott zornig zu sein, weil er mich in einer solchen sozialen Notlage stecken lässt? Natürlich weiß ich die Antwort selbst. Ich gleiche den Kindern Israel, als sie von Samuel forderten: ›Wir wollen einen König haben wie die anderen Völker auch!‹ Ich lebe mit einem Herrn, der mich liebt und für mich sorgt und dabei beklage ich mich, weil ich äußerlich allein bin und lieber wie andere Frauen leben möchte ... Ich sehne mich danach, von einem Mann geliebt zu werden. Der Gedanke an ein Leben so ohne alle Erfahrungen auf diesem Gebiet macht mich traurig. Und umso mehr wird mir bewusst, dass ich noch lange nicht die Frau bin, als die Gott mich sehen möchte.«

Auf die erste Frage möchte ich mit »ja« antworten – es ist realistisch, natürlich, nicht unrecht. Eine richtige Frau wünscht sich, auch als solche zu leben. Und die Liebe eines Mannes hilft ihr zu dieser Bestätigung. Doch menschliches Wünschen muss der Herrschaft Christi untergeordnet werden, um zu der Erfüllung zu kommen, die seiner Weisheit und Bestimmung entspricht (s. Ps 10,17; 37,4; 38,10; 145,19).

»Er gibt das Beste denen, die ihm die Wahl überlassen.«

Die zweite und dritte Frage der Briefschreiberin würde ich mit »Nein« beantworten. Wir haben niemals das Recht, uns selbst zu bedauern oder auf Gott zornig zu sein. Er liebt uns mit einer unendlichen Liebe. Er starb für uns. Sein Wille ist immer von Liebe bestimmt, und wenn wir das im Vertrauen akzeptieren, bedeutet das für uns Frieden.

Ein anderer Brief kam nur ein paar Wochen nach dem obigen, ebenfalls von einer allein stehenden Missionarin.

»Ich freue mich sehr über die Ehrlichkeit und Offenheit, mit der Sie über das missionarische Leben sprechen. Und wesentlich erscheint mir auch die Bedeutung, die Sie dem Gehorsam beimessen und dem Entschluss, die Ergebnisse ganz und gar in den Händen Gottes zu belassen. Das hat mir geholfen, die Kosten zu überschlagen und gleichzeitig Gott besser kennen zu lernen. Das hat mir auch geholfen, ihm Vertrauen zu schenken, der doch allein hier irgendeine Änderung bewirken kann. Der Gehorsam ihm gegenüber *ist* etwas Gutes! Gehorsam schenkt einen unbeschreiblichen Frieden. Und manchmal denke ich, dass Gott uns einen Schimmer davon sehen lässt, auf welche Weise er seine Pläne durchführt. Man kann das nur ehrfürchtig bestaunen. Sie haben Recht – die Konsequenzen des Gehorsams sind den Preis wert.«

7 KINDERLOSE MÄNNER UND FRAUEN

Kinder, so lässt Gott uns sagen, sind eine seiner Gaben. Kann man deshalb sagen, dass Männer und Frauen, denen Gott keine Kinder gibt, in gewisser Weise enterbt sind? Das sicher nicht. Gott wies jedem Stamm Israels ein Stück Land an – mit Ausnahme von einem. »Aber dem Stamm der Leviten gab er kein Erbteil... denn die Feueropfer des Herrn... gehören ihnen; er selbst ist ihr Erbteil, wie er ihnen zugesagt hat« (Jos 13,14). Er enthielt ihnen vor, was die anderen bekamen. Aber gleichzeitig erhielt Levi ein Vorrecht, das viel höher war. Könnten wir nicht die Kinderlosigkeit im gleichen Licht sehen? Ich glaube, dass eine besondere Gabe für diejenigen bereitliegt, denen Gott die leibliche Vater- und Mutterschaft nicht schenkt.

Ich habe viele Frauen (und einige Männer) gekannt, die tief beunruhigt waren über ihre Kinderlosigkeit. Mein Schwager Bert Elliot und seine Frau Colleen, die mehr als vierzig Jahre lang als Missionare in Peru arbeiteten, sehnten sich sehr nach eigenen Kindern. Sie baten den Herrn darum, falls es zu seiner Verherrlichung beitragen würde. Seine Antwort lautete »nein«. Sie dachten an Adoption, was dort nicht annähernd so schwierig ist wie in den Vereinigten Staaten. Doch wieder schien ihnen die Antwort Gottes »nein« zu sein. Aber Gott verlieh ihnen das Vorrecht, Hunderten von peruanischen Kindern – weißen und indianischen – Vater und Mutter zu werden. Das geschah im Dschungel und in den hohen Anden, wo sie die Fürsorge für Dutzende kleiner Gemeinden auf sich nahmen.

Eine etwa fünfzigjährige Frau schrieb: »Jeder neue ›Muttertag‹ war für mich ein wenig schwerer zu ertragen. Wieder war ein Jahr vorbeigegangen und ich war nach vielen Jahren der Ehe immer noch kinderlos. Ich bin die einzige Frau in meiner Sonntagsschulgruppe, die nicht Mutter ist. Als der

Morgengottesdienst begann, konnte ich vor Tränen den Pastor nicht sehen. Gegen Ende seiner Verkündigung sagte er: ›Ich weiß, dass hier Frauen sind, die gerne Mutter wären. Aus irgendeinem Grund hat Gott es anders entschieden. Stellt ihm keine Fragen. Er hat einen Grund.‹ «

Kinderlosigkeit ist für diejenigen, die sich zutiefst Kinder wünschen, wirklich ein großes Leid. Im Licht von Golgatha gesehen und im Namen Christi akzeptiert wird es zu einer Chance, an seinem Leiden teil zu haben. Die Annahme des göttlichen Willens ließ ihn ans Kreuz gehen. Wir finden unsern Frieden, wenn wir uns mit seinem Tod und seiner Auferstehung identifizieren.

Schauen Sie sich einmal in Ihrer Gemeinde um. Wenn Sie zu der Gruppe der Eltern gehören, schauen Sie nach denen, die es nicht sind. Könnten diese nicht bereit sein, für Sie selbst oder Ihre Kinder »Vater« und »Mutter« zu werden, zum Beispiel als »Großeltern« adoptiert zu werden oder als »Tante« oder »Onkel«? Mein Leben ist sehr bereichert worden durch unverheiratete Tanten und Freunde, die auf uns Kinder achteten, unsere Geburtstage mitfeierten und uns manchmal auch bei den Hausaufgaben halfen. Die Liebe, die sie ihren eigenen Kindern zugewendet hätten, wenn Gott ihnen eine Ehe geschenkt hätte, verschwendeten sie an uns. Wir wurden in einer wunderbaren Weise gesegnet, die uns entgangen wäre, wenn sie eigene Kinder gehabt hätten. Ihr Verlust war unser Gewinn. Ugo Bassi, der junge italienische Prediger, sagte vor vielen Jahren, wir sollten unser Leben »an dem, was wir hingeben, nicht an dem, was wir empfangen, messen – nicht am Wein, den wir getrunken, sondern an dem, den wir ausgegossen haben. Die Kraft der Liebe wird am Opfer sichtbar. Wer am meisten gelitten hat, hat am meisten zu geben.«

Und was ist mit den Tausenden, die während ihrer Kindheit die Mütter und Väter nicht hatten, nach denen sie sich verzweifelt sehnten? Ruft Gott nicht alle, die offene Ohren für ihn haben, auf, die Wunden der Welt zu erkennen? Sollten sie nicht ihre Liebe z.B. dem einsamen jungen Mann zuwenden, dessen Beziehung zu dem eigenen Vater seine Rolle als Mann unmöglich gemacht zu haben scheint? Sollten sie nicht einen Blick für die junge Mutter haben, die ein Baby erwartet und deren eigene Mutter weit fort ist – oder gleichgültig dem Schicksal ihrer Tochter gegenüber – oder tot, während sie sich doch nach einer Mutter sehnt, um ihre Freude mitzuteilen? Wer hat die starke Schulter des Mitleids (das heißt wörtlich »mit leiden«) und ist bereit, die Lasten anderer mitzutragen – nicht mit der warmen Sentimentalität, die nur schwächt, sondern mit der brennenden Liebe, die Hoffnung und Freude und Kraft gibt?

Meine Briefpartnerin sagt, dass Gott ihr »verschiedene Adoptivkinder ins Herz gegeben hat«, für die sie beten soll. Deren eigene Mütter sagen, dass sie keine Zeit zum Beten haben. Ein anderes Mädchen bat sie, für ihr neugeborenes Baby »Großmutter« zu sein. »Welch ein Segen war das für mich, und wie hat es mein Leben verändert!«, so sagt sie heute. »Wenn ich nur rumgesessen und mich selbst bedauert hätte, wäre mir dieser Segen entgangen. Wie herrlich war es, in diesem Jahr am Muttertag einen ›Großmuttergruß‹ zu bekommen.«

Und was ist mit der jungen kinderlosen Frau? Soll sie nur die Monate und Jahre zählen und wider alle Hoffnung hoffen, dass sie eines Tages ein Kind bekommt? Es gibt immer junge Leute, die einen Auftrieb brauchen, eine Ermutigung in ihrem Kampf gegen alles sie Bedrängende, ein hörendes Ohr, wenn sie schwere Entscheidungen treffen müssen, jemanden, der sich einfach nur Zeit nimmt, um mit ihnen zu beten, der mit ihnen den Weg zum Kreuz geht – das schwere und doch kraftvolle Leben einer fröhlichen Übergabe an Gott und der Annahme seines Willens praktiziert. Wie die Reben des Weinstocks durch ihre Früchte Süße vermitteln, so könnten junge Frauen ihr Leben für die Welt fruchtbar machen.

8 PROBLEME IN DER GEMEINDE

Während in der Gemeinde gebetet wird »Geheiligt werde dein Name«, ist es gewöhnlich ziemlich offensichtlich, dass das Verhalten der Gemeindeglieder weit davon entfernt ist, diesen heiligen Namen als solchen zu ehren.

Auf unseren Reisen sehen und hören wir viel von Problemen innerhalb von Kirchen und Gemeinden. Jedes Mal werde ich wieder an das »hohepriesterliche Gebet« des Herrn Jesu erinnert, das er unmittelbar vor seinem Weg ans Kreuz aussprach. Er betete für die, die an ihn glaubten (»die du mir gegeben hast ...«). Seine Bitte lautete: »Heiliger Vater, erhalte sie in deinem Namen, den du mir gegeben hast, dass sie eins seien wie wir« (Joh 17,11). Für diejenigen, die später zum Glauben finden würden, betete er: »... damit sie alle eins seien. Wie du, Vater, in mir bist und ich in dir, so sollen auch sie in uns eins sein ... ich in ihnen und du in mir, damit sie vollkommen eins seien und die Welt erkenne, dass du mich gesandt hast und sie liebst, wie du mich liebst« (Joh 17,21.23).

Die Erhörung dieses Gebets scheint allerdings noch in ferner Zukunft zu liegen. Sollten wir nicht – jeder von uns – eine Haltung einnehmen, die uns mit Gott in diesem Anliegen der Einheit zusammenarbeiten lässt? Wie soll die Welt seine Liebe erkennen, wenn wir nicht in Liebe miteinander umgehen? Ich bin sicher, dass niemand in der Theorie dem nicht zustimmen würde. *Liebt einander!* Das Hindernis ist unser selbstsüchtiges, nur um sich kreisendes Ich. Die meisten Kirchen haben Probleme mit dem Chor. Martin Luther sagte einmal: »Wenn ihr das Wirken des Satans auf den Chor beschränken könnt, dann tut es.« Doch nehmen wir an, die Schwierigkeiten lägen anscheinend bei dem Pastor. Ich bekenne, dass ich eine gewisse Schwäche für diese geplagten Seelen habe. (Ich habe einen Neffen, zwei angeheiratete Neffen, einen Schwiegersohn und zwei Brüder, die diesem Stand angehören.) Da ist einer entweder zu jung oder zu alt, zu konservativ oder zu liberal, seine Predigten berühren unsere Probleme nicht oder sie sind zu lang oder zu scharf für diese Gemeinde, oder er ist in sozialer Hinsicht ein Randsiedler und nicht sensibel genug für die Vielfalt von Besuchern, die wir hier haben, oder er ist parteiisch – kurz gesagt, wir haben den falschen Mann hier erwischt. Es ist ein schlimme Sache, die Lösung ist aber einfach: schickt ihn fort! Dann wird alles gut werden.

Bevor wir eine solche Position der Überlegenheit einnehmen, indem wir davon ausgehen, dass wir die Ursache des Übels eindeutig erkennen könnten und berechtigt seien, unsere »Lösung« durchzusetzen – sollten wir uns da nicht vielleicht ein paar Fragen stellen? (Ich beziehe mich hier natürlich nicht auf Fälle, die ganz unmissverständlich eine Entlassung fordern, wie z.B. Unsittlichkeit oder Irrlehre.)

1. Wer hat den Pastor berufen? War es der Bischof oder Präses der Kirche? War es die Gemeinde? Ist über diese Entscheidung gebetet worden? Glauben wir an die Führung durch den Heiligen Geist?
2. Verstehen wir den Hirten der Gemeinde als denjenigen, der Verantwortung trägt und Autorität besitzt? »Sagen und ermahnen und zurechtweisen« lautete das Wort des Apostels Paulus an einen jungen Gemeindehirten (Tit 2,15). Timotheus sagte er: »Dies gebiete und lehre ...« (1. Tim 4,11). »Gehorcht euren Lehrern und folgt ihnen, denn sie wachen über eure Seelen ... damit sie das mit Freuden tun und nicht mit Seufzen« (Hebr 13,17). Haben wir diese göttliche Anweisung beachtet?
3. Wenn die »Schafe« den »Hirten« aus dem »Pferch« wegschicken, bedeutet das nicht für sie selbst einen Schaden – ebenso wie für den Hirten? Geistliche Verwüstung ist oft die Folge, wenn wir die Dinge in die eigenen Hände nehmen. Es ist dann keine Demut mehr in uns, kein widerstandsfähiger Glaube entsteht mehr.
4. Sind wir sanftmütig genug und wissen, welche Macht die Geduld hat, das ruhige Warten auf Gott? Wissen wir, wie

nutzlos es ist, massive Methoden zu entwickeln, um die eigenen Vorstellungen durchzusetzen? Wie sieht es aus mit dem ehrfürchtigen Vertrauen auf Gottes verborgenes, scheinbar langsames Durchsetzen seiner eigenen wunderbaren Pläne? Ungeduld macht hart.

5. Haben wir den Bösen mit den falschen Waffen herausgefordert? »Ich ... ermahne euch bei der Sanftmut und Güte Christi ... Denn obwohl wir im Fleisch leben, kämpfen wir doch nicht auf fleischliche Weise. Denn die Waffen unseres Kampfes sind nicht fleischlich, sondern mächtig im Dienste Gottes, Festungen zu zerstören« (2. Kor 10,1.3–4).
6. Sind wir bereit zu leiden? Wie viel wissen wir von einem Preis, der von opferbereiter Liebe gezahlt werden muss? Sind wir bereit, uns für diesen Mann einzusetzen, Gebetsarbeit zu tun, das Kreuz in der Tiefe unseres Herzens zu akzeptieren? Die Forderungen des Glaubens schneiden quer durch menschliche Logik und Strategie. Oft genug sind sie allem Üblichen entgegengesetzt und sogar dem gesunden Menschenverstand.
7. Haben wir die Warnung Jesu bedacht, nicht zu erwarten, dass seine Gemeinde ohne Flecken und Runzeln ist? Das Netz bringt gute und schlechte Fische hoch. Die Spreu wächst mit dem Weizen. Er ist dabei, seine Braut vollkommen zu machen. – Wir selbst würden das nie fertig bringen.
8. Sind wir bereit dazu, schmerzhafte Einschnitte zu ertragen – demütig unser Verständnis von dem, was wir für die wahre Natur des Konfliktes halten, aufzugeben? Können wir unsere Sicherheit im Hinblick auf das, was »sein sollte« oder auf unsere besonderen »Rechte« loslassen? Können wir im Geist Jesu Christi unsere Launen abtöten, Zurücksetzungen akzeptieren, uns an Missverständnisse gewöhnen, nicht mehr fragen: »Und was ist mit meinen Bedürfnissen?« Lass Gott dafür sorgen – er hat versprochen, dass er es tun würde – für alles.

»Es gibt eine irreführende Betrachtung der Geschichte, bei der man Gott so schnell verliert. Der Christ wendet sich immer wieder von ihr ab zum Gebet kindlichen Vertrauens, wo er ihn aufs Neue findet. Da weiß man, dass gerade die Dinge, die sich scheinbar zum Schaden auswirken, in der Sicht Gottes vielleicht zum Vorteil gereichen. Auf der Grenze zwischen Gebet und Geschichte steht das Kreuz, eine ständige Mahnung an den Preis, um den das Reich Gottes aufgerichtet wurde« (Evelyn Underhill, Abba).

Vielleicht – wenn wir diese Fragen ernstlich und unter Gebet erwägen – könnten Hirte und Herde verändert und die Trennung vermieden werden. Vielleicht auch nicht, aber in diesem Prozess werden wir, die Schafe, sicherlich zu lernen haben, dem Oberhirten mehr zu vertrauen. Dann wären wir ihm vielleicht ein kleines bisschen ähnlicher geworden.

»Göttliche Liebe hat gesehen und gezählt
jede Träne, die da fiel;
und der Sturm, der Liebe heraufbeschwor,
war die beste Gabe von allen.«

Anonymus

9 MEINE GEISTLICHE MUTTER

Die Missionarin Katherine Morgan hat mehr als fünfzig Jahre in Pasto (Kolumbien) gearbeitet. Mehr als dreiundvierzig Jahre dieser Zeit war sie meine Freundin gewesen und tat für mich, was Paulus von Onesiphorus schreibt: sie hat mich oft »erquickt«. Katherines Gatte starb, als sie erst sechs Jahre verheiratet waren. Doch sie blieb ihrer missionarischen Arbeit weiterhin treu und zog dabei ihre vier kleinen Mädchen groß. Katherine verdanke ich mehr als ich sagen kann. Mehr oder weniger war sie es, die mir den Anstoß gab, nach Ecuador zu gehen. Ich war Missionskandidatin ohne Arbeitsfeld, wusste auch nicht, wie ich ein solches finden konnte. Ich sprach mit ihr darüber, und einige Monate später fand ich mich in Quito wieder. Viele Wochenenden durfte ich mit ihr in ihrem Heim verbringen, wo sie mir Einblicke gab in das, was mich an »Attraktionen« erwartete. – Sie sagte mir, was ich von »Gönnern« *nicht* erwarten konnte, was *doch*; was von Ecuadorianern oder Dschungel-Indianern; was ich mir aneignen musste (z.B. einen Sinn für Humor), und was ich mir abgewöhnen musste (den Geruchssinn, einen Lastwagen voll Hemmungen und Vorurteilen der Plymouth-Brüder); eine aufgeblasene Vorstellung von meiner eigenen Wichtigkeit und den Gedanken, dass die Menschen sich danach sehnten, das Evangelium zu hören. Zu Zeiten – ihre Töchter waren inzwischen in der Mittel- und Oberstufe des Gymnasiums – konnten wir nahezu auch nicht mehr vor Gelächter. Eines Abends veranstalteten wir eine Hut-Modenschau. Katherine war von einem Missionarstreffen zurückgekehrt und hatte eine Einkaufstasche voller Hüte mitgebracht. Eine alte Dame hatte ihr gesagt, dass »der Herr es ihr aufs Herz gelegt« hätte, diese Hüte den Missionaren zu geben.

Vor ein paar Jahren rief sie mich von Pennsylvania aus an, wo sie gerade eine Tochter besuchte. Sie wollte nur ein bisschen plaudern, solange das noch relativ leicht zu realisieren war. Ein paar Wochen später würde sie nämlich nach Kolumbien zurückkehren. Als sie nach einer gemeinsamen Freundin fragte, die im Krankenhaus gewesen war, sagte sie mir anschließend, ich möchte ihr nur sagen, sie solle aus dem Bett springen und Gott preisen. Dann sprach sie von einem Geschenk, das sie bekommen hätte. Es trug die Aufschrift: »Für eine Missionarin im Ruhestand.« »Ich – und im Ruhestand! Darauf habe ich noch nie auch nur einen Gedanken verschwendet«, meinte sie. Sie sandte das Geschenk zurück. Wir sprachen über die »mühsame Arbeit« an Menschen, die vom Herrn abgefallen waren. Ich erinnerte sie an 2. Korinther 4, die Stelle, wo es heißt: »Wir tragen allezeit das Sterben Jesu an unserem Leibe, damit auch das Leben Jesu an unserem Leib offenbar werde.« »Ja«, stimmte sie mir zu, »das steht in der Bibel. Das ist wahr.« Aber sie konnte im Hinblick auf sich selbst nicht so denken. »Ich bin zu fröhlich« ..., auch wenn ich zufällig wusste, dass sie viele Arten von Tod um andrer Menschen willen erlitten hatte. (Ihr eigenes Leben war oft bedroht worden, man hatte sie mehr als einmal mit Drogen betäubt und mit Benzin übergossen.)

»Liebe Katherine: ›Ein fröhliches Herz tut gut wie eine Arznei‹« (Spr 17,22). Das ihre war für mich das reinste Lebenselixier. Sie ist eine von denen, die auch im Alter noch Frucht tragen. Sie würde mich wer weiß was nennen, wenn sie wüsste, dass ich sie in diese Kategorie einordne. Möge Gott mich ihr ähnlich machen.

10
EINE BERUFUNG FÜR ÄLTERE FRAUEN

1948 lebte ich ein paar Wochen lang am Prärie-Bibel-Institut (eine Gruppe von Holzhäusern auf einer sehr öden Prärie in Alberta). Eines Nachmittags fühlte ich mich gerade ziemlich deplatziert und einsam, als es plötzlich an meine Tür klopfte. Ich öffnete und sah mich einem rosigen, von weißem Haar umrahmten Gesicht gegenüber. Die Dame sprach mit einem bezaubernden, schottischen Akzent.

»Sie kennen mich nicht, aber ich kenne Sie. Ich habe für Sie gebetet, liebe Betty. Ich bin Mrs. Cunningham. Sollten Sie mal Lust auf eine Tasse Tee und ein Stück schottischen Butterkuchen haben, dann kommen sie runter in mein kleines Apartment.«

Sie sagte mir noch, wo sie wohnte und dass mein Name bei einem Treffen des Lehrkörpers erwähnt worden sei. (In welchem Zusammenhang, sagte sie nicht. Mir kam der Gedanke, dass man mich vielleicht als Missgriff ansah.) Der Herr hätte mich ihr aufs Herz gelegt. Es gab viele Winternachmittage, an denen ich ihr freundliches Angebot ausnutzte. Wir saßen zusammen in ihrem winzigen, aber sehr gemütlichen Apartment, während sie Tee aufgoss und ich ihr mein Herz ausschüttete. Ihr strahlendes Gesicht zeigte beim Zuhören Sympathie, Liebe und Verständnis. Eine Weile blieb sie still. Dann betete sie, schaute auf und gab mir neue Freude und Kraft durch Bibelworte. Während und nach meiner Zeit als Missionarin schrieb sie mir bis zu ihrem Tod. Nur Gott weiß, was ich den vier »Katharinen« schulde – Katharine Cunningham, Katharine Gillingham Howard (meine eigene Mutter), Katharine Cumming (meine Hausmutter im College) und Katharine Morgan. Diese und verschiedene andere haben mir nicht nur gezeigt, wie praktische Frömmigkeit aussieht (da gab es noch eine Menge, die das auch taten), sondern sie haben mein Leben bedeutend bereichert, indem sie Gottes besonderer Berufung für ältere Frauen gehorsam waren.

Der Apostel Paulus sagt zu Titus, dass ältere Frauen die jüngeren lehren sollten, liebevolle Ehefrauen und Mütter zu sein. »… dass sie … besonnen seien, keusch, häuslich, gütig und sich ihren Männern unterordnen …« (Tit 2,4.5). Meine liebe »Mutter Cunningham« war mir eine solche Lehrerin – nicht in einer Klasse oder einem Seminar und noch nicht einmal zuerst durch ihre Worte. Das, was sie *war*, belehrte mich. Es war die Tatsache, dass sie Gott ganz einfach zur Verfügung stand, als er sie an meine Tür schickte. Da war die Zeit, die sie Gott um meinetwillen zur Verfügung stellte. Und da war ihre Bereitschaft, in meine Situation einzusteigen, ihr Privatleben beiseite zu schieben für ein ängstliches Mädchen von der Bibelschule. Sie selbst – eine einfache schottische Frau – war die Botschaft, die mich erreichte.

Ich denke an die große Zahl älterer Frauen von heute. Ein Auszug aus der Statistik der USA für das Jahr 1980 besagt, dass 19,5 % der Bevölkerung sich altersmäßig zwischen 45 und 65 Jahren befinden. Ums Jahr 2000 sollen es 22,9% sein. Angenommen, dass die Hälfte davon Frauen sind – welch ein Potential von Energie und Kraft könnte das für Gott darstellen. Wir leben heute länger als vor vierzig Jahren (in der gleichen Veröffentlichung steht, dass die über 65-Jährigen von 11,3 auf 13% anwachsen werden). Wir haben mehr Mobilität, mehr Geld zur Verfügung, mehr freie Zeit, mehr Gesundheit und Kraft – alles Ressourcen, die, wenn sie Gott zur Verfügung gestellt würden, jungen Frauen zum Segen werden könnten. Allerdings gibt es heute auch viel mehr Wege, diese Möglichkeiten anderweitig auszunutzen. So geschieht es sehr leicht, dass wir uns auf selbstsüchtige Weise beschäftigen. Wo sind die Frauen – alleinstehend oder verheiratet –, die bereit sind, Gottes Berufung zu geistlicher Mutterschaft zu hören, geistliche Töchter unter ihre Fittiche zu nehmen und sie anzuleiten, wie Mutter Cunningham es bei mir tat? Sie hatte keine Ausbildung, die vor der Welt

Anerkennung gefunden hätte. An so etwas dachte sie überhaupt nicht. Sie liebte einfach Gott und war bereit, um seinetwillen »gebrochenes Brot« und »vergossener Wein« zu sein. Von »Ruhestand« ging ihr niemals etwas durch den Kopf.

Wenn von meinen Lesern jemand bereit ist, diesen Ruf zu hören, aber nicht weiß, wie und wo damit anfangen, dann schlage ich Folgendes vor:

1. Beten Sie darum. Bitten Sie Gott, Ihnen zu zeigen, »wer, was, wie etwas« dafür in Frage kommt.
2. Vielleicht schreiben Sie an junge Frauen oder rufen sie an, wenn Sie denken, dass diese Ermutigung auf den Gebieten brauchen, die Paulus anführt.
3. Fragen Sie eine junge Mutter, ob Sie für sie bügeln oder mit ihren Kindern rausgehen können, ob Sie Babysitter sein oder ihr einen Kuchen oder einen Braten machen können.
4. Tun Sie, was Mutter Cunningham für mich tat – laden Sie jemand zum Tee ein. Versuchen Sie, herauszufinden, worum Sie vielleicht für sie beten sollen. (Ich bat sie zu beten, dass Gott Jim Elliot und mich zusammenbringen sollte!) – *Beten* Sie mit ihr.
5. Beginnen Sie mit einem kleinen Gebetskreis von zwei oder drei Frauen, denen Sie auf irgendeine Weise helfen können.
6. Organisieren Sie eine freiwillige Putzgruppe, aus der man alle vierzehn Tage oder einmal im Monat zu jemand hingeht, der Hilfe nötig hat.
7. Richten Sie eine Leihbücherei ein mit echter, geistlicher Nahrung.
8. Machen Sie ruhig den Anfang mit einer Gruppe in Ihrer Gemeinde, die nach dem Modell von Titus 2 vorgeht. Warten Sie ab, was daraus wird. (Es passiert bestimmt etwas.)

> »Sagen Sie nicht, dass Sie anderen keine Freude machen können, dass Sie nicht zu ihrer Anerkennung und inneren Freiheit beitragen können, dass Sie keine Ausstrahlung besitzen, dass alles, was Sie bestenfalls zu geben

haben, gewöhnliches Brot und Wasser ist. Geben Sie sich selbst mit allem, was Sie haben, dem Herrn hin zum Dienst an Menschen. Kann er nicht Wasser in Wein verwandeln? Kann er nicht stammelnde Worte mit erlösender Macht erfüllen? Kann er nicht zitternde Bemühungen zu helfen in Taten voller Kraft umwandeln? Kann er nicht, wie in alten Zeiten, Sie in all Ihrer persönlichen Armut ausrüsten, so dass Sie viele reich machen? Gott braucht Sie zum Dienst an Ihren Mitmenschen. Er hat eine Aufgabe für Sie. Herauszufinden, was das ist und es dann zu tun, ist jetzt Ihre höchste Pflicht und Ihre größte Weisheit. ›Was er euch sagt, das tut‹« (Canon George Body, um 1840).

11

MIT EINER »TITUS 2«-GRUPPE BEGINNEN

Männer und Frauen, die dem Wort aus Titus 2,1-5 gehorsam sein wollen, sind bitter nötig in der Welt, in der Kirche und in den Häusern. Als ich über geistliche Mutterschaft schrieb, nannte ich sie auch »Frauen nach Titus 2«. Eine Leserin fragte mich, ob ich Leitlinien zu Struktur, Organisation und Informationen über solche Gruppen besäße. Nun, davon habe ich nicht allzu viel, und zwar deshalb: sobald man etwas organisiert, muss man sich regelmäßig treffen. Was wir keinesfalls brauchen, ist eine weitere Veranstaltung, die uns von zu Hause und von unserem Telefon fernhält. Meine Vorschläge gehen einfach dahin:

1. Beten Sie. Bitten Sie Gott, dass er die Nöte und die Wege zeigt, wo und wie Sie sich selbst helfen können. Beten Sie (vielleicht am Telefon, wenn es schwierig ist, sich zu treffen) mit einer oder zwei anderen, die verstehen, um was es geht.
2. Bitten Sie Ihren Pastor, über die Titus-Stelle zu predigen. Er wird Mut dazu brauchen.
3. Bei Bibelgesprächen, Sonntagsschulgruppen oder über Ihrem Küchentisch oder wo sich sonst nur eine Gelegenheit ergibt, rücken Sie das Thema geistlicher Mutterschaft ins Blickfeld. Erzählen Sie anderen von dem Segen, den Ihre eigene geistliche Mutter für Sie bedeutet hat. (Wenn Sie keine hatten, suchen Sie ein Beispiel aus einem Buch, wie ich es bei der Missionarin und Schriftstellerin Amy Carmichael fand. Dann versuchen Sie, selbst eine zu sein.)
4. Hängen Sie eine Liste am schwarzen Brett im Gemeindehaus aus – von allen Frauen, die sich ernsthaft zur Verfügung stellen wollen. Mütter – sowohl im gewöhnlichen als auch im geistlichen Sinn – müssen verfügbar sein. Nicht gerade in jedem Augenblick und auch nicht auf jede Auf-

forderung hin, aber überall, wo sich Nöte zeigen, denen sie abhelfen können. Sie sind innerlich darauf eingestellt, es zu tun, einerlei wie einfach und bescheiden oder ungewöhnlich der Dienst sein mag. Die tiefsten Nöte sind geistlicher Natur: da werden Ohren, die hören, gebraucht, Schultern, an denen man sich ausweinen kann, Herzen, die beten können. Dann gibt es aber auch ganz einfache Aufgaben, durch die man anderen Lasten abnehmen kann: jemand zum Arzt fahren, das Bügeln übernehmen, mit einer Freundin zusammen jemand den Kühlschrank abtauen oder den Ofen reinigen (junge Mütter schaffen das oft kaum), Babysitten, Geschichten vorlesen, das Abendessen kochen, Wäsche flicken, einen alten Menschen zum Einkaufen bringen und zum Mittagessen einladen, putzen oder Gartenarbeiten machen, nach Anweisung Briefe schreiben oder ein paar Postkarten – sie kosten nicht viel und man kann schnell ein paar Zeilen verfassen... Gott wird Ihnen noch viele andere Ideen geben, wenn Sie ihn darum bitten.

12
FRAUEN MIT GLEICHEN VORLIEBEN

Die Leiterin eines Frauentreffens fragte mich, ob ich bereit wäre, privat mit einer jungen Frau zu sprechen, die sich in tiefem Kummer befand. Sie hatte zuerst allerhand Einwände gemacht, wie mir die Leiterin sagte. Sie wolle mich nicht »belästigen«, dachte, dass sie meine Zeit nicht in Anspruch nehmen dürfe, wenn vielleicht hundert andere da wären, die mich nötig hätten. In Wirklichkeit hatte sie aber Angst vor mir. Natürlich sagte ich ihr sofort, dass ich froh wäre, mit ihr reden zu können und durchaus nicht unangenehm berührt.

Nach dem Gespräch kam die junge Frau zu der Leiterin zurück, um ihr zu berichten:

»Es war überhaupt nicht schlimm! Zitternd war ich zuerst eingetreten. Als ich ihr aber in die Augen schaute, wusste ich, dass auch sie Leid kannte. Und dann schenkte sie mir ein wunderbares Lächeln. Ich sah eine große Lücke zwischen ihren Schneidezähnen und sagte mir im stillen: ›O.K. – sie ist auch nicht vollkommen!‹ «

Meine Tochter Valerie referierte einmal in einem Frauen-Bibelkurs in Laurel, in Mississippi. Während des Vortrags fand sie in ihrem Manuskript die richtige Stelle nicht mehr. Sie sprach weiter und bemühte sich dabei, den Anschluss wieder zu bekommen. Doch dann erkannte sie, dass es nicht klappte. Sie entschuldigte sich und machte eine Pause, um die richtige Seite zu finden. Die Pause zog sich beklemmend in die Länge. Zuletzt gab Valerie es auf und improvisierte den Rest des Vortrags. Die Anwendung und der Schluss kamen ihr nicht mehr in den Sinn. Als sie nachher vom Podium herunterkam, war sie den Tränen nahe, weil sie sich für einen erbärmlichen Versager hielt. Dann trat eine Dame auf sie zu und sagte, das sei der bis dahin beste Kurs gewesen. Später rief noch eine Teilnehmerin an, um Valerie zu danken für einiges, was ihr zur Hilfe geworden war.

»Mama«, sagte sie später am Telefon, »ich konnte mit dem besten Willen nicht verstehen, warum das passierte. Ich hatte mich gründlich vorbereitet und es so gut gemacht, wie es mir nur möglich war. Doch dann fiel mir ein Gebet ein, das ich in jener Woche gebetet hatte (Walter war es etwas lächerlich vorgekommen): Ich hatte den Herrn gebeten, diesen Frauen klar zu machen, dass ich nur eine ganz gewöhnliche Frau bin wie sie alle und dass ich immer auf seine Hilfe angewiesen bin. Ich vermute, dass das die Antwort war, meinst du nicht auch?«

»Ruhig geht unser Blick in die Vergangenheit
mit ihren Freuden und mit ihren Sorgen.
Das Heute ist Gnade und hat ein gutes Ziel.
Und ruhig schau'n wir auch nach vorn
und fürchten keine schlimme Zukunft.
Wo du bist, ist für uns Sicherheit und tiefer Friede.«

nach Jane Borthwick

13 NICHTS IST VERLOREN

Die Frau eines Pastors fragte: »Wenn jemand sieht, wie sein Werk, in das er sein ganzes Leben investiert hat, ›in Flammen aufgeht‹ (vor allem, wenn er selbst daran nicht schuld ist) – ist das dann das Werk des Satans oder die Hand Gottes?«

Oft gilt das Erstere, aber immer geschieht es gleichzeitig unter der Kontrolle des Letzteren. In den biblischen Biographien finden wir Männer, deren Einsatz für Gott zu ihrer Zeit als Flop erschien. Denken wir z.B. an die wiederholten Versuche Moses, Pharao vom Befehl Gottes zu überzeugen, an Jeremias dringende Bußrufe oder die Reformen des guten Königs Josia, die damit belohnt wurden, dass er am Ende von einem heidnischen König erschlagen wurde. Sünde hat eine Menge zu tun mit scheinbaren Misserfolgen, aber Gott ist trotzdem damals wie heute »der allein Gewaltige, der König aller Könige und Herr aller Herren« (1. Tim 6,15). Er hat uns menschlichen Wesen die Verantwortung übertragen, Entscheidungen zu treffen und dann mit den Konsequenzen zu leben. Das schließt ein, dass jeder leiden muss – manchmal um der eigenen Sünden willen und manchmal um anderer Sünden willen.

Da gibt es Paradoxa, die wir nicht ergründen können. Aber wir können die Erfahrungen unseres eigenen Lebens immer im Licht des Lebens Jesu sehen. Wie sollten wir sonst lernen, in ihm »zu bleiben«, in die Gemeinschaft seiner Leiden einzutreten, uns von ihm umwandeln zu lassen? Es gibt nur diesen einen Weg. Alles, was an uns herankommt, müssen wir durchleben, wie Christus lebte: im Frieden des göttlichen Willens – inklusive solcher Dinge, die »in Flammen aufgehen«. Sein irdisches Wirken erscheint auch nicht gerade als rauschender Erfolg. Ihm begegnete Feindschaft, Unglaube und Verachtung bei den Pharisäern und anderen. Die Massen liefen ihm zwar nach, aber nicht weil sie seine Wahrheiten hören, sondern weil sie seine Gaben haben wollten – Brot und Fisch und körperliche Heilung. Seine eigenen Nachfolger waren »Toren, zu trägen Herzens, all dem zu glauben, was die Propheten geredet haben.« (Warum brachte Jesus sie nicht dazu, dass sie glaubten? Wegen des oben angegebenen Grundes.) Diese Männer hatten so eng mit ihm zusammen gelebt und drei Jahre lang seinen Lehren zugehört, sein Leben und seine Wunder gesehen. Und trotzdem hatten sie am Abend vor seinem Tod immer noch wenig Ahnung, worüber er sprach. Judas verriet ihn. Petrus verleugnete ihn. Drei schliefen ein, als er sie bat, mit ihm zu wachen. Am Ende verließen sie ihn alle und flohen. Später bereute Petrus sein Tun unter Tränen, und schließlich erkannte er den Hintergrund dessen, was sich abgespielt hatte. In seiner Predigt vor den Juden in Jerusalem (Apg 2,23–24) sagte er: »Diesen Mann, der durch Gottes Ratschluss und Vorsehung dahingegeben war, habt ihr durch die Hand der Heiden ans Kreuz geschlagen und umgebracht. Den hat Gott auferweckt und hat aufgelöst die Schmerzen des Todes, wie es denn unmöglich war, dass er vom Tode festgehalten werden konnte.«

Es gibt auch nichts, wodurch der Tod einen seiner treuen Diener festhalten könnte. Behalten Sie es im Gedächtnis – ein für allemal – niemals können Sie verlieren, was Sie Christus geopfert haben. Es ist der natürliche Mensch, der sich selbst retten will (oder seinen Ruf oder sein Werk oder seine Träume von Erfolg und Erfüllung), der der Verlierer ist. Jesus gab uns sein Wort: wenn wir unser Leben um seinetwillen verlieren würden, sollten wir es finden.

14 DIE UNSICHTBAREN BEGLEITER

Viele von uns gehören Kirchen oder Gemeinden an, in denen regelmäßig ein Glaubensbekenntnis gesprochen wird. Verschiedene der alten Glaubensbekenntnisse enthalten die Worte: »Ich glaube an die Gemeinschaft der Heiligen.« Für manche Menschen bedeutet das Wort »Heilige« nur bestimmte heilige Leute, die offiziell als solche festgelegt und anerkannt worden sind. Für andere sind es diejenigen, die bereits im Himmel sind. Für die Bibel steht es als Tatsache fest, dass diejenigen, die zu Christus gehören, d.h. Christen sind, auch Heilige sind. Schauen wir am Anfang in Apostelgeschichte 9,32.41 nach. Dann sollten wir die Grüße in Römer 1,7; 1. Kor 1,2 und an anderen Stellen nachlesen.

Haben Sie jemals viel über diese Gemeinschaft der Heiligen nachgedacht? Glauben Sie wirklich daran? Ich lerne es immer noch. Die Gemeinschaft der Heiligen ist unabhängig von jedem Ort. Hier oder auf der anderen Seite der Welt oder im Himmel – alle, die den Herrn lieben, sind eingeschlossen, zusammengefügt als ein Leib, dessen Haupt Christus ist. Die Reihe der Glaubenshelden in Hebräer 11 umfasst nicht nur diejenigen, die spektakuläre Siege durch den Glauben errangen, sondern auch die Armen und Verfolgten, die gefolterten, ausgepeitschten und ins Gefängnis geworfenen und sogar zersägten Menschen, die die Welt für nichts erachteten. Die Bibel sagt aber, dass die Welt ihrer nicht wert war. Und dann steht da etwas, das des Nachdenkens wert ist: »Diese alle haben durch den Glauben Gottes Zeugnis empfangen und doch nicht erlangt, was verheißen war, weil Gott etwas Besseres für uns vorgesehen hat; denn sie sollten nicht ohne uns vollendet werden« (Hebr 11,39.40).

Wenn ich bete, bin ich sehr oft mit allerlei anderem beschäftigt und davon abgelenkt. Ich bin mir bewusst, dass meine Bemühungen schwach sind und ganz nutzlos erscheinen. Aber der Gedanke, dass diese ausgezeichneten Glaubenshelden zusammen mit uns vollendet werden sollen (mit dem Schreiber des Hebräerbriefes und mit Ihnen und dem Rest der Nachfolger des Lammes), verändert das ganze Bild und gibt mir ein neues Herz. Große und wunderbare Dinge sind im Gang. Wir sind nicht allein. Meine Gebete sind nicht viel mehr als eine einzige Note in einem Symphoniekonzert, aber eine notwendige Note, weil ich an die Gemeinschaft der Heiligen glaube. Wir brauchen einander. Die Gebete eines einzelnen berühren alle. Der Gehorsam eines einzelnen hat unendliche und ewige Bedeutung.

Uns wird gesagt, dass wir »von einer Wolke von Zeugen« umgeben sind (Hebr 12,1) – von denen, die in Christus »ihren Felsen, ihre Burg, ihre Kraft und ihren Führer im Kampf« gefunden haben und in der Dunkelheit »ihr einziges, wahres Licht – Halleluja« (W.W. How).

Als Jim Elliot und ich frisch verheiratet waren und in einem kleinen, palmwedelbedeckten Haus im Dschungel wohnten, wurde uns bewusst, dass wir selbst in einem so weltabgelegenen Ort immer noch zur großen Gemeinschaft der Heiligen gehörten. Häufig sangen wir das Lied: »Der Tag, den du uns gabst, ist nun zu Ende ...« (Lars und ich singen es manchmal heute noch).

»Wir danken dir, dass deine Gemeinde wacht,
auch wenn die Erde sich in Dunkel hüllt
und vorwärts rollt, dem neuen Tag entgegen –
sie ruht nicht aus bei Tag noch bei der Nacht.

Wie über jedem Kontinent und jeder Insel
die Dämm'rung einen neuen Tag erscheinen lässt,
verstummt die Stimme des Gebets doch nie,
und Lobgesänge hören niemals auf.«

Vielleicht ist einer meiner Leser im Augenblick sehr schwach und sehr einsam und in Versuchung, alles Beten für nutzlos zu halten. Denken wir doch an die große unsichtbare

Gemeinschaft der Heiligen, die wacht und betet, während wir »laufen mit Geduld in dem Kampf, der uns bestimmt ist« (Hebr 12,1)! Denken wir darüber nach und seien wir guter Dinge dabei – es ist noch viel zu früh, um damit aufzuhören!

15

»DIE WELT SOLL ERKENNEN ...«

Als Jesus vor seiner Kreuzigung mit seinen Jüngern zusammensaß, machte er ihnen zum Abschied ein Geschenk: Frieden, wie ihn die Welt niemals geben kann. Aber dann fuhr er fort und sagte: »Euer Herz erschrecke nicht und fürchte sich nicht ... Ich werde nicht mehr viel mit euch reden, denn es kommt der Fürst dieser Welt. Er hat keine Macht über mich; aber die Welt soll erkennen, dass ich den Vater liebe und tue, wie mir der Vater geboten hat« (Joh 14,27.30.31).

Eine junge Mutter rief mich an und bat um etwas, »das mir hilft, dem Herrn zu vertrauen«. Sie sagte, dass sie ein paar kleine Kinder habe, selbst dreißig Jahre alt und an Krebs erkrankt sei. Eine Chemotherapie hätte sie bereits hinter sich und dadurch ihre Haare verloren. Die Prognose sei nicht gut. Konnte ich ihr sagen: »Dein Herz erschrecke nicht und fürchte sich nicht. Gott wird dich heilen!«? Gewiss nicht. Jesus hatte seinen Jüngern auch nicht gesagt, dass er vom Tod verschont bleiben würde. Wie konnte ich wissen, ob Gott diese junge Frau heilen wollte? Ich konnte sie jedoch daran erinnern, dass er sie nicht einen einzigen Augenblick loslassen würde, dass seine Liebe sie und ihre geliebten Kinder jede Minute des Tages und der Nacht umgeben würde und dass unter ihr die ewigen Arme Gottes ausgebreitet seien.

Aber reicht das aus? Die schrecklichen Dinge, die in der Welt passieren, scheinen der Liebe Gottes Hohn zu sprechen. Immer wieder taucht die Frage nach dem Warum auf.

In den Worten Jesu sind wichtige Schlüssel zu dieser Frage verborgen. Die schlimmsten Befürchtungen der Jünger sollten bald Wirklichkeit werden. Und trotzdem befahl er ihnen (ja, es war ein Befehl), nicht zu erschrecken und sich nicht zu fürchten. Alles würde gut werden – am Ende.

Bald würde jedoch der Fürst dieser Welt, der Satan selbst, »freie Bahn« haben. Nicht dass Satan irgendein Recht an Jesus gehabt hätte. Keinesfalls. Und er hat auch keine »Rechte« über eins von Gottes Kindern, einschließlich jener lieben Mutter. Doch Satan hat die Erlaubnis, aufzutreten. Er fordert Gott mit der Frage heraus, ob der Glaube seiner Kinder echt sei – das wissen wir aus dem Buch Hiob.

Gott erlaubt ihm von Zeit zu Zeit einen Testfall heraufzubeschwören. In Hiobs Fall sollte Satan bewiesen werden, dass es so etwas wie einen gehorsamen Glauben gab, der nicht von erwiesenen Wohltaten abhängig war. Jesus musste der Welt zeigen, dass er den Vater liebte und vorbehaltlos seinen Willen erfüllen würde, unabhängig von dem, was geschah. Der Diener ist nicht größer als sein Herr. Wenn wir aufschreien: »Warum, Herr?«, sollten wir stattdessen sagen: »Warum nicht, Herr? Sollte ich meinem Meister nicht im Leiden wie in allem anderen folgen?«

Hängt unser Glaube davon ab, dass jedes unserer Gebete so beantwortet wird, wie wir es uns wünschen? Oder beruht er auf dem Dasein eines souveränen Herrn? Nicht wahr, wir können es gar nicht sagen, solange wir nicht in wirklicher Not sind!

Ich habe niemals wieder etwas von dieser jungen Frau gehört. Ich hatte versäumt, sie nach ihrer Adresse zu fragen. Doch ich habe für sie gebetet, dass Gott es ihr möglich machen möchte, der Welt zu zeigen, was echter Glaube ist – die Art von Glauben, die die Welt überwindet, weil er vertraut und gehorcht, unabhängig von den Umständen. Die Welt möchte nichts erzählt haben. Der Welt muss etwas gezeigt werden – sie muss erkennen. Ist das nicht ein Teil der Antwort auf die große Frage, warum Christen leiden?

TEIL 4

UNSERE KULTUR IN DER KONTROVERSE

1
ZWEI UNTERSCHIEDLICHE ANSICHTEN

Eines Morgens erhielt ich einen Artikel aus einer christlichen Zeitschrift. Geschrieben hatte ihn ein beratender Arzt an einer bekannten christlichen Klinik. Das Thema des Artikels lautete: Lerne dich selbst zu lieben. Ironischerweise kam mit der gleichen Post ein Nachrichtenmagazin mit einer Titelgeschichte unter der Überschrift: »Der Fluch der Selbstwertschätzung«.

Ich sagte unwillkürlich: »Schön.« (Das ist eine Angewohnheit in der Familie meiner Schwägerin, wenn sie meinen, dass man besser nicht sagt, was man wirklich denkt.)

Die Vorschläge des Arztes, das Selbstwertgefühl zu verbessern, lauteten u.a.: »Lobe dich selbst. Sprich dich laut und deutlich für dich selbst aus. Glaube an dich selbst. Sei stolz auf dich selbst. Bringe völlige, bedingungslose Akzeptanz für die Situation, in der du dich gerade befindest, zum Ausdruck.«

Das Nachrichtenmagazin verkündete: »Wenn Sie den meisten Amerikanern gleichen, besteht die Gefahr, dass Sie keine hohe Einschätzung Ihres Selbstwertes haben. Sie fühlen sich z.B. schlecht bei der Abschlussfeier Ihrer Kinder in der Schule, falls Sie die einzigen Eltern sind, die keine eigene Firma besitzen. Aber solange Ihnen keine psychologischen Tabellen und Auswertungen zur Selbsteinschätzung oder gar Abwertungsskalen vorgelegt wurden, haben Sie sich wahrscheinlich niemals vorgestellt, dass Sie durch ein negatives Selbstbild im Leben behindert würden. Sie haben einfach nur gedacht, dass Sie kein besonders guter Mensch wären.

Aber jetzt wissen Sie, dass es keine schlechten Leute gibt, sondern nur Leute, die schlecht von sich selbst denken.«

»Aha«, sagte ich.

Dann folgten einige markige Zitate. Mark Twain: »Tief innen

im Herzen hat kein Mensch viel Selbstachtung.« Leo Tolstoi: »Ich bin immer bei mir selbst, und ich bin selbst mein Quälgeist.« Goethe: »Ich kenne mich selbst nicht, und Gott verbietet es mir auch.« Und H.L. Mencken: »Selbstachtung – das sichere Gefühl, dass keiner, bis jetzt, misstrauisch mir gegenüber ist.«

Zu dem allem sage ich nur: »Hört, hört!«

Ich hielt einen Augenblick inne und überlegte. Dann dachte ich an den jugendlichen König Usija. Mit sechzehn Jahren hatte er den Thron bestiegen und hatte einen guten Anfang im Gehorsam Gott gegenüber gemacht. Ihm wurde wunderbar geholfen, bis er mächtig wurde ... Sein Stolz brachte ihn zu Fall ... »... er verging sich gegen den Herrn, seinen Gott« (2. Chr 26,15–16). Er starb an Aussatz und war bis zum Tod ausgestoßen vom Haus des Herrn. Zur Zeit dieses schimpflichen Todes erhielt der Prophet Jesaja seinen Auftrag von Gott, für den er durch eine Vision des Herrn selbst zuerst vorbereitet wurde. Er sah den Herrn auf einem hohen und erhabenen Thron sitzen. Die Schwellen des Tempels bebten von der Stimme der Serafim: »Heilig, heilig, heilig ist der Herr Zebaoth.« Dem Propheten wurde in dieser ehrfürchtigen Offenbarung der Heiligkeit Gottes gleichzeitig eine erschreckende Selbstoffenbarung zuteil, die ihm den Schrei entlockte: »Weh mir, ich vergehe! ... ich bin unreiner Lippen ... denn ich habe den König, den Herrn Zebaoth, gesehen mit meinen Augen« (Jes 6,5).

Das bewusste Bild, das ein Mensch (wenn er ehrlich ist) von seinem Ich hat, zeigt ihn nicht nur schwach oder erbärmlich, sondern verzerrt, verstümmelt, gequält und zerstört. Kann ein solches Selbstbild wieder ganz und heil werden nur durch sanftes Zureden? Feuer vom Altar Gottes war nötig, um die Lippen des Propheten Jesaja zu reinigen. Das totale Opfer des Lammes war nötig, um die Sünden der Welt wegzunehmen. Ist das Kreuz heute veraltet?

»Seht euch vor vor den falschen Propheten«, warnte Jesus (Mt 7,15). »Will mir jemand nachfolgen, der verleugne sich selbst und nehme sein Kreuz auf sich und folge mir« (Mt

16,24). Schaffen wir es, ein starkes Selbstbewusstsein aufzubauen, wenn wir diese drei Voraussetzungen der Nachfolge erfüllen?

»Wer sein Leben erhalten will, der wird's verlieren; wer aber sein Leben verliert um meinetwillen, der wird's finden« (Mt 16,25). Wer kann seine eigene Sicherheit vergessen und sich verloren geben, wenn er zu gleicher Zeit darum bemüht ist, ein starkes Selbstbewusstsein aufzubauen? Hört sich das nicht nach einem ernsten Interessenkonflikt an?

»Ich kenne nichts, das die Seele mehr aufwühlt, nichts, das so durcheinander bringt und so beunruhigt wie das Kreisen um sich selbst. Wenn ich mich erfolgreich darum bemühe, meine Fehler abzulegen, um damit mein Selbstwertgefühl aufzubessern, finde ich vielleicht den Frieden, den die Welt geben kann. Doch ich ende schließlich in geistlichem Aufruhr. Der Friede des bußfertigen Geistes beruht darauf, dass der Mensch in seinen eigenen Augen grundsätzlich sehr schwach ist und deshalb nicht ständig beunruhigt« (Janet Erskine Stuart).

Diejenigen, die dem Lamm folgen, lassen ihr Ich hinter sich und ziehen »den neuen Menschen an, der nach Gott geschaffen ist in wahrer Gerechtigkeit und Heiligkeit« (Eph 4,24).

2

ICH BIN FUNKTIONSGESTÖRT, DU BIST FUNKTIONSGESTÖRT

P.T. Barnum wusste, wovon er sprach, als er sagte, dass in jeder Minute ein Schmarotzer geboren würde. Er hat viel Geld damit verdient und das taten schon viele vor ihm und seitdem. Es ist kein Problem, unsichere Menschen (und wer ist nicht unsicher) davon zu überzeugen, dass sie schäbig behandelt wurden und etwas Besseres verdienten. Natürlich ging man schrecklich mit ihnen um, misshandelte sie, missverstand sie, missbrauchte sie und nutzte sie aus. Ihre Familien waren gestört. (Welche ist das nicht? Welche Eltern waren perfekt?) Kein Wunder, dass sie kein gutes Selbstgefühl haben. »Aber hier, meine Lieben, kann ich Ihnen deutlich machen, dass Sie wunderbare Menschen sind, wirklich wunderbar. Es ist schlimm, wenn man sich schlecht fühlt im Hinblick auf sich selbst. Und es ist die Schuld all der schlimmen Menschen, die Sie verwundet haben. Sie können sich umgehend von ihnen lösen.«

Wie bei allem anderen müssen wir auch bei diesem Thema das, was uns die Welt um uns herum sagt, mit dem Maßstab der Heiligen Schrift vergleichen, um zu sehen, ob es sich um Trug und Täuschung handelt oder nicht. Das Evangelium der »Selbst-Gurus« ist sehr simpel, und ich halte es für eine Täuschung, obwohl viele sagen, dass ihnen dadurch geholfen worden sei. Der Weg zur Erfüllung ist gerade und schmal. Er beginnt am Kreuz, wo Christen (wie in Bunyans »Pilgerreise«) ihre Lasten abladen: die Lasten der Sünde, tiefverwurzelter, ansteckender, bösartiger, todbringender Sünde – die schreckliche Wurzel all jener »schlechten Gefühle«. Dort wurde Bunyans »Christ« froh und heiter und sagte mit erleichtertem Herzen: »Er hat mir Ruhe gegeben durch sein Leiden und Leben durch seinen Tod.« Dann stand er eine Weile still und schaute und staunte. Es war ungeheuer überraschend für ihn, dass der Anblick des Kreuzes ihm seine Last so radikal abnehmen konnte.

Wer zu diesem Kreuz kommt, ist immer überrascht. Und für die, die den Weg nicht gehen, bleibt es eine Torheit. Ruhe soll aus dem Leiden Christi kommen und Leben aus seinem Tod? Ja. »Und er ist darum für alle gestorben, damit, die da leben, hinfort nicht sich selbst leben, sondern dem, der für sie gestorben und auferstanden ist. Darum kennen wir von nun an niemanden mehr nach dem Fleisch ... Ist jemand in Christus, so ist er eine neue Kreatur; das Alte ist vergangen, siehe, Neues ist geworden« (2. Kor 5,15-17).

Diese neue Ordnung ist himmelweit entfernt von der Vorstellung der Selbstannahme, die sich in den Köpfen vieler Christen festgesetzt hat. Jede Botschaft, die das Kreuz überflüssig macht, ist antichristlich. Hinter meinem schlechten Selbstbewusstsein steckt Stolz – die Ur-Sünde. »Ich habe das Gefühl, dass ich etwas Besseres verdiene, als mir zuteil wird.« Genau das Gefühl hatte Eva im Paradies. Es ist der Stolz – nicht das klägliche Selbstbewusstsein –, der zu verschwinden hat. »Ich bin ja so nett und so liebenswert – was macht Jesus dort oben am Kreuz, festgenagelt und mit Dornen gekrönt? Warum dieses scheußliche Leiden für den reinen Sohn Gottes?« Hier ist die Antwort auf diese Frage: Es gab keinen anderen Weg, uns von der Hölle und unserem eigenen stolzen, in sich selbst verliebten Ich zu erlösen, keinen anderen Weg aus den Ketten des Selbstmitleids und der Selbstbeweihräucherung. Wie sollten wir gleichzeitig unter dem Kreuz Jesu stehen und dabei weiterhin unser Ich lieben, das ihn doch dorthin gebracht hat. Wie können wir das erstaunliche Kreuz ansehen und gleichzeitig unsern Stolz nähren? Das ist nicht möglich. Jesus bringt es sehr einfach zum Ausdruck: »Wer mein Jünger sein will, der nehme sein Kreuz auf sich und folge mir nach.«

George MacDonald schreibt: »Mit Freuden möchte er (Jesus) sie von ihrem Elend befreien, doch er weiß nur einen einzigen Weg: Er wird sie lehren, ihm selbst ähnlich zu werden, bescheiden und niedrig, mit Freuden das Joch auf sich nehmend, das dem Willen des Vaters entspricht. Das ist der allein richtige, allein mögliche Weg, um die Menschen von ihrer Sünde zu befreien – der Ursache ihrer Ruhelosigkeit.«

3
MENSCHLICHES LEBEN NEHMEN

Im ständigen Bemühen, mich nicht von der Welt in ihre Schablonen pressen zu lassen (s. Röm 12,1.2), stelle ich immer wieder Vergleiche an, überprüfe Zusammenhänge und versuche die Gründe der Welt mit dem Maßstab der Heiligen Schrift zu messen. Als ich von der Hinrichtung von Charles Brooks jr. in Texas las, kam mir z.B. eine solche Querverbindung in den Sinn. Brooks wurde durch eine tödliche Injektion vom Leben zum Tod befördert. Mir fiel eine andere Zeitungsnachricht ein, die ich einige Monate vorher gelesen hatte. Ein ungeborener Zwilling wurde in aller Ruhe vernichtet, indem man ihm eine Nadel ins Herz bohrte, als er sich noch im Leib seiner Mutter befand. Die medizinische Wissenschaft ist so weit fortgeschritten, dass es möglich ist, menschliche Wesen sauber und schmerzlos (das machen wir uns selbst vor) von der Bühne dieser Welt zu entfernen. Das geschieht auch ohne viel Belastung für die Scharfrichter und die dem Verfahren zustimmende öffentliche Meinung. Über das Trauma des Opfers ziehen wir es vor, nicht allzu viel nachzudenken.

Eine der Personen, von denen ich hier rede, war ein erwachsener Mann, der des Mordes überführt war. Das andere Menschenleben war noch weit entfernt vom Erwachsensein. Es war noch nicht einmal geboren. Keiner wollte, dass es geboren werden sollte, weil es nämlich nicht ganz normal war. Eine Person ohne Frage – aber eine nicht ganz normale Person. Da die Mutter sich sehr wünschte, den normalen Zwilling zur Welt zu bringen, war sie froh, das anormale Kind auf diese praktische Weise los zu werden.

In einem Artikel der *Time* (20. Dez. 1982, über die Hinrichtung von Brooks) schrieb Roger Rosenblatt von dem öffentlichen Interesse an einem »sanften Tod«, gleichzeitig aber auch von der Sensationslust, alle Details von diesem Tod zu erfahren: Von der letzen Mahlzeit des Gefangenen und seinen letzten Worten, seiner Position auf dem fahrbaren Tisch und wie die Schläuche festgemacht waren, die das Gift in seinen Blutkreislauf bringen sollten. Merkwürdig, dass sich eine solche Befriedigung zeigte, wo es doch gleichzeitig in den Medien einen starken Protest gegen die Todesstrafe gab. Dagegen findet man in den großen Magazinen keinen Protest gegen die Todesstrafe, die an ungeborenen Kindern vollzogen wird, und keine entsprechende Faszination von der Sache oder von Beschreibungen im Hinblick auf die Art und Weise, wie dieses vor sich geht. Nur wenige sind bereit, genau hinzusehen, was da passiert mit den kleinen Körpern. Täglich werden sie auf Verlangen ihrer Mütter und mit Zustimmung des Obersten Gerichtshofes mit hochentwickelten chemischen, pharmazeutischen oder mechanischen Techniken beseitigt.

Die Strafvollzugseinrichtungen in Texas und die Abtreibungseinrichtungen in den Krankenhäusern gleichen sich in ihren Bemühungen, sicherzustellen, dass ihre Methoden funktionieren. Stellen Sie sich die Verlegenheit vor, wenn es Charles Brooks gelungen wäre, den Gurten zu entschlüpfen, die ihn an den Tisch fesselten. Oder wenn der stumme Strom der Flüssigkeit in den Schläuchen aus irgendeinem Grund behindert worden wäre. Keiner wünscht sich so etwas. Es ist auch ein größeres Desaster, wenn bei einer Abtreibung ein lebendes Kind zum Vorschein kommt statt ein totes. Es hat schon erschütternde Szenen auf den gynäkologischen Stationen der Krankenhäuser gegeben, wenn plötzlich ein Baby auftauchte, das für die Mülltonne bestimmt gewesen war. In beiden Fällen ist nur der Tod erwünscht, der nackte Tod – beim Mörder und dem unerwünschten Baby –, der Anblick eines aus dem Weg geräumten Lebens.

Bitte verstehen Sie mich nicht falsch. Ich bin davon überzeugt, dass die Todesstrafe notwendig ist. Die Abtreibung aber halte ich für Mord. Beide haben etwas Erschreckendes für jedes menschliche Wesen an sich. Unabhängig von unsern Überzeugungen und öffentlichen Bekundungen zucken wir innerlich zusammen angesichts des Scheußlichen, was sich da abspielt. Doch das eine ist von Gott angeordnet – dem Bösen muss mit öffentlichem Recht begegnet werden –, das andere ist verboten. Wir können nicht ohne die ausdrückliche Anweisung Gottes menschliches Leben in unsere Hände nehmen und darüber verfügen. Wir wollen uns nicht einbilden, dass wir irgendwie die schockierende Nacktheit des Todes bemänteln können, indem wir sie der Öffentlichkeit entziehen. Nur ein paar Menschen, wozu vier Reporter und die Freundin Brooks' gehörten, durften Zeugen seines Todes sein. Eine Abtreibung wird heute als Privatsache bezeichnet, die allein von einer Frau und ihrem Arzt entschieden wird. Wir wollen doch nicht der Wahrheit ausweichen, dass hier jemand getötet wird – nur weil es schnell, leicht und sauber vor sich geht.

Rosenblatt schaut in seinem Artikel nach einem Tag aus, an dem wir den »Barbarismus überwunden haben werden«. Ist es also barbarisch, diese Art von Strafe einem Mörder zuzuerkennen, aber zivilisiert, ein tödliches Gift ins Herz eines bis dahin völlig unschuldigen Kindes zu befördern?

Paulus schrieb an seinen jungen Gehilfen Timotheus, um ihn zu warnen vor der Art von Bösem, vor dem er vor allem auf der Hut sein musste: »Denn die Menschen werden viel von sich halten, geldgierig sein... Sie lieben die Wollust mehr als Gott; sie haben den Schein der Frömmigkeit, aber deren Kraft verleugnen sie; solche Menschen meide! ... so widerstehen auch diese der Wahrheit: es sind Menschen mit zerrütteten Sinnen, untüchtig zum Glauben« (2. Tim 3,2.4–5.8). Gott möge uns helfen, nicht nur für die Wahrheit einzutreten, sondern ihr auch bedenkenlos zu gehorchen, damit wir nicht die Fähigkeit verlieren, als Christen zu denken.

4

BRINGT SIE IRGENDWIE UNTER, ABER DANN LASST SIE VERHUNGERN!

Eine andere moralische Sperre wurde beiseite gestoßen, als man einen neugeborenen Säugling auf besonderes Verlangen seiner Eltern und mit Duldung des Obersten Gerichtshofes in Indiana in einem Krankenhaus verhungern ließ. Der Winzling »Doe« (er durfte nicht einmal als normaler Mensch kenntlich gemacht werden durch einen Namen, den man ihm gegeben hätte) war mit einem Down-Syndrom und einer anormalen Speiseröhre geboren worden (diese hätte man chirurgisch in Ordnung bringen können). Das Kind starb, wie die *Washington Post* schrieb, »... nicht deshalb, weil sein Leben nicht ohne Millionen Dollar kostende medizinische Maßnahmen hätte erhalten werden können, sondern weil man es nicht fütterte.« Sechs Tage lang erledigten die Schwestern im Bloomington-Krankenhaus wie üblich ihre Routinearbeiten. Sie badeten die Neugeborenen, wechselten die Windeln und fütterten sie – mit Ausnahme des einen. Sie badeten zwar auch »Baby Doe« und wechselten auch seine Windeln, aber sie gaben ihm niemals eine Flasche. Über seinem Bettchen war eine Tafel angebracht: »Nicht füttern.« Einige Paare kamen vorbei. Sie baten, das Kind adoptieren zu dürfen. Sie wurden abgewiesen.

Was ging in diesem kleinen Kasten während der schrecklichen sechs Tage und Nächte vor sich? Wir wollen es in unserer Phantasie nicht weiter verfolgen. Es ist einfach unausdenkbar. Doch wenn ich gezwungen wäre, darüber weiter nachzudenken und das niederzuschreiben, was ich mit wachem Verstand sah, dann würde man mich anklagen, dass ich mit den Gefühlen anderer Leute spiele und dass ich aus Kindermord (ja, Kindermord – wir wollen es doch als das bezeichnen, was es ist) eine »emotionale Streitfrage« mache. Es ist anzunehmen, dass das Baby schrie – recht laut (zumindest zuerst). In einem Bericht heißt es, dass es in einen Raum verlegt wurde, wo es allein war, damit sein Weinen die anderen nicht störte (vielleicht andere, die in der Lage gewesen wären, ihm zu helfen).

Joseph Sobran weist in seiner Spalte in der »Los Angeles Times Syndicate« darauf hin, dass »in absehbarer Zeit die Ablehnung der Kindestötung im Mutterleib als Dogma einiger weniger religiöser Sekten erklärt werden wird, die anderen ihre Ansichten aufzwingen wollen.« Diese Sprache klingt widerlich bekannt.

Es blieb auffallend still von der Seite her, die gewöhnlich lauten Protest erhebt, wenn andere Menschenrechte verletzt werden – die Rechte von Rauchern, Homosexuellen und Kriminellen, auf denen man oft lautstärker besteht als auf denen von Kindern, Frauen und Behinderten.

Die Behinderten? Was geht um alles in der Welt vor, wenn eine Gesellschaft mit so viel Sorgfalt besondere »Räume zur Unterbringung« zur Verfügung stellt, um die Abläufe zu erleichtern, aber nicht die geringste Inkonsequenz darin sieht, wenn eins von diesen Wesen in aller Stille gemordet wird, das noch zu klein ist, um zu schreien: »Um Gottes willen, gebt mir was zu essen!« Das geschieht im Namen der Menschheit, der Menschlichkeit, des Mitleids und der Freiheit, aber niemand gibt zu, dass es in Wirklichkeit aus Bequemlichkeit und einfach aus Selbstsucht geschieht. »Bei der Abtreibung bevorzugt man nicht nur die Bequemlichkeit, Annehmlichkeit oder die höhere Bewertung der schwangeren Frau gegenüber dem Leben ihres ungeborenen Kindes – eine grundsätzlich gute Sache –, sondern versucht zu leugnen, dass dieses Leben jemals existiert hat. In diesem Sinn ist sie eine radikale Leugnung nicht nur des Wertes eines bestimmten Lebens, sondern der grundsätzlich guten Qualität des Lebens überhaupt und der vorausschauenden Anordnung seiner Zeugung.« (R.V. Young, »Taking Choice Seriously«, *The Human Life Review*, Bd. VIII, Nr. 3)

Aber haben wir nicht von Kindermord gesprochen und haben nun einfach umgeschaltet auf Abtreibung? Die Prämissen, aufgrund deren die Abtreibung gerechtfertigt wird, sind grundsätzlich die gleichen, die Kindermord in der zivilisierten Menschheit als akzeptabel erscheinen lassen. Was Hitler gewöhnlich als »Rassenhygiene« bezeichnete, nennt man heute »Lebensqualität«, unabhängig davon, ob das in Frage stehende Leben das der Mutter oder das des Kindes ist. Der Tod ist jetzt – nach drei Ärzten, die die Frage im *New England Journal of Medicine* 1973 in die Öffentlichkeit brachten – eine Möglichkeit der »Behandlung« von Kindern. Das heißt in anderen Worten, die Leichenhalle soll nun die Pflegestation ablösen. Man kommt kaum daran vorbei, an die antiseptischen »Duschräume« des Dritten Reiches zu denken, wo die Unerwünschten zu Tode »behandelt« wurden. Und man kann auch die Worte Jesu nicht vergessen: »Was ihr getan habt einem von diesen meinen geringsten Brüdern, das habt ihr mir getan« (Mt 25,40).

Kann ein Christ sagen, dass eins dieser kleinsten und wehrlosesten Wesen – nur weil es zu klein ist und sich nicht verteidigen kann – nicht *sein* Bruder ist?

5 WAS GEHT VOR?

Was geht eigentlich in unserer Kultur vor sich? Ich fürchte, dass die Antwort eindeutig ist: nämlich das, was in Römer 1 und 2 ausgesagt ist. Menschen bringen die Wahrheit zum Schweigen und machen sie wirkungslos mit ihrer Bosheit. Sie lehnen es ab, Gott anzuerkennen oder ihm zu danken für das, was er für uns ist und tut. In ihren Argumentationen werden sie geradezu albern. Hinter einer klugen Fassade werden sie zu Toren. Sie geben Gott den Abschied, verlassen seine Wahrheit und akzeptieren die Lüge. Frecher Stolz spricht aus ihren Worten. Ihr Verstand versprüht teuflische Einfälle. Sie kennen keine Verpflichtung, jemanden zu ehren und verlieren alle natürliche Zuneigung. Barmherzigkeit erscheint ihnen nutzlos. Sie zögern nicht, denen vorbehaltlosen Beifall zu spenden, die genauso handeln (s. Röm 1,18-2,5).

Wir können sie nicht verurteilen, ohne uns dem gleichen Maßstab zu unterwerfen. Ein Urteil muss gerecht sein (Joh 7,24) und auf dem Wort Gottes beruhen.

Es gibt gar keinen Zweifel darüber, dass er »einem jeden geben wird nach seinen Werken«, und das bedeutet (... ewiges Leben denen, die in aller Geduld mit guten Werken auf das Unsichtbare hinzielen ...) »Ungnade und Zorn aber denen, die streitsüchtig sind und der Wahrheit nicht gehorchen ... Herrlichkeit aber und Ehre und Frieden allen denen, die Gutes tun« (s. Röm 2,6-10).

»Zions Stille soll sich breiten
um mein Sorgen, meine Pein,
denn die Stimmen Gottes läuten
Frieden, ewgen Frieden ein.

Was gewesen, werde stille –
stille auch, was einst wird sein.

All mein Wunsch und all mein Wille
gehn in Gottes Willen ein.«

6 KANN EINE GEBURT UNGERECHTFERTIGT SEIN?

Der wildeste Science-fiction-Film könnte legale Präzedenzfälle, die sich in den letzten Jahrzehnten abgespielt haben, an Gräueln nicht übertreffen. In einer Zeitschrift las ich von »ungerechtfertigten Geburten«. Da verklagten Eltern einen Arzt, weil ihr Kind das Ergebnis einer Unachtsamkeit des medizinischen Praktikers war – wenn z.B. eine Sterilisation nicht erfolgreich gewesen war oder auch eine Abtreibung. (Eine nicht gelungene Abtreibung – das sollten wir nicht vergessen – bedeutet, dass ein Kind, das für den Krankenhausmüll bestimmt war, lebendig und sozusagen strampelnd zur Welt kommt.) Vielleicht hatte der Arzt es auch nur versäumt, für die Eltern angemessene Verhütungsmethoden bereit zu halten und sie ihnen zu empfehlen.

Es gibt aber auch Fälle von »ungerechtfertigtem Leben«, bei denen das Kind den Arzt anklagt, weil es ihm lieber wäre, nie geboren zu sein. Sein ganzes Leben ist ungerechtfertigt, hat keinen Sinn. Damit ist gesagt, dass das Kind ein Recht darauf hat, nicht geboren zu sein. Wie soll ein Gericht den Schaden bemessen, wenn es sich um ein gesundes Kind handelt? Bei Defekten würde entsprechend mehr anerkannt.

Die einzige gute Nachricht in diesem entsetzlichen Artikel besagte, dass im Fall einer »ungerechtfertigten Geburt« in Illinois 1979 der Gerichtshof zu der Ansicht kam, dass die Geburt eines gesunden Kindes ein hoch zu schätzendes Recht sei und nicht eine schlimme Sache, für die man Schadenersatz beanspruchen könnte. In England galt – wenigstens bis zum Frühjahr 1983 – das Urteil, der Eintritt ins Leben dürfe nicht Basis für eine Rechtshandlung sein.

»Herr, mein Herz ist nicht hoffärtig, und meine Augen sind nicht stolz. Ich gehe nicht um mit großen Dingen, die mir zu wunderbar sind« (Ps 131,1). Ich fürchte, wir machen uns viel zu viel mit den Mysterien von Leben und Tod zu schaffen, statt sie dem zu überlassen, der die Schlüssel zu allem in der Hand hält.

7
EIN NICHT ABGELEHNTES GESCHENK

Ein afrikanischer Christ schrieb an einen Freund in den USA: »Wir haben sechs Kinder und waren uns einig darin, dass das genug sei. Nach der Geburt des letzten war uns ›Familienplanung‹ ein ernstes Anliegen. Doch dann kam ein großes ›Aber‹: Wir entdeckten, dass meine Frau wieder schwanger war. Ich weiß nicht, was wirklich passierte. Meine Frau und ich begannen zu weinen, weil wir tatsächlich nicht wussten, wie es weitergehen sollte. Wir beteten zu Gott und sagten ihm, dass wir nicht mehr Kinder versorgen könnten. Danach empfingen wir aber Trost von Gott selbst. Er machte uns gewiss, dass er uns nie verlassen und uns und unsere Kinder beschützen würde. Nun bitte ich dich, dass du auch für uns betest. Das Kind soll in etwa drei Monaten zur Welt kommen. Denke bitte daran, dass wir auf dieses Kind nicht eingestellt waren. Bete darum, dass wir es als Gabe des allmächtigen Gottes fröhlich in Empfang nehmen können. Ich bete darum, dass meine Frau mit der ganzen Belastung fertig wird und dass das Kind ein Segen für uns sein möge. Du weißt ja, dass wir zwei Buben mit Sichelzellen haben. Bitte, bete für uns, dass wir nicht noch ein solches krankes Kind bekommen. Brüder, ich habe mit diesen kranken Jungen sehr gelitten, und wir möchten das nicht noch einmal mitmachen. Das würde uns total fertigmachen. Wir haben im Jahr viele schlaflose Nächte wegen dieser Söhne, wenn sie Schmerzen haben ... Bei all dem kann ich dir sagen, dass nichts mich von der Liebe Gottes trennen kann ... betet, betet für uns. Gott möge euch alle segnen.«

Ich kenne diesen Mann nicht. Aber ich habe für ihn und all die anderen gebetet, die – mit guten Gründen für eine Abtreibung (wie die Welt sagen würde) – ihr Kind von dem empfangen, der es geschaffen hat und der sagte: »Wer ein solches Kind in meinem Namen aufnimmt, der nimmt mich auf« (Mk 9,37).

8 »WEGWERF-KINDER«

Eine steuerliche Verordnung erlaubt jetzt Eltern eine Steuerbefreiung, wenn ein Kind, das eigentlich abgetrieben werden sollte (was aber erfolglos blieb), eine Zeit lang am Leben bleibt. Die atemberaubend phantastische, geistige Grundlage zur Rechtfertigung dieses Vorgehens lautet etwa so: Was da beseitigt werden sollte, ist ja kein Kind gewesen. Man nennt es P.d.E. (Produkt einer Empfängnis, was allerdings Kinder und wir alle auch sind). Schlimm ist es, dass dieses verfügbare Gewebe sich dann zu einem Kind entwickelte und geboren wurde. Die gute Nachricht ist, dass man eine Steuerbefreiung bekommen kann für ein pflegebedürftiges Kind. Und die beste Nachricht ist die, dass die Pflegebedürftigkeit nur eine vorübergehende Sache ist. Nenne es deshalb Kind, bis du dein Geld bekommen hast. Du brauchst dir die Bürde des Aufziehens nicht aufzuladen. Du kannst es nachher wieder als ein Stück Gewebe bezeichnen und es wegwerfen. Auf diese Weise wird der Fehler des Abtreibers zum zusätzlichen Gewinn des Steuerzahlers. Der Arzt, der anordnet, dass das Kind aufgegeben werden soll (d.h. getötet durch Vernachlässigung und manchmal auch durch aktive Mittel), wird nicht wegen Mordes angeklagt, sondern wird noch bezahlt für das, was man heute eine postnatale Abtreibung nennt. Wer will sich auflehnen gegen die Scheußlichkeit, die man »wahlfrei« nennt? Erkennen Sie die möglichen Konsequenzen?

»Und wie sie es für nichts geachtet haben, Gott zu erkennen, hat sie Gott dahingegeben in verkehrten Sinn, so dass sie tun, was nicht recht ist, voll von aller Ungerechtigkeit, Schlechtigkeit, Habgier, Bosheit ... treulos, lieblos, unbarmherzig« (Röm 1,28–29.31).

9
EIN NEUER MEDIZINISCHER DURCHBRUCH

Wie schon früher erwähnt, las ich vor einiger Zeit von einem neuen Sieg der Medizin in einem Fall von ungeborenen Zwillingen. Eine Untersuchung von Fruchtblase und Fruchtwasser hatte ergeben, dass einer der Embryonen mit einem Down-Syndrom behaftet war. Die Mutter entschied, dass sie das Kind nicht haben wollte. Mit dem einfachen Mittel, dass man eine Nadel durch das Herz des Fötus bohrte, wurde das Kind im Mutterleib getötet. Sie trug die Zwillinge bis zum Geburtstermin aus und brachte den einen, den sie sich wünschte, lebend zur Welt, den anderen tot. Dieser Vorgang wurde als bemerkenswerter medizinischer Erfolg begrüßt. Ich möchte Sie bitten, einen Augenblick darüber nachzudenken, was hier geschah. Was war es, was getötet wurde? Und was war das, was nicht getötet wurde? Die Antwort muss in beiden Fällen natürlich lauten: ein Kind. Es waren beides Kinder – Zwillinge. Ich habe die Geschichte in klaren, ganz gewöhnlichen Worten erzählt – in den gleichen Worten, die die Zeitung benutzte. Dabei war nichts Zweideutiges. Nichts Polemisches.

Eine Woche später las ich im gleichen Magazin von einem anderen medizinischen Erfolg. Wieder hatten die Ärzte ein Instrument in den Uterus einer Frau eingeführt – diesmal nicht, um ein Kind zu töten, sondern um es zu retten. Das Kind hatte anlagemäßig einen schweren Herzschaden, den man auf diese Weise durch intrauterine Chirurgie beheben konnte. Kommt ein ehrlicher, vernünftiger Mensch hier um einen Vergleich herum? Im zweiten Fall machte es das Instrument in der Hand des Chirurgen dem winzigen Herzen möglich, normal weiterzuarbeiten. Im ersten Fall ließ die Nadel in der Hand des Chirurgen das kleine Herz endgültig stillstehen. Wie muss man das ehrlicherweise bezeichnen?

Der intrauterine Eingriff wurde als Lebensrettung bezeichnet, weil damit das kranke Herz eines Babys geheilt wurde. Welche sprachliche Formulierung kann man anwenden, wenn wir davon reden müssen, dass ein vollkommen gesundes kleines Herz zerstört wurde? Es gibt einen einfachen und eindeutigen Ausdruck dafür, aber wir dürfen ihn nicht benutzen. Was heißt: »Zerstörung des Lebens«? Ist sie zulässig, weil diese saubere und wirksame Technik dabei angewendet wird? Wohl doch nicht wirklich. Der Begriff »Leben« hat heute etwas Explosives an sich. Es heißt: »Leben als solches ist hier gar nicht relevant. Wir müssen das Leben der Mutter in Betracht ziehen, sonst überhaupt keines. Das andere ist gar kein Leben – keines, das es wert wäre, gelebt zu werden, keines, das so viel Leiden der Mutter aufwiegt.« Deshalb dürfen wir die Tatsachen nicht benennen. Es wäre emotional zu sehr aufgeladen. Es wäre überfrachtet. Tatsache ist, dass sie das Herz anhielten. Das ist alles. Sie ließen es nur aufhören zu schlagen.

Ich war sehr froh, dass der Verfasser des Artikels über das Baby, dessen Herz geheilt worden war, anerkannte, dass die Möglichkeit der fötalen Chirurgie eine ethische Frage aufwerfen könnte – eine Frage, von der die medizinische Welt gedacht hätte, dass sie inzwischen zum Schweigen gebracht worden wäre. Könnte es notwendig sein – angesichts dieser Fortschritte – wieder ganz neu zu fragen, ob ein Fötus eine Person ist?

Das ist heute die große Streitfrage. Letzten Endes ist das die einzige Frage, die in Betracht gezogen werden muss, wenn wir vom ungeborenen Leben sprechen. Darf man darüber verfügen? Ist es bloß eine Sache mit keinem eigenen Leben? Ein bisschen Gewebe, das einer Frau gehört, und die damit machen kann, was sie will? Wenn sie es braucht und haben will, dann behält sie es. Wenn sie es nicht brauchen kann und nicht haben will, dann wirft sie es fort. Was soll also das ganze Geschrei darum?

Wahrhaftigkeit bedeutet die Bereitschaft, Tatsachen zu akzeptieren. Wer die Wahrheit sagt, wird u.U. lächerlich gemacht. Jesus wurde als so gefährlich angesehen, dass er den Tod verdiente. »Eine Wahrheit«, so schreibt Hannah Arendt, »die dem Profit oder Ehrgeiz oder Luststreben eines Menschen im Weg steht, ist nicht zulässig. Unwillkommene Tatsachen besitzen eine ärgerliche Hartnäckigkeit, wogegen man nicht ankommt außer durch glatte Lügen.«

Hier haben wir solche Fälle von unwillkommenen Tatsachen. Wir haben von Kindern gesprochen: dem Zwilling, der gerettet wurde; dem Kind mit dem anormalen Herzen, das auch gerettet wurde; und dem Zwilling, dessen Herz mit einer Nadel zum Stillstand gebracht wurde. Es waren drei Kinder. Und es wurden im Hinblick auf sie Entscheidungen getroffen – willkürliche, bewusste Entscheidungen. Mit der einen wurde einem Kind die Erlaubnis zum Leben gegeben. Mit einer anderen wurde ein chirurgischer Eingriff angeordnet, der einem Kind das Leben ermöglichte, das im anderen Fall gestorben wäre. (Hätte der Chirurg, der diese Operation vornahm, auch nur im Traum daran gedacht, der Mutter zu sagen, dass ihr Baby keine Person sei? Er rettete sein Leben und die Mutter war ihm dankbar.) Aber wie hieß die Entscheidung im dritten Fall? Ein Kind sollte getötet werden! Das sind die unwillkommenen Fakten, aber sie sind aufreizend hartnäckig. Sie lassen sich nicht wegdiskutieren. Es war ein Kind. Und es wurde getötet. Das lässt sich nicht aus der Welt schaffen außer durch Lügen.

Ich bitte Sie ernstlich, diese kleinen Kreaturen zu sehen, die Augen und Hände und ein schlagendes Herz haben, die sich am sichersten Platz der Welt, im Leib ihrer Mutter, befinden. Keine Frau, die ein solches kleines Leben in sich trägt, bezweifelt es, dass sie ein Kind erwartet. Und kein Arzt, der es entfernt – wie schnell und vermutlich sicher er auch mit seinen Methoden dabei vorgeht –, kann leugnen, dass das, was er da entfernt, ein menschliches Wesen ist und dass sein Tun »Töten« ist.

Ich bitte Sie um Gottes willen, die Wahrheit zu sehen. Und ich bitte Sie schließlich, daran zu denken, was Jesus sagte: »Wahrlich, ich sage euch: Was ihr getan habt einem von diesen meinen geringsten Brüdern, das habt ihr mir getan« (Mt 25,40). Jesus wird das niemals vergessen.

10
FRAUEN: DIE STRASSE, DIE VOR EUCH LIEGT

Ein besonderer Artikel eines führenden Nachrichtenmagazins trägt diesen Titel als Überschrift zum Thema. Da gab es Bilder von Frauen mit Babys im Gefängnis; ein untröstliches behindertes Baby mit einem Gewirr von Schläuchen, die an Maschinen angeschlossen waren, das sich die Seele aus dem Leib schrie; eine Mutter, der ein Verbrechen zur Last gelegt wurde – ihrem neugeborenen Kind Drogen verabreicht zu haben; Frauen aus der Politik, die »lieber über reale Dinge als über vorgetäuschte Machenschaften« reden wollten; eine verschleierte muslimische Frau; zehn unsentimentale, ja harte Frauen, die sich »individuelle Wege« zum Erfolg ausgedacht hatten: z.B. Polizeichef zu werden oder Bischof oder Kletterkünstler oder Eigentümerin eines Baseball-Clubs, eine Klopfartistin, Modemagnatin oder Anführerin eines Indianerstammes und andere. Da gab es alleinstehende Mütter, lesbische Mütter, geschiedene Mütter, außer Haus arbeitende Mütter. Da sah man eine Zwölfjährige, die das Abendessen für ihre Schwestern kochte, wenn die Mutter Spätschicht hatte, und einen Mann, der als Hausmann wirkte. Aber da gab es nicht ein einziges Bild, auf dem ein Vater und eine Mutter zusammen mit ihren Kindern zu sehen waren – nicht ein einziges.

»Marion Howington, die letztes Jahr in den Ruhestand ging und einen Posten verließ, der früher nur von Männern besetzt war, erhielt als Abschiedsgeschenk ein Bruchband für Jockeys... Für Frau Howington, eine auffallende Sechzigerin, die 1967 die Karriereleiter ihrer Dienststelle in Chicago zu erklettern begann, hieß der Schlüssel zum Erfolg: ›Aggressiv sein und denken wie ein Mann...‹

›Es gibt keine Frau, die es im Geschäftsleben – wo auch immer – zu etwas gebracht hat, die nicht hart, egoistisch und enorm aggressiv ist.‹ «

Manchmal fragen mich meine Leser, warum ich über so schreckliche Dinge schreibe. Nun, um das Beten anzuregen und um uns daran zu erinnern, dass wir nicht nur »gegen Fleisch und Blut« kämpfen, wie es im Epheserbrief zu lesen steht. Dort heißt es im 6. Kapitel: »Denn wir haben nicht mit Fleisch und Blut zu kämpfen, sondern mit Mächtigen und Gewaltigen, nämlich mit den Herren der Welt, die in dieser Finsternis herrschen, mit den bösen Geistern unter dem Himmel. So steht nun fest, umgürtet an euren Lenden mit Wahrheit und angetan mit dem Panzer der Gerechtigkeit, und an den Beinen gestiefelt, bereit, einzutreten für das Evangelium des Friedens. ... nehmt den Helm des Heils und das Schwert des Geistes, welches ist das Wort Gottes« (Eph 6,12.14–15.17).

Wenigstens ein Lichtblick fand sich in jenem Artikel aber doch. Sechsundsechzig Prozent der Frauen von 18-24 Jahren beantworteten die Frage, ob sie lieber daheim bei ihren Kindern blieben, wenn sie die Möglichkeit dazu hätten, mit »ja«. Sie sehen allmählich, dass das Berufsleben in der Wirtschaftswelt »kein Urlaubstag am Strand ist«. Dann gab es auch eine Ermutigung in dieser Richtung in dem Brief einer früheren Geschäftsführerin an Ann Landers: »Plötzlich dämmerte es mir, dass ich meine Prioritäten zu einseitig gesetzt hatte, und dass meine Kinder etwas Besseres verdienten. Ich musste zugeben, dass die Vorstellung, Lebenserfüllung in meiner Karriere zu finden, ein Hirngespinst gewesen war. In der Mutterrolle mag mir manches entgehen, doch ich weiß heute, was wirklich zählt. Nach neun Jahren, in denen ich eine bezahlte Kraft für die Erziehung der Kinder anstellte, sah ich mich gezwungen zuzugeben, dass meine Familie wichtiger für mich ist als irgendetwas anderes. Ich wünschte, das hätte ich schon gewusst, als mein erstes Kind geboren war. Jetzt bin ich sechsunddreißig Jahre alt und glücklich darüber, dass wir unser drittes Kind erwarten. Das bedeutet allerdings eingeschränkte Urlaubspläne und unser Unterhaltungsprogramm wird reduziert auf Popcorn und Video-Parties mit ein paar alten Freunden ... Aber kein Erfolg im Leben kann unser Versagen zu Hause kompensieren.«

Ich bekam einen Brief von einer Frau, die sich als Ziel gesetzt hatte, nach dem zu leben, was in Titus 2,3-5 beschrieben ist. Wie gewöhnlich, wenn jemand sich entschließt, Gott zu gehorchen, war auch der Gegenspieler Gottes auf dem Plan. »Er flüsterte mir ein, dass meine ganze Welt zu einem Karussell geworden sei, dass meine Familie nicht so wichtig wäre, dass ich selbstwertlos und faul wäre, wenn ich bloß Hausfrau sei. Ich fühlte mich manchmal so müde, dass ich kaum das Essen auf den Tisch brachte. Ich hörte Bemerkungen wie: ›Was, du arbeitest nicht mehr? Wie schafft ihr es, nur mit einem Einkommen zu leben? Das ist hart für deinen Mann. Was machst du nur den ganzen Tag? Du musst dich ja langweilen!‹

Als mein Mann und ich Ihre Radio-Sendung hörten, überdachten wir noch einmal die Ziele, die wir uns gesetzt hatten und übergaben alles aufs Neue dem Herrn. Beten Sie für mich, dass ich stark bleibe, einen fröhlichen Mut habe und Treue bewahre, dass ich eine Gesinnung der Unterordnung behalte als echte Dienerin des Herrn.«

Frauen haben es nötig, dass man für sie betet. Sie brauchen alle nur möglichen Ermutigungen. Leider erhalten sie die nicht immer, selbst nicht von anderen Christen. Ich sah eine hübsche junge Frau in einem Markt mit dem süßesten kleinen Mädchen, das man sich vorstellen kann. Sie hatte die Kleine in ihren Einkaufswagen gesetzt. Ich sprach sie an und fragte nach dem Kind. Fünf Monate sei es alt und bisher ihr einziges. »Können Sie zu Hause bleiben und das Kind betreuen?« »Oh ja! Ich könnte mich nicht dazu entschließen, es einer Tagesmutter zu überlassen.« Ich gab der jungen Mutter meinen Segen. Vielleicht kann selbst ein kurzes Wort von einer Fremden bei einer jungen Frau schon ein anderes Bild vermitteln.

Das Gebet erfasst Gottes Pläne und wird zum Bindeglied zwischen seinem Willen und dessen Ausführung hier auf der Erde. Es passieren Dinge, die nicht geschehen würden ohne das Gebet. Das wollen wir nicht vergessen. Es gehen erstaunliche Dinge vor. Uns ist das Vorrecht gegeben, die Kanäle des

Heiligen Geistes zu sein, der in uns betet. Wenn wir gegen Abtreibung, Pornographie, Homosexualität und Scheidung und Drogen beten und für die Stärkung von Familie und Heim, fühlen wir uns oft sehr hilf- und hoffnungslos, bis wir uns daran erinnern: »...wir wissen nicht, was wir beten sollen, wie sich's gebührt; sondern der Geist selbst vertritt uns mit unaussprechlichem Seufzen« (Röm 8,26).

TEIL 5

DAS CHRISTLICHE HEIM

Bei meinen Bemühungen, das Wohlbefinden meiner Familie zu fördern, verlor ich allmählich meine innere Ruhe. Zweifellos spielt dabei eine körperliche Schwäche eine Rolle. Doch bei jeder Anfechtung gibt es einen Ausweg. Man muss deswegen nicht sündigen. Bei einer anderen Sache aber habe ich wirklich geistlich Schaden gelitten: wenn ich in den Tagesbetrieb einstieg, ohne innerlich zur Ruhe gefunden und mir von Gott Anweisung geholt zu haben. So viele Dinge üben Druck auf mich aus – und dann habe ich die Stille vor Gott manchmal vernachlässigt. Deswegen fühle ich mich schuldig.

Es ist ungeheuer wichtig, sorgfältig darauf zu achten – dass man sich nicht überstrapaziert. Das gilt gerade jetzt, wo ich so schwach bin. Dann kann ich nämlich nicht zur Freude anderer beitragen. Ein gelassenes Gesicht und ein freundlicher Ton macht meine Familie glücklicher als alles andere, was ich noch für sie tun kann. Unser eigener Wille bringt oft ein trauriges Moment in die Erledigung unserer Pflichten hinein.

Elizabeth T. King

1 KONTEXTE

Ein Autor des »*New Yorker*« sprach vor einiger Zeit vom Fernsehen als vom »*Kontext* zu keinem Kontext«. Denken wir einmal darüber nach. Der einzige Kontext, in dem uns die Worte vom Bildschirm her begegnen, ist unser Wohnraum oder die Küche. Beides hat nicht die geringste Beziehung zu dem Redner. Der Hintergrund des Redners ist gewöhnlich ein TV-Studio, von dem wir wissen, dass es eine Attrappe ist. So brauchen wir uns keine Gedanken darüber zu machen, was von dem Gesagten vom Kontext her bestimmt ist. Es gibt einfach keinen.

In welchem Kontext lebt, handelt, denkt, entscheidet und bewegt sich ein Christ? Es sollte der Kontext des Reiches Gottes sein. Entweder leben wir auf dem Boden dieses Reiches oder wir leben in der Welt. Entweder nehmen wir unsere Maßstäbe und Anregungen aus der Bibel oder von den Medien. Wir verfolgen unsere Ziele aufgrund dessen, was ewige Gültigkeit hat oder nach dem, was gerade an einem Tag Bedeutung hat.

Denken wir doch im Kontext des Reiches Gottes über einen aktuellen Anlass im Klassenzimmer einer öffentlichen Schule nach: Der Lehrer fragt jedes Kind, was seine Mutter tut. Da findet sich nur ein einziges, dessen Mutter nicht außer Haus berufstätig ist.

Lehrer: »Oh, was tut denn dann deine Mutter?«

Kind: »Sie ... hhhm. Na ja, wissen Sie, sie macht ... hmmm ... sie macht irgendwas im Haus herum.«

Lehrer: »Du meinst, sie kocht und putzt? Sie bügelt Kleider, macht die Betten ...?«

Kind: »Ja.«

Lehrer: »So könntest du also sagen, dass du eine Mutter im althergebrachten Sinn hast, stimmt das?«

Kind: »Ja.«

Lehrer (mit einem langen, prüfenden Blick): »Und bist du *froh* darüber?«

Achten Sie auf den Kontext, aus dem heraus der Lehrer die Frage gestellt hat. Er erkennt keinerlei göttliche Planung für ein Heim, für eine Familie an, keine Erfüllung im Dienen, keine fröhliche Bereitschaft, auch einfache Arbeiten ohne den Gedanken an Gewinn oder Anerkennung zu tun. Überlegen Sie, welcher Druck auf ein kleines Kind ausgeübt wird, wenn man den einzigen Kontext, den es in seinem Leben aufzuweisen hat und der ihm bisher Sicherheit, Normalität und Glück bedeutet hat, in Frage stellt. Es wird sich jetzt Gedanken machen, ob seine Mutter vielleicht ein merkwürdiger Außenseiter ist, sein Heim kein normales.

Nicht umsonst folgt die klassische Passage über geistliche Kriegsführung für Christen unmittelbar auf die besonderen Anweisungen, die Paulus hinsichtlich intimer menschlicher Beziehungen gibt: Frauen sollen sich unterordnen, Männer sollen ihre Frauen lieben, Väter sollen ihre Kinder nicht zum Zorn reizen. Das Heim von Christen ist eine Festung und der Feind wird niemals seine Bemühungen aufgeben, diese Mauern zu unterminieren oder ihre heiligen Zäune niederzureißen.

»Zieht an die Waffenrüstung Gottes, damit ihr bestehen könnt gegen die listigen Anschläge des Teufels. Denn wir haben nicht mit Fleisch und Blut zu kämpfen (z.B. korrupten Regierungsstellen und Behörden, Ausschüssen staatlicher Schulen oder mit einem Gatten oder einem Teenager, mit denen man kaum noch zusammenleben kann), sondern mit Mächtigen und Gewaltigen, nämlich mit den Herren der Welt, die in dieser Finsternis herrschen, mit den bösen Geistern unter dem Himmel. Deshalb ergreift die Waffenrüstung Gottes ...« (Eph 6,11-13).

Das Gebet ist eine wundervolle Waffe. Und es ist eine unentbehrliche Waffe. Es erfordert aber Übung, damit umzugehen. Es gehört Mut und Zeit und geistliche Energie dazu.

2 MEINE MUTTER

Für ihre engen Freunde war sie »Kathi«, für meinen Vater »Liebling« und für ihre sechs Kinder immer die »Mutter«, niemals »Mami«. Als wir klein waren, hielt sie uns auf ihrem Schoß und wiegte und schaukelte uns hin und her, sang Lieder oder las uns Geschichten vor. Wir bettelten oft um diejenigen, die begannen: »Als du noch klein warst …« Katharine Gillingham wurde am 21. Juni 1899 in Philadelphia geboren. Wir waren begeistert, von dem Butler erzählen zu hören, der hinter dem Rücken ihrer Eltern für sie etwas ausheckte. Oder von dem erschreckten Postboten, der herbeisprang, um das schreiende Kind zu retten. Es hatte seine Arme einem Hund um die Kehle gelegt. Und dann bekam der Postbote schließlich heraus, was das Kind rief: »Er hat meine Erdnuss geschnappt!« 1922 heiratete sie Philip E. Howard jr., einen Mann, der sicher war, dass keine Frau ihn haben wollte, weil er bei einem Unfall ein Auge verloren hatte. Fünf Jahre arbeiteten sie mit der Belgischen Missionsgesellschaft zusammen, kehrten dann in die Staaten zurück, wo er zweiter Herausgeber (später erster) von »*The Sunday School Times*« wurde.

Mutters Leben war am 7. Februar 1987 vollendet. Wie gewöhnlich war sie morgens aufgestanden und hatte sich angezogen – es war im Quarryville-Presbyterian-Heim in Pennsylvania. Später ging sie mit ihrer Gehhilfe zum Mittagessen und legte sich danach wieder hin. Mehr nebenbei machte sie bei irgendjemand die Bemerkung, sie wisse, dass sie sterben werde. Sie überlegte noch, wo ihr Gatte wohl sein könnte. Am Nachmittag erlebte sie dann einen Herzstillstand, der sie sehr ruhig hinübergehen ließ.

Jeder von uns (in der Reihenfolge unseres Alters) berichtete bei der Beerdigung kurz über einige Besonderheiten von Mutters Charakter. *Phil* sprach über ihre Konsequenz und zuverlässige Verfügbarkeit als Mutter und über ihre Liebe zu

Vater. (»Er war immer mein Geliebter«, sagte sie.) *Ich* erinnerte mich daran, wie sie sich am Tisch oft die Augen wischte, weil sie gelacht hatte, bis ihr die Tränen kamen. Vaters oft bizarre Schilderungen hatten sie dazu gebracht oder auch seine schon öfter erzählten Witze. Ich erwähnte auch, wie sie dem im Neuen Testament gezeichneten Bild der Frau gehorsam gewesen war, wozu auch die Gastfreundschaft gehörte. *Dave* sprach über ihre vorbehaltlose Hingabe an den Herrn, wobei sie zuerst sich selbst auslieferte (auf der Stony-Brook-Konferenz in New York) und später ihre Kinder losließ. (Es war für sie ein schmerzlicher Akt, als sie uns ans Prärie-Bibel-Institut in Kanada gehen ließ.) Er sprach davon, wie sie uns, als wir das Zuhause verließen, nicht nur mit ihren Gebeten begleitete, sondern vierzig Jahre lang fast ohne eine Unterbrechung mit einem wöchentlichen Brief. *Ginny* erzählte, wie Mutters Beispiel sie gelehrt hatte, eine Dame zu sein, sich selbst zu disziplinieren, ihre Kinder und ihr Zuhause in Ordnung zu halten. *Tom* erinnerte sich an die Bücher, die sie uns vorgelesen hatte und die Lieder, die sie für uns sang, wenn sie uns als kleine Kinder in der Wiege geschaukelt hatte (z.B. »Sicher in Jesu Armen …«). Damit hatte sie unsere Vorstellung vom Leben bereits geformt. *Jim* malte sie uns vor Augen, wie sie im Erkerfenster ihres Schlafzimmers in ihrem kleinen Bambus-Schaukelstuhl saß – nach dem Frühstück, wenn das Geschirr wieder abgewaschen war. In großer Ruhe hatte sie sich dort niedergelassen und begegnete ihrem Herrn – mit der Bibel in der Hand, einem Losungsbüchlein und einem Notizbuch.

Die letzten drei Jahre waren für uns alle eine Zeit der Sorge gewesen. Arteriosklerose hatte ihre geistigen Fähigkeiten verändert. Sie war verwirrt und einsam. (»Warum ist Vati nicht bei mir gewesen?« »Er ist schon seit dreiundzwanzig Jahren beim Herrn, Mutter.« »Keiner hat mir das gesagt.«) Sie war immer noch eine Dame und achtete darauf, sauber und gepflegt zu sein. Immer noch bot sie Menschen einen Stuhl an, die sie besuchen wollten. Auch ihren Humor und ihr fast unschlagbares Talent zum Scrabble-Spielen hatte sie nicht verloren. Sie konnte noch Klavierspielen, Loblieder singen und sich an ihre Kinder erinnern. Doch wünschte sie, dass wir den Herrn bitten sollten, sie heimzuholen. Das taten wir dann auch.

Die Grabrede endete mit dem Lobgesang, der das immer wiederkehrende Halleluja enthält. Dann sangen alle Familienglieder, einschließlich unserer geliebten Tanten Alice und Anne Howard: »Gott sei die Ehre«. Den Schluss der Beerdigung machten wir sechs Kinder mit dem Lied: »Der Kampf ist vorbei ...« Wir glauben, dass sie uns jetzt mit noch größerer Liebe umgibt. Ihre arme sterbliche Hülle hat sie nun abgelegt, ihre Augen schauen den König in seiner Schönheit. »Wenn du wüsstest, was Gott über den Tod weiß«, schrieb einst George MacDonald, »würdest du in deine müden Hände klatschen.«

3 FAMILIENGEBETE

Als ich noch ein Kind war, versammelten Vater und Mutter jeden Morgen nach dem Frühstück uns sechs im Wohnzimmer zum gemeinsamen Gebet. Zuerst sangen wir ein Loblied – wobei wir keine Strophe ausließen. Ein Elternteil begleitete uns dabei auf dem Klavier. Auf diese Weise lernten wir ein gut Teil gesunder Theologie ohne jede bewusste Anstrengung. Ich muss besonders betonen, dass es Loblieder und alte Evangeliumslieder waren, die wir zu Hause sangen. Für Chorusse oder Spirituals blieb nicht viel Raum.

Es gibt ein paar junge Familien, die das bis heute so halten. Judy Palpant von Spokane, die mich von diesen Familiengebeten erzählen hörte, schrieb mir: »Unsere Kinder wissen, dass der Impuls für unser seit drei Jahren praktiziertes Familiensingen bei unseren Andachten von Ihnen kam. Einen Monat lang singen wir das gleiche Lied jeden Morgen. Heute Abend haben wir zum ersten Mal die Nummern der Lieder, die wir gelernt haben, aufgeschrieben. Die Kinder haben gestaunt. Ich möchte Ihnen sagen, dass sehr viele neue Worte und Wahrheiten den Weg in ihre Herzen und Gemüter gefunden haben, wenn wir hinterher noch über den Text der Lieder sprachen. Unsere vielen Frühstücksgäste (vor allem in Afrika) wurden oft gesegnet durch dieses Singen. Die Eltern meines Mannes besuchten uns gerade, als das Lied drankam: ›Der Herr, mein Hirte, führet mich‹. Es war auch auf ihrer Hochzeit gesungen worden. In der Osterzeit lernten wir in einem Jahr: ›O du Lamm Gottes, du hast auf Golgatha herrlich gesieget, Amen, Halleluja ...‹ Ein Missionar aus Kenia unterstrich die Worte (herrlich gesieget – er ist der Herr der Herrlichkeit) noch, indem er einige Erfahrungen mit uns teilte. Wir danken Ihnen für diese Anregung, die sowohl unsere Familie als auch unsere Gäste bereicherte.«

Ein Leser fragte: »Wie alt waren die Kinder, als Ihre Eltern mit dem Familiengebet begannen? Und wie lang war die Bibelstelle, die gelesen wurde?« Ich denke, die Eltern fingen damit an, als das erste Kind geboren war. Ich bin das zweite in der Reihe, und ich kann mich an keine Zeit erinnern, zu der wir dieses »Familiengebet« nicht pflegten. Alle waren immer dabei. Die Kleineren saßen noch auf dem Schoß. Mein Vater las aus den »Biblischen Geschichten« von Hurlbut (sie umfassten drei gebundene Bände) – jeden Morgen etwa eine Seite. Abends nach dem Essen las er die Abendandacht von »Daily Light«, die rein biblische Texte enthielt. Zuerst sangen wir, dann kam die Lesung, anschließend knieten wir morgens (weil wir dann noch nicht um den Tisch herum saßen) zum Beten nieder, wobei mein Vater begann. Am Ende schloss er alle noch einmal im Vaterunser mit ein.

Eine Frage von einer anderen Leserin: »Wie kann ich meinem Gatten als geistlichem Haupt der Familie Mut machen, regelmäßige Familienandachten einzuführen?« Das fragt man mich oft. Wenn der Mann Christ ist, hoffe ich, dass er bereit ist, sich wenigstens den Vorschlag seiner Frau anzuhören. Viele Männer glauben, dass ihre Frauen ihnen auf geistlicher Ebene überlegen sind. Sie fühlen sich dann durchaus berechtigt, die geistliche Erziehung der Kinder ihnen zu überlassen. Das ist aber nicht in Ordnung. Der Vater ist zu Hause der Priester. Er ist das Haupt der Frau. Es ist die ihm von Gott zugewiesene Bestimmung, die geistliche Führerschaft zu übernehmen. Es spielt keine Rolle, wie einfach und kurz die Andacht verläuft, die Langzeitwirkung auf die Kinder kann gar nicht hoch genug eingeschätzt werden. Sie lernen sehr früh verstehen, welchen Platz Gott im Leben ihrer Eltern einnimmt.

Mein Vater war ein sehr schlichter Mann, bescheiden, mit aufrichtigem Glauben, aber extrem zurückhaltend im Reden darüber. So etwas wie eine Zeit des Austauschs in unserer Familie kannten wir nicht. Es passierte selten, dass wir über geistliche Dinge sprachen, besonders wenn es persönliche Erfahrungen betraf. Doch wir wussten, dass unsere Eltern auch eine Zeit des persönlichen Bibellesens und

Betens hatten. Mit uns beteten und lasen sie laut. Es war eine gewisse Routine darin, aber sie tat ihre Wirkung. Das empfinde ich heute noch so. Ich hoffe, diese mehr zeugnishaften Worte regen einige der schweigenden christlichen Väter an und machen ihnen Mut, den Stier bei den Hörnern zu packen. Vielleicht kommen sie dann zu dem Ergebnis: »Ich habe etwas gelernt. Es ist eine wichtige Sache. Vielleicht wichtiger als alles andere, was wir zu Hause unternehmen. Wir werden heute damit anfangen.«

4 PLACKEREI

»Ich gestehe, dass ich mich sehr unter Druck fühle mit meinen zwei kleinen Kindern unter zwei Jahren. Ich habe mir jedoch vorgenommen, sie zu betreuen, bis sie in der Schule sind. Und ich fühle, dass das so Gottes Wille ist. Zu Zeiten erscheint mir das tägliche Leben eine einzige Plackerei zu sein. Im Augenblick weiß ich z.B. nicht, ob ich diesen Brief jemals fertig kriege, weil beide ständig nach irgendetwas schreien. Ich komme nicht dazu, einmal zum Lunch auszugehen oder mich mal schick anzuziehen. Ich habe harte Anstrengungen hinter mir, um den Collegeabschluss zu schaffen – und das alles, um nun eine Putzfrau zu sein, ha ...!«

Ich verstehe den Aufschrei dieser Mutter. Und der Herr versteht ihn auch. Er hat uns das Wort gegeben: »Bisher hat euch nur menschliche Versuchung getroffen. Aber Gott ist treu, der euch nicht lässt versuchen über eure Kraft, sondern macht, dass die Versuchung so ein Ende nimmt, dass ihr's ertragen könnt« (1. Kor 10,13).

»*Einen Ausweg soll es geben?*«, höre ich sie sagen. »Welche Mutter sieht einen Ausweg?«

Die neue englische Bibelübersetzung macht es noch deutlicher: »... einen Ausweg, *indem er euch befähigt, es zu ertragen.*« Dabei sollten Sie dann auch an die Worte Jesu denken: »... mein Joch ist sanft, und meine Last ist leicht« (Mt 11,30). Er ist bereit, unsere Lasten mit uns zu tragen, wenn wir nur zu ihm kommen und sein Joch auf uns nehmen, *sein* Joch.

Dieses Prinzip sah ich verwirklicht, als ich die Gemeinschaft in Dohnavur in Indien besuchte. Tag für Tag und jahrein, jahraus sorgen dort indische Frauen (die meisten von ihnen alleinstehend) für kleine Kinder, für behinderte Kinder, für labile Erwachsene und für alte Menschen. Sie kommen sonst nirgendwohin. Sie genießen keinerlei übliche Formen von Vergnügungen und Zerstreuungen. Sie arbeiten mit extrem primitiver Ausrüstung – ohne fließendes Wasser, keine Heizung außer Holzöfen, keine Waschmaschinen. In einem der Gebäude sah ich an der Wand den Spruch: »Hier lebten sie mit ihrem König – um seines Reiches willen.« Da liegt das Geheimnis. Sie tun es für ihn. Sie bitten um seine Gnade, um dieses Leben führen zu können. Und sie empfangen diese Gnade. Ich sah die Freude auf ihren lieben Gesichtern.

5 SONNTAGMORGEN

Der Sonntagmorgen kann ein echter Test für die Heiligung einer Mutter sein, vor allem, wenn ihr Mann zufällig Pastor ist und das Haus viel früher verlässt als die übrige Familie. In einem Haus ging es kürzlich folgendermaßen zu: (Sie können selbst Vermutungen anstellen, wo sich das abspielte.)

Der Fünfzehnjährige konnte sein Hemd nicht in die Hose stecken, weil »was mit den Taschen nicht in Ordnung war«, und außerdem war der Gürtel zu eng.

Die Dreizehnjährige hatte Probleme mit ihren Locken.

Die Zehnjährige konnte ihr Sonntagsschulheft nicht finden.

Der Achtjährige hatte seine Lektion nicht gelesen, weil er nicht mehr wusste, was dran war.

Das Zimmer und der Schrank der Sechsjährigen befanden sich in einer entsetzlichen Unordnung, und außerdem hatte sie schmutzige Strümpfe an.

Die Dreijährige konnte ihre Bibel nicht finden. Sie konnte zwar noch nicht lesen, aber es war für sie undenkbar, ohne Bibel in die Gemeinde zu gehen.

Die Tragedecke des Babys war verschwunden.

Dabei sollte die Mutter natürlich hübsch gepflegt aussehen, ruhig bleiben und fähig sein, diese ganze Gesellschaft in die Großraum-Limousine hineinzupacken – platziert und angeschnallt, wie es vorgeschrieben war – und sie dann pünktlich in die Gemeinde zu bringen.

Doch alle Umstände der eben beschriebenen Szene befinden sich nicht außerhalb des »Reiches Gottes«. Er schaut in liebevollem Mitleid und verständnisvoll darauf herab. Baron von Hugel sagte einmal: »Die Kette von Ursache und Wirkung, die das menschliche Leben bestimmt, wird an jedem einzelnen Punkt durch eine Vertikale zerschnitten, die uns und alles, was wir tun, an Gott bindet.« Uns darauf einzustellen, ist es, was er uns zu tun aufgibt. Das ist unsere Aufgabe hier auf der Erde, nicht das, was wir uns selbst aussuchen, sondern nur dieses eine, was er uns vor die Füße fallen lässt. Das Absurde, das damit verbunden ist, demütigt uns. Die große Diskrepanz zwischen dem, was wir uns vorstellten und dem, was wir dann vorfanden, zwingt uns, realistisch zu sein. Unsere größte Realität ist Gott. Er ist viel realer als die realsten irdischen Umstände – eine unveränderliche Realität. Seine Vorsehung hat uns dahin gebracht, wo wir uns befinden. Hier gehören wir hin. An uns ist es, das anzunehmen – demütig, gelassen, dankbar.

Sonntagmorgen, der Tag des Herrn! Es kann genau die Zeit sein, wo alles meilenweit von der Ebene des Geistlichen entfernt zu sein scheint. Es kommt uns einfach lächerlich vor, da einen Bezug herstellen zu wollen. Doch für die, die den Herrn lieben, scheint das nur so. Alles ist eine Angelegenheit des Geistes. Von jemand, der Gott liebt und sich manchmal verzweifelt nach einem »Schluck lebendigen Wassers« sehnt, einer einzigen Berührung seiner Hand, einem ruhigen Wort, kann *alles* – das möchte ich noch einmal betonen – aus der Perspektive Gottes gesehen werden.

Wacht er über uns? Ja. »Du bist ein Gott, der mich sieht« (1. Mose 16,13). Umgibt uns seine Liebe? »Ich habe dich je und je geliebt« (Jer 31,3). »Ich will dich nicht verlassen und nicht von dir weichen« (Hebr 13,5). Darf ich das Empfinden, meiner Situation nicht gewachsen zu sein, vor ihm ausbreiten? Oder hindert mich die Diskrepanz zwischen der Wirklichkeit und meinen Idealen daran? Da ist die große Kluft: die Person, die ich sein möchte; die Arbeit, die ich für Gott tun möchte; der Einsatz, den ich für die Familie zur Ehre des Herrn leisten möchte und die aktuellen Umstände klaffen weit auseinander. Ich darf es wirklich vor Gott bringen, denn er selbst ist es, der mich das wünschen lässt. Und für ihn ist es ein Leichtes, den Abgrund zu überblicken. Er umfasst das alles. Er ist an der Arbeit in mir und all denen, für die ich bete, »... der in euch wirkt beides, das Wollen und das Vollbringen, nach seinem Wohlgefallen« (Phil 2,13). Ich möchte wieder Mut fassen und einen schnellen Blick der Dankbarkeit nach oben werfen – und dann meine geliebte Schar in die Großraum-Limousine packen und singend über die Autobahn zur Gemeinde fahren!

Sir Thomas Brown schrieb: »Der Mensch ist unheilbar amphibisch – er gehört zwei Welten an – hat zwei verschiedene Bereiche von Pflichten, Bedürfnissen, und Befriedigungen – innerhalb dieser sichtbaren Welt und innerhalb der unsichtbaren, anderen Welt.«

6 EIN WORT AN DIE VÄTER

Während ich das Columbia-Bibel-College in Süd-Carolina besuchte, entdeckte ich in der Bibliothek ein kleines Büchlein mit dem Titel »Vater und Sohn«. Es war von meinem Großvater Philip E. Howard geschrieben. Dort hieß es unter anderem:

»Erinnern Sie sich an die ermutigende Aussage Thomas Fullers, eines Kaplans aus der Zeit Oliver Cromwells? Es ist ein gutes Wort für einen Vater, das er sich in aller Bescheidenheit und Dankbarkeit zu seinen kostbaren Erinnerungen weglegen sollte:

›Herr, ich finde den Stammbaum meines Erlösers durchsetzt von vier merkwürdigen Unregelmäßigkeiten in vier aufeinanderfolgenden Generationen: 1. Rehabeam zeugte Abija, d.h. ein schlechter Vater zeugte einen schlechten Sohn. 2. Abija zeugte Asa, d.h. ein schlechter Vater zeugte einen guten Sohn. 3. Asa zeugte Joschafat, d.h. ein guter Vater zeugte einen guten Sohn. 4. Joschafat zeugte Joram, d.h. ein guter Vater zeugte einen schlechten Sohn. Von daher wird mir klar, Herr, dass meines Vaters Frömmigkeit nicht automatisch auf mich weitergegeben wird. Das bedeutet für mich eine Warnung. Doch ich sehe außerdem, dass geistliches Versagen auch nicht immer vererbt wird. Das ist tröstlich im Hinblick auf meinen Sohn.‹ «

An anderer Stelle erzählt Großvater Howard folgende Geschichte:

»Ein sensibler, ängstlicher kleiner Junge wurde vor vielen Jahren zum Schlafen in ein niedriges Rollbettchen gelegt (das man unter andere schieben konnte). Bei Tag wurde es unter das Bett der Eltern geschoben und nachts für den Kleinen hervorgeholt. Wenn er dann allein in der Dunkelheit lag, konnte er die Stimmen seiner Eltern aus dem erleuchteten Wohnzimmer jenseits des Flures hören. Der Wohnraum lag auf der anderen Seite des Hauses. Dem Kleinen schien es, als ob seine Eltern niemals schliefen. Sie waren noch wach, wenn er abends in sein Bettchen musste, und waren bereits wieder wach, wenn er es morgens verließ. So weit war das eine erfreuliche Sache für ihn, weil in seinen Vorstellungen lebhafte Bilder die unheimliche Dunkelheit seines einsamen Raumes füllten.

Nach liebevollen Worten und Küssen zur guten Nacht, die ihm von beiden Eltern zuteil wurden, kuschelte sich der kleine Junge in seine Decken. Aber dann hatte er es sich angewöhnt, sich Abend für Abend im Bettchen noch einmal aufzurichten. Jenseits des dunklen Flures war ja der Vater mit den starken Armen. Und nun klang seine Stimme aus seinem Rollbettchen laut hinüber zu dem Zimmer, aus dem ein Lichtschimmer hervorleuchtete: ›Bist du da, Papa?‹ Und schon kam die fröhliche Antwort zurück: ›Ja, mein Kind, ich bin da.‹ ›Du gibst heute Nacht auf mich Acht, Papa, ja?‹, hieß die nächste Frage. ›Ja, mein Kind, ich passe bestimmt auf‹, war die tröstliche Entgegnung. ›Jetzt schlaf, du, gute Nacht!‹ Und dann fiel der Kleine bald ganz friedlich und gelassen in den Schlaf. Die beruhigenden Versicherungen des Vaters begleiteten ihn in seine Träume.

Für den liebevollen Vater bedeutete das eine Kleinigkeit, für den sensiblen Sohn aber war es eine große Sache. Davon wurde sein Leben intensiv beeinflusst. Es verstärkte die Beziehung des Vaters zu dem Sohn. Dem Sohn vermittelte es ein leichteres Verständnis für die Abhängigkeit von der liebenden Wachsamkeit des Vaters im Himmel. Und bis heute ist es so: Wenn dieser Sohn, der jetzt längst selbst Vater und Großvater ist, sich abends schlafen legt, ist er gewohnt – aus der Erinnerung an jene Lektion vor vielen Jahren – durch die Dunkelheit seines irdischen Schlafplatzes hindurch in das ferne Licht der Gegenwart seines himmlischen Vaters hineinzuschauen und im gleichen Geist kindlichen Vertrauens und kindlicher Hilflosigkeit zu rufen wie früher: ›Vater, bitte achte auf mich heute Nacht, willst du?‹ Und dann hört er die beruhigende Antwort zurückkommen: ›... der dich behütet, schläft nicht. Der Herr behüte(t) dich vor allem Übel, er behüte(t) deine Seele. Schlaf, mein Kind, in Frieden.‹ Auf diese Weise wurden die Gute-Nacht-Worte seines Vaters für ihn zu einem doppelten Segen.«

Diese Geschichte, so sagte Großpapa, stammte von seinem eigenen Schwiegervater, meinem Urgroßvater Henry Clay Trumbull. Ich habe so eine Ahnung, dass Trumbull der kleine Junge war und sein Vater mein Ur-Urgroßvater.

7 WAS SOLLTE EINE FRAU TUN?

Viele Frauen schreiben mir im Hinblick auf ihre Ehepartner. Manche von ihnen sind sehr dankbar für die Männer, die geistlich mit ihnen den gleichen Weg gehen. Andere sind schwer belastet, weil ihre Männer ein Verhalten an den Tag legen, das nicht mit dem Willen Gottes übereinstimmt. Ich höre Geschichten von bekennenden Christen, Pastoren, führenden Kirchenmännern, die ihre Frauen missbrauchen, ihre Kinder vernachlässigen, unverantwortliche Geldausgaben machen usw. Kürzlich bekam ich verschiedene Briefe von Frauen, deren Männer gewohnheitsmäßig in der einen oder der anderen Weise sexuelle Sünden begehen. Meist schreibt mir die Frau, dass sie ihren Mann mit dem Wort Gottes konfrontiert und verlangt habe, dass er sich davon distanziere. Sie habe ihn gebeten, zu einem christlichen Berater oder Seelsorger zu gehen und ihm vor Augen gestellt, welche zerstörerische Wirkung sein Verhalten auf ihre Ehe habe. Dann habe sie ihn gebeten, doch zu verstehen, wie tief er damit die verletze, die ihn liebten. Für alles hätte er nur taube Ohren gehabt.

Was soll die *Frau* tun? *Das* ist die Frage, die ich stelle. Wenn wir gefragt würden, was der Ehegatte tun sollte, wäre die Antwort recht einfach: die Sünde lassen. Wenn ich sage »einfach« meine ich natürlich nicht, dass das leicht sei. Zuerst muss ein Mann sein Tun bereuen und seine Hilflosigkeit zugeben – was für ihn vielleicht schwerer ist als für eine Frau. Danach könnte es sein, dass er die Hilfe anderer in Anspruch nimmt, die den gleichen Weg hinter sich haben. Verantwortlichkeit und Ermutigung könnten ihm helfen, seine Sünde als solche zu erkennen.

Gott hat uns einen Willen gegeben und uns die Kraft versprochen, zur Versuchung »nein« sagen zu können. Er erlaubt niemals, dass die Versuchung unser Vermögen übersteigt. Er will uns all die Hilfe geben, die wir annehmen *wol-*

len. »... Herr, ich *will* deine Gebote halten. Ich rufe zu dir, hilf mir; ich *will* mich an deine Mahnungen halten. Ich komme in der Frühe und rufe um Hilfe; auf dein Wort hoffe ich. Ich wache auf, wenn's noch Nacht ist, nachzusinnen über dein Wort« (Ps 119,145-148). Der Mann, der sich z.B. durch Pornographie versucht sieht, ist ja nicht gezwungen, sich die entsprechenden Filme anzusehen oder die pornographische Post zu öffnen oder die Magazine dieser Sparte zu lesen oder die Buchhandlungen »nur für Erwachsene« zu frequentieren. Doch er fragt mich oder sonst jemand natürlich auch nicht um Rat. Er möchte gar keinen Rat. Keine noch so gute, umfassende Beratung – professionell oder nicht – wird seinen Hang zur Sünde verändern, solange er selbst das gar nicht *will.* Es muss eine Bereitschaft vorhanden sein, zu tun, was Gott sagt. »Denn das ist der Wille Gottes, eure Heiligung, dass ihr meidet die Unzucht und ein jeder von euch seine eigene Frau zu gewinnen suche in Heiligkeit und Ehrerbietung, nicht in gieriger Lust wie die Heiden« (1. Thess 4,3-5). Das ist das, was Gott dazu sagt. Und er hat niemals ein Gebot gegeben, das er uns nicht zu halten ermöglichen will. Es ist *immer* möglich, den Willen Gottes zu tun.

In manchen Fällen hat eine Frau nicht erkannt, dass es ihre Pflicht gewesen wäre, ihn mit dem Willen Gottes zu konfrontieren. Während mein erster Impuls war, ihr das zu sagen, hat mich weiteres Nachdenken darüber und anhaltendes Beten davon überzeugt, dass sie vielleicht recht gehandelt hat. Sollen wir nicht eine freundliche und gelassene Haltung an den Tag legen? Ist es Sache der Frau, eine Konfrontation herbeizuführen, wenn man an 1. Petr 3,1.2.6 denkt? (Dass ... eure Männer) »durch das Leben ihrer Frauen ohne Worte gewonnen werden, wenn sie sehen, wie ihr in Reinheit und Gottesfurcht lebt ... wie Sara Abraham gehorsam war und ihn Herr nannte; deren Töchter seid ihr geworden, wenn ihr recht tut und euch durch nichts beirren lasst.« Bei Gott sind Dinge möglich, die bei uns unmöglich sind. Er ist dabei, die Herzen der Menschen zu verändern und Leben umzuwandeln – häufig als Antwort auf das Gebet einer Frau.

Es mag nicht verkehrt sein, wenn eine Frau Hilfe bei Menschen sucht. Vielleicht findet sie sie bei einer »geistlichen Mutter«, einer Frau, die selbst schon jahrelang ihren Weg mit Gott gegangen ist und beten kann, und die weiß, wie man Vertrauen aufrechterhalten kann. Wenn professionelle Hilfe gesucht wird, sollte der Berater ein wahrhaftiger Christ sein, d.h. ein Mensch, der Christus und sein Kreuz als Zentrum hat. Ich bekam in dieser Woche einen Brief von einer Frau, die ein offensichtlich unüberwindbares Hindernis in der Beziehung zu ihrem Ehegatten festgestellt hatte. Sie hatte gekämpft, gebetet, verzweifelt nach Antworten gesucht, war mit ihrem Mann zu zwei christlichen Beratern gegangen, die am Ende allerdings genauso vor einem Rätsel standen wie sie selbst. Eines Tages, als sie draußen ums Haus herum arbeitete, begann sie zu beten und tat das den ganzen Tag hindurch: Sie bat Gott, ihr doch klar zu machen, was sie tun sollte. Die Predigt am nächsten Tag war eine Ermutigung, auf ein Wort von Gott her auch einen Glaubensschritt zu vollziehen. Sie schrieb:

»In einer Rundfunkansprache berichteten Sie, dass Sie Leuten, die mit Ihnen über ihre Probleme sprechen, oft eine Gegenfrage stellen. Sie fragen danach, was sie wohl glauben, was der Herr von ihnen will. Ich war sehr überrascht, festzustellen, dass ich plötzlich meine Antwort wusste! Es war eine sehr einfache Sache. Ich sollte nämlich gegen meine Gefühle handeln. Ich hatte vorher versucht, das zu tun, was meiner Meinung nach der Herr von mir wünschte, war aber zu dem Ergebnis gekommen, dass es mir zu schwer war und dass ich es nicht schaffen würde. Jetzt, mit dieser klaren Antwort, beschloss ich, es noch einmal zu versuchen. So etwas funktioniert nicht über Nacht, aber ich blieb beharrlich auf dem eingeschlagenen Weg. Und dann änderten sich die Dinge dramatisch. Mein Mann kann es kaum glauben, wie seine Frau sich verändert hat. Und mir geht es umgekehrt nicht anders.«

Bei Schwierigkeiten jeder Art habe ich wundervolle Erfahrungen gemacht, wenn ich mir die Zeit nahm, sie im Lichte Jesus Christi zu betrachten. Kennen Sie das Lied »Am Kreuze meines Heilandes ...«? (Wenn nicht, werden Sie großen Trost darin finden, es auswendig zu lernen.) Dort müssen wir unsern Standort finden. Am Kreuz war es, dass Jesus mit all unsern Sünden, Sorgen und Kümmernissen fertig wurde. Er fordert uns auf, alle Rechte auf uns selbst aufzugeben, unser Kreuz auf uns zu nehmen und ihm zu folgen. Die Situation mit ihrer Härte, in der Sie sich vielleicht gerade vorfinden, so schmerzlich und verwirrend es Ihnen vorkommen mag, ist genau der Platz, an dem Gott Ihnen die Gelegenheit gibt, ganz allein auf ihn zu schauen, anhaltend im Gebet zu ringen und Ausdauer, Freundlichkeit und Bescheidenheit zu lernen – kurz gesagt die Tiefen der Liebe Christi zu erfahren. Er selbst hat sie auf uns alle ausgegossen. Es ist seine Liebe, die in Ihnen offenbar werden muss, wenn Sie sich in Gelassenheit dem unterwerfen, was Sie verletzt (auch Jesus unterwarf sich). Behandeln Sie Ihren Gatten, wie uns befohlen ist, unsere Feinde zu behandeln – mit Liebe (so tat es Jesus auch). Unterlassen Sie es, die moralische Verantwortung für Ihren Mann zu übernehmen, außer, dass Sie ihn täglich vor Gott bringen. (Es ist nicht Ihre Aufgabe als Frau, ihn zu überprüfen.) Diese Form des Leidens bedeutet Ihre Gelegenheit zu lernen, das *Gott zu überlassen, was nur er tun kann.* Es ist seine Gnade, Ihnen das anzubieten. Vergessen Sie dabei nicht, dass »sein Sinn immer auf Liebe ausgerichtet ist«, wie Mutter Juliana von Norwich schreibt.

Eine der Wahrheiten mit der stärksten Umwandlungskraft ist meiner Erfahrung nach die Aussage, dass wir an den Leiden Christi teilhaben sollen. Kolosser 1,24 und 1. Petrus 4,12-19 zeigt eine völlig andere Perspektive der Dinge, als wir sie von Natur aus mitbringen. Es ist Gottes Sache, die Herzen zu ändern. Unsere Sache ist es, das einfache (aber keineswegs immer leichte), bescheidene Opfer zu bringen und den Rest Gott vertrauensvoll zu überlassen. Und dann sollen wir fortfahren, Gutes zu tun... (s. 1. Petr 4,19). Damit ist immer das gerade Nächstliegende gemeint, was es auch sein mag. (Vielleicht eine Hose flicken? Oder ein weißes Hemd bügeln?)

»Quälende Reibereien des Alltags
und schweren Herzenskummer
mit liebender Geduld ertragen,
in Demut inneren Anfechtungen begegnen,
der schmerzenden Dornenkrone unseres Meisters:
das macht das Herz bereit zu Gottes Wohnung.
Sterben wir mit ihm – wir werden mit ihm leben
und jede schlichte Gnade leuchtet auf
und lobt allein Gott, unseren Herrn.«

(nach Mary E. Atkin)

8 Reaktionen von einem Seminar

»Ich würde Ihnen gern danken, aber das ist mir nicht möglich. Gott im Himmel! Dafür noch danken? Sie haben über Vergebung gesprochen, und meine Mutter, meine Schwester, mein Nachbar – alle saßen da und sahen mich an. Alle schauten sie nach mir aufgrund Ihres Vortrages. Sie wussten, warum ich gerade diese Ansprache nötig hatte. Mein Mann ist ein Spieler und ich bin *bitter*! Bitter, ärgerlich, verängstigt – all das, worüber Sie gesprochen haben! Ich kann Ihnen nur sagen, Gott hatte einen Schalltrichter von Ihrem Mund zu meinem Ohr. Ich konnte es kaum fassen und habe mich gefragt: ›Wer hat Ihnen von mir und meinem Mann erzählt?‹ Ich habe mir Notizen gemacht und dabei das Wort Vergebung eingerahmt. Das gilt meiner Schwester, erklärte ich im Stillen, das ist nicht für mich. Sie ist es, die das nötig hat. Doch in Wirklichkeit passt es tatsächlich in meine Situation. Gott hat es mir deutlich gemacht. Wenn ich daran denke, dass meine Nachbarin mir die Teilnehmerkarte für dieses Seminar als Geburtstagsgeschenk gab! Was für eine Freundin ist das bloß? Ein *Geburtstagsgeschenk!* Aber trotzdem: danke, Elisabeth!«

9 KINDER LEHREN

Wie oft müssen wohl Kinder im Alter zwischen drei und zehn Jahren die beiden einzigen Fragen beantworten, die Erwachsenen oft einfallen: »Wie alt bist du?«, und: »Was willst du einmal machen, wenn du erwachsen bist?«

Die zweite Frage könnte harmlos erscheinen, aber ist sie das wirklich? Erstens mögen viele Kinder sich beunruhigt fühlen, wenn man von ihnen eine Entscheidung verlangt, die für sie noch in weiter Ferne liegt. Zweitens folgt daraus, dass die Wahl bei ihnen liegt. Das kann später zu großer Verwirrung führen. Das Kind will zunächst einmal körperlich wachsen. Geistlich hat es nicht einmal angefangen, sich zu entfalten, solange es nicht gelernt hat, dass Jesus nicht nur für seine Sünden starb, sondern damit es nicht mehr nur für sich selbst leben sollte (s. 2. Kor 5,15; 1. Joh 3,16). Wenn ein junger Mensch von Kindheit an gelehrt worden ist, dass er verpflichtet ist, etwas zu sein, ohne dass man ihm gleichzeitig gezeigt hat, dass es eine großartige Sache ist, Gott zu dienen, kann das zu Problemen führen. Dann wird er unter Umständen von Ehrgeiz und Idealen erfüllt sein, die allein aus weltlichen Maßstäben stammen. Hat seine Frage »Wo komme ich dabei vor?« nichts mit dem Reich Gottes zu tun, dann ist die Frage nach dem Willen Gottes kaum relevant für ihn. Er wird die Grenzen seines Gehorsams selbst festsetzen und das Maß allen Dienstes für andere selbst bestimmen. »Mir selbst zuliebe« ist ein Konzept, das Kinder viel früher erfassen, als wir im Allgemeinen annehmen. Ein kleiner Junge schrieb mir, dass er gerade lernen müsse, sich für andere einzusetzen. Für ihn hieß das, sich manchmal mit seiner kleinen Schwester ins Bett zu legen, wenn er eigentlich lieber draußen spielen würde – nur damit sie leichter einschliefe.

Beten Sie darum, dass Gott Ihnen zeigt, wie Sie Ihre Kinder lehren können, dass unser Leben Gott gehört. »... wisst ihr nicht ... dass ihr nicht euch selbst gehört? Denn ihr seid teuer erkauft; darum preist Gott mit eurem Leibe« (1. Kor 6,19–20). Helfen Sie Ihrem Kind zu verstehen, dass der Herr sein Hirte ist und dass es sein kleines Lamm ist. Der Hirte wird ihm mit Freuden den rechten Weg zeigen, wenn es bereit ist, ihm zu folgen.

10
BERUFSTÄTIGE MÜTTER

Die Direktorin eines Zentrums für Frauenfragen sagte einmal: »Männer haben es immer geschafft, kreativ zu arbeiten und sich selbst darin zu verwirklichen.« Sie wünschte sich, mehr Frauen von deren traditionellem Wirken befreit zu sehen, um zu kreativen Tätigkeiten zu finden. Zur »kreativen Arbeit« gehört nach Ansicht dieser Dame nicht, ein Leben als Hausfrau und Mutter zu führen. »*Warum eigentlich nicht?*«, würde ich sie gerne fragen. Und wer, um alles in der Welt, soll die Haushaltsführung und die Aufgabe der Mutter übernehmen? Die Dame erklärte, dass sie sich verwirrt und frustriert gefühlt hätte, als sie sich einmal näher damit befasst habe. Und dass sie dann um ihre Erfüllung gekämpft habe. Viele Frauen empfinden ähnlich wie sie. Diese Äußerungen begegnen mir oft. Ich möchte etwas Grundlegendes dazu sagen: Wenn das Hausfrau- und Muttersein die Aufgabe ist, die Gott Ihnen zur Zeit bestimmt hat, dann wird das fröhliche Akzeptieren dieser Aufgaben – auch wenn es ein Opfer ist – für Sie wirklich kreativ sein und Ihnen echte Erfüllung schenken.

Das ist an dem Punkt ein für alle Zeiten gültiges Prinzip. Das sollte Begründung genug sein für jedermann. Es gibt aber noch zwei andere Gründe, weshalb ich jungen Müttern ständig empfehle, dass sie lieber zu Hause bleiben sollen. Dann ist da noch ein interessanter dritter Grund, über den man sich streiten kann, wenn man will.

Erstens: Die Bibel sagt mir (einer älteren Frau), dass ich die jungen Frauen lehren soll, wie man seinen Haushalt ansprechend führt (Tit 2,5) oder (nach anderen Übersetzungen) sich um die häuslichen Angelegenheiten intensiv kümmert oder einfach ein wohnliches Zuhause schafft.

Zweitens: Kinder brauchen ihre Mutter. Sie brauchen eine Menge Zeit. Das Reden von der als Ersatz qualitativ hochwertigeren Zeit ist Unfug. Jede Investition an Zeit, die eine gläubige Mutter ihren Kindern zuteil werden lässt, sollte hochwertig sein.

Drittens: Es ist sehr gut möglich, dass das Einkommen einer berufstätigen Mutter bei weitem nicht so viel ausmacht, wie es zunächst den Anschein hat. Schauen wir uns eine Studie von Wayne Coleman aus Austin/Texas an. Ich denke, dass seine Schätzungen noch zu bescheiden angesetzt sind. Von einem Wochenverdienst von ca. 300,00 DM gehen ab:

»Zehnter« (statt Kirchensteuer)	30,00 DM
Lohnsteuer	60,00 DM
Sozialversicherungen	18,00 DM
Fahrtkosten	32,00 DM
Mittagessen	12,00 DM
Kleidung, Schuhe, Reinigung usw.	20,00 DM
Kinderbetreuung	60,00 DM
Friseur und Kosmetik	8,00 DM
Geschenke, Unterhaltung im Büro	2,50 DM
Kaffeepause, Diverses	4,50 DM
Extra-fast-food für zu Hause	16,00 DM

Als Nettoeinkommen einer Frau bleiben dabei wöchentlich etwa 32,00 DM übrig. Wenn man dann noch Dinge abzieht, die sie gar nicht gekauft hätte, wenn sie nicht »ihr eigenes Einkommen« hätte, oder die sie glaubt zu verdienen, weil sie ja »arbeitet«, wieviel bleibt dann noch übrig für die notwendigen Dinge, die sie zu der Überzeugung gebracht haben, dass sie unbedingt berufstätig sein muss?

Hier ein Zeugnis von einer jungen Frau aus Texas, die bis jetzt noch keine Kinder hat: »Das Problem, mit dem ich mich herumschlage, ist folgendes: Obwohl ich nur eine Teilzeitbeschäftigung habe, scheint mir keine Zeit übrig zu bleiben, meinen Haushalt ordentlich zu besorgen, mich mit anderen Frauen zu treffen oder mich um die Bedürftigen und Verlorenen zu kümmern. Ich kenne den Druck der Umwelt und der Gesellschaft, wo alles »nach oben« drängt, und wo man mehr erwartet, als ich fertig bringe. Dadurch wird meine Anstrengung zu einem regelrechten Kampf. Ein Teil meines Inneren möchte die Arbeit aufgeben, ein anderer Teil hat bis jetzt nicht die nötige Freiheit dazu.«

Wenn Sie eine Mutter von kleinen Kindern sind und überlegen, ob Sie eine Berufstätigkeit annehmen sollen, bedenken Sie bitte vorher folgende Fragen:

Ist das, was Sie verdienen, wirklich den Einsatz wert?

Erhöht es für Ihren Gatten die steuerliche Belastung? Können Sie Ihr Bestes auf familiärer Ebene und gleichzeitig am Arbeitsplatz geben, oder wird der Schwerpunkt auf diesen verlagert? Die frühere israelische Premier-Ministerin Golda Meir sagte einmal, dass eine berufstätige Mutter fast zerrissen würde – wenn sie am Arbeitsplatz an all das dächte, was sie zu Hause nicht geschafft habe, und zu Hause an all das erinnert würde, was im Büro liegen geblieben sei.

Wäre Ihr Gatte in seinem Beruf unbelasteter, wenn Sie besser für den Ablauf zu Hause sorgen könnten? Was sind Ihre wirklichen Motive für die Berufstätigkeit? Könnte es sozialer Druck sein, Langeweile, Habgier, Stolz, mangelnde Bereitschaft, schlichte Hausarbeiten auszuführen? Möchten Sie irgendjemand etwas beweisen?

Ich kenne einige Mütter von kleinen Kindern, die angesichts echter ökonomischer Notwendigkeit Gott um eine Arbeit gebeten haben, die sie zu Hause tun können. Dann suchten sie z.B. eine Bibliothek auf, um sich über mögliche Heimarbeit zu informieren. Oder irgendeine neue Idee wurde ihnen geschenkt. Es ist erstaunlich, wenn man von den Antworten hört, die Gott gegeben hat. »Euer himmlischer Vater weiß, dass ihr all dessen bedürft.«

11
FRAUEN IN DER ARBEITSWELT

Weil ich den Aussagen der Schrift gegenüber gehorsam sein möchte, beziehe ich mich öfter auf die Stelle, die mir als älterer Frau sagt, was ich an die jungen Frauen weitergeben soll: Titus 2,3-5. Aber dann fragen sie mich z.B., ob es auch für eine alleinstehende Mutter falsch ist, wenn sie arbeiten geht. Oder: »Ist es falsch, wenn eine Mutter, deren Kinder aus dem Haus sind, berufstätig wird?« »Ist es falsch, wenn eine Frau arbeitet, weil ihr Gatte darauf besteht?« Die letzte Frage ist nicht ganz so schwer zu beantworten, weil eine Frau sich ihrem Mann unterordnen und die Folgen Gott überlassen sollte. Denjenigen, die es bisher als notwendig betrachtet haben, berufstätig zu sein, möchte ich einige ermutigende und tröstliche Worte sagen:

1. »Mein Gott aber wird all eurem Mangel abhelfen nach seinem Reichtum in Herrlichkeit in Christus Jesus« (Phil 4,19). Erinnern Sie sich nur daran, dass Gott letztlich das entscheidende Urteil über Ihre Nöte fällt. Da er weise, allmächtig und ein liebender Gott ist, kann man ihm vollständig vertrauen. Er wird auch einlösen, was er verspricht.
2. Wir wissen nur, was *heute* zu tun ist. Keiner von uns kennt die Zukunft. Seien Sie heute treu in Ihrem Tun – zuverlässig in Ihrer Arbeit, durch und durch aufrichtig und dankbar. »Alles, was ihr tut, das tut von Herzen als dem Herrn und nicht den Menschen, denn ihr wisst, dass ihr von dem Herrn als Lohn das Erbe empfangen werdet. Ihr dient dem Herrn Christus« (Kol 3,23–24).
3. Bleiben Sie eine Frau, die geachtet wird. Betty Greene, die im Zweiten Weltkrieg als Pilotin und später bei einer Missions-Fluggesellschaft tätig war, erzählte mir: »Ich entschloss mich – wenn ich schon in einer Männerwelt arbeiten musste – Dame zu bleiben.« Eine echte Dame wird

auch von Männern anerkannt und respektiert. Bewahren Sie sich diese Achtung, den nötigen Abstand und eine enge Beziehung zu Gott. Er wird Sie beschützen.

4. Wenn Sie sich wirklich auf Gott verlassen, wird er Ihnen zeigen, ob oder wann er etwas anderes für Sie bestimmt hat. Bleiben Sie in seiner Nähe.

12 WENN MAN KINDER ZU HAUSE UNTERRICHTET

Als meine Tochter Valerie Shepard drei ihrer fünf Kinder zu Hause unterrichtete (die anderen beiden waren noch im Vorschulalter), fragte ich sie einmal, welche Vorteile sie bei dieser Methode entdeckt hätte. Ihre Antwort lautete:

1. Die Kinder haben *mehr Zeit*: (laut und leise) zu lesen, Verantwortung zu lernen, indem sie Hausarbeiten übernehmen können; zu spielen (ohne Anweisung von Erwachsenen) und ihre Phantasie einzusetzen; einander zuzuhören und miteinander Spaß zu haben – auch Gehorsam zu lernen.
2. Eltern brauchen die Inhalte oder die Wertvorstellungen, die den Kindern sieben Stunden am Tag vermittelt werden, nicht zu ergänzen oder zu korrigieren. Sie besitzen die volle Aufmerksamkeit der Kinder zu jeder Tageszeit und können ihnen ebenfalls volle Aufmerksamkeit schenken. Die Kinder sind nicht täglich zwei verschiedenen Wertsystemen ausgesetzt.
3. Die Kinder lernen sich mehr lieben. Sie schauen nicht auf andere herab, um etwa bei ihren Klassenkameraden an Ansehen zu gewinnen oder in falscher Schmeichelei älteren Kindern zu gefallen. Diese Gesellschaft vermittelt den Kindern die Überzeugung, dass »älter sein« »besser sein« bedeutet. Das stimmt einfach nicht. Wenn man sie alle Tage zu Hause hat, dürfen sie Kinder sein, ohne in der falschen Weise »erwachsen werden« zu müssen.
4. Sie lernen, einander zu dienen. Die Familie ist ein Mikrokosmos des »Leibes Christi«.

Nachdem ich Valerie gebeten hatte, mir darüber etwas zu schreiben, hatte ich selbst Gelegenheit, das Gesagte auszuprobieren. Valerie und Walt gingen nach South Carolina (wobei sie ihren Säugling Colleen mitnahmen). Ich behielt die anderen vier für fünf Tage. (Es wurde nicht langweilig.) In der Küche hing eine Liste der anfallenden Hausarbeiten. Täglich erinnerte ich sie daran, was allerdings selten mehr als einmal erforderlich war. Das neun- bzw. sieben- oder fünfjährige Kind deckte jeweils abwechselnd den Tisch und räumte wieder ab, leerte die Spülmaschine, faltete die Wäsche zusammen und wischte die Küche auf. Walter (der Älteste) und Jim (noch nicht ganz drei) brachten den Müll raus. Die Mädchen säuberten das Bad. Alle außer Jim machten ihre Betten selbst.

Die Schule begann um neun Uhr mit einer Bibellese, mit Singen und Beten. Alle vier machten mit. Jim saß dazu auf dem Boden und spielte, während die anderen lernten. Christiana war etwa um zehn Uhr mit ihren Kindergarten-Aufgaben fertig. Walter und Elisabeth arbeiteten fast bis zum Mittagessen.

Jeden Nachmittag gab es zuerst eine Ruhestunde. Für mich war das so etwas wie eine Lebensrettungsmaßnahme. Die drei Älteren mussten eine Stunde lang ruhig in ihren Zimmern bleiben. Sie brauchten nicht unbedingt zu schlafen, aber sie sollten lesen oder etwas anderes allein tun, was die Ruhe gewährleistete. (Nicht ein einziges Mal hatten wir eine Auseinandersetzung deswegen. Es hatte immer zu ihrem Leben dazugehört, und sie hatten sogar selbst an dieser Einrichtung Freude.) Jim und ich legten uns miteinander hin. Ich las ihm noch eine Geschichte vor und darüber schlief er ein.

Da wir kein Auto zur Verfügung hatten, marschierten wir vier jeden Tag zum Lebensmittelgeschäft. Walter fuhr mit dem Rad. Es war ein interessanter Zug, der sich da vorwärts bewegte. Elisabeth z.B. hatte fünf Pfund Mehl im Arm. Christiana schlug sich mit einer Kunststoffdose herum. Jim schleppte einen Beutel mit Äpfeln und die Oma eine bis oben hin gefüllte braune Einkaufstasche.

Manchmal lasen wir zusammen Gedichte (Jim konnte sie mühelos alle auswendig aufsagen) und sangen miteinander. Alle lernten »Chattanooga Choo-Choo« – aus Versehen sozusagen. Ich wollte ihnen beibringen: »Lobe den Herren«, aber irgendwie haftete das andere viel leichter im Ohr – leider! Walter und Elisabeth übten Klavier und spielten uns lebhafte Duette vor. Wir buken Brot und räumten Schubladen und Schränke auf, sortierten Kleider und Spielzeug aus, das weggegeben werden sollte, suchten Veilchen und hatten eine wunderbare Zeit zusammen.

Allerdings muss ich bekennen: Am Abend des ersten Tages war ich nicht sicher, ob ich die Woche durchstehen würde. Als Valerie anrief, fragte ich sie: »Wie wirst du bloß mit dem ganzen Trubel fertig?« »Mama, ich halte mich an das, was du mich gelehrt hast: ›Denk nicht an alles, was du noch bewältigen musst, *erledige nur immer das Nächstliegende!*‹ « Mir musste jetzt gesagt werden, was ich so oft andere gelehrt hatte. Und es funktionierte!

Zu Hause zu unterrichten bedeutet eine Herausforderung – um es gelinde auszudrücken. Aber es lohnt sich. Falls Sie es in Erwägung ziehen, besorgen Sie sich entsprechendes Material zur Anleitung.

13 ZU VIELE KINDER?

Als ich erfuhr, dass meine Tochter Valerie Nummer fünf erwartete, bekam ich einen Kloß im Hals.

Valerie und Walt schienen recht gelassen dabei. Sie waren bereit, dieses Kind anzunehmen, wie sie die anderen angenommen hatten – als Gabe Gottes. Sie dachten an das Wort: »Wer dieses Kind aufnimmt in meinem Namen, der nimmt mich auf« (Lk 9,48). Doch meine Phantasie ging in die Zukunft und zu ihren scheinbaren Unmöglichkeiten. »Arme, liebe Valerie. Sie hat jetzt schon die Hände mehr als voll. Was wird sie mit fünfen anfangen?« Bevor sie heiratete, hatte Valerie mir mal gesagt, dass sie hoffe, der Herr würde ihr sechs Kinder schenken. Ich hatte in mich hineingelächelt und im stillen gedacht, sie würde wahrscheinlich nach den ersten drei oder vier die Zahl revidieren. Praktische Erwägungen stiegen in meinem Geist wie Gewitterwolken auf.

Dann begann ich, mir die Vorteile auszumalen. Ich war selbst eines von sechs Kindern gewesen. Und ich hatte es genossen, in einer großen Familie aufzuwachsen. Kinder lernen dort sehr früh, was es heißt, anderen zu helfen und mit ihnen zu teilen, Verantwortung zu übernehmen und Opfer zu bringen, anderen einen Platz einzuräumen, mit ihnen zu kooperieren und sich selbst zu verleugnen. Warum also dieser Aufruhr in meinem Innern? Nun, weil ich mein Kind liebte. Sie war oft so müde. Sie hatte jetzt bereits alle Hände voll zu tun. Vielleicht war es später einmal eher möglich – später, wenn die anderen älter waren und mehr helfen konnten, vielleicht ... O Herr!

Ich versuchte, mit Gott darüber zu reden. Die Zeit zum Frühstück kam herbei. Wir aßen, spülten das Geschirr, der Unterricht im Schulzimmer der Kinder begann und ich ging in mein Zimmer – mit aufgewühltem Herzen. Was tut man dann?

Ich schreibe dies, weil besorgte junge Frauen mir sagten, dass sie die Reaktionen ihrer Mütter auf die Nachricht von einem neuen Kind nicht verstanden. Kamen sie aus Ärger? Liebten sie die Enkelkinder nicht, die sie bereits hatten? Warum wollten sie keine mehr haben? War es nichts weiter als ein aufdringlicher Versuch, das Leben der Kinder zu beeinflussen? Wurde da eine noch schlimmere Haltung sichtbar – dass sie nicht bereit waren, Gott Gott sein zu lassen?

Diese letzte Frage war es, von der ich wusste, dass ich mich damit auseinandersetzen musste. Ich kniete in meinem Zimmer nieder. Die meisten Dinge, die uns zutiefst beunruhigen, kommen bis zu diesem Punkt. Ich hatte vor, alle meine falschen Reaktionen entschieden und ganz speziell vor Gott zu bringen und sie aufrichtig dort niederzulegen. (Er wusste ja schon ganz genau, was ich dachte.) Ich musste meinen Stolz und meine Dummheit bekennen und dann genauso entschieden seine Souveränität und seinen liebenden Willen für Valerie, für ihre Familie und für mich als Großmutter akzeptieren. Nur Gott wusste, wie unzählig viele Menschen, selbst in zukünftigen Generationen, er im Blick hatte, wenn er dieses besondere Kind in die Shepard-Familie hineingeboren werden ließ. Er gewährte dieser Familie das Vorrecht, für ihn Opfer zu bringen, an seinem großen Entwurf des Lebens teilzuhaben. »Ja, Herr!« Dein Wille ist meine bewusste Wahl. Nichts mehr. Nichts weniger. Und sonst nichts.

Auch wenn die Gefühle sich nicht auf einmal verflüchtigen, waren sie doch ausgeliefert worden. Und der Herr weiß, was er damit machen muss. Ich musste sie ihm immer und immer wieder übergeben. Aber er nahm sie an, und während der nächsten Tage verwandelte er sie. Und als die Nachricht von Nummer sechs zwei Jahre später zu mir drang, war ich in der Lage, *»Danke, Herr«* zu sagen und konnte dann das winzige unbekannte Wesen meiner Gebetsliste anfügen.

Evangeline Mary wurde am 9. November 1988 geboren und von allen liebevoll willkommen geheißen.

14
EIN KIND LERNT SELBST-VERLEUGNUNG

Eine der zahllosen Segnungen meines Lebens besteht darin, dass ich eine Tochter habe, die tatsächlich um meine Gebete und meinen Rat bittet (und den letzteren auch beachtet). Sie rief eines Morgens von Kalifornien aus an und erzählte von den Schwierigkeiten, Kinder zu Hause zu unterrichten, die in die Klassen sechs, vier und eins gehören – wenn man dazu gleichzeitig ein vierjähriges Kind im Kindergartenalter und ein zweijähriges hat, das am liebsten allerlei anstellen möchte. Seit Evangeline Mary geboren war, beanspruchte eben auch noch ein Säugling Aufmerksamkeit. Wie sollte sie sich noch um die zweijährige Colleen kümmern und ihr gleichzeitig klar machen, dass sie während einer Zeitspanne, die ihr lang vorkommen musste, still sein und sich selbst beschäftigen sollte? Valerie war tief beunruhigt, ob sie wohl für die Kleine alles Notwendige schaffen konnte.

Ich erinnerte sie an die Frauen in biblischen Zeiten – die wohl kaum ihre Kinder zu Hause unterrichteten. Eine gewöhnliche Dorfbewohnerin musste vermutlich meist sehr schwer arbeiten: Wassergefäße schleppen, Getreide mahlen, fegen, pflanzen, kochen und dabei die Kinder versorgen. Das galt auch für die Indianer, mit denen Valerie aufgewachsen war. Eine indianische Mutter unterbrach niemals ihre Arbeit, um sich niederzusetzen und mit einem kleinen Kind zu spielen oder ihm eine Geschichte vorzulesen. Doch die Kinder waren mehr oder weniger immer um sie herum. Sie beobachteten sie beim Arbeiten, ahmten sie nach und lernten dabei ganz zwanglos, was sie zum Leben brauchten. Sie besaßen ein festes und sicheres Zuhause – »und das haben eure Kinder auch. Mach dir keine Sorgen! Du tust Colleen kein Unrecht. Ganz im Gegenteil. Du gibst ihr wunderbare Dinge: ein stabiles Heim, deine Gegenwart darin, eine unbezahlbare

Erziehung, gerade auch in den Dingen, die sie beobachtend mitbekommt.«

Die Anforderungen an Valerie – wie an jede Mutter von kleinen Kindern – hören natürlich nie auf. Sie macht die ganze Hausarbeit mit Hilfe der Kinder (an der Kühlschranktür hängt eine Liste aller anfallenden Pflichten). Die Leute schlucken gewöhnlich erst einmal, wenn sie erfahren, wie viel Kinder Valerie hat. »Ohhhh, das muss aber eine ganz besondere Frau sein, die so viel Kinder hat.« Eine besondere? Das stimmt nicht. Millionen haben das geschafft. Aber Gnade gehört dazu und Kraft und Demut. Und Gott ist da und bereit, alles Notwendige zu schenken.

Ich schlug Valerie vor, Colleen einen Raum zu bestimmen, in dem sie während der Schulzeit spielen durfte. Dann musste es für sie sehr klar gemacht werden, dass die Schulzeit für ihre Brüder und Schwestern absolut ruhige Zeit zu sein hatte. Als Valerie so alt war wie Colleen jetzt, musste sie lernen, still allein zu spielen, weil ich jeden Tag eine erhebliche Zeitspanne mit Bibelübersetzungsarbeiten beschäftigt war. Oder ich hatte Sprachklassen und Bibelklassen in unserem Haus zu unterrichten. Sie wusste, dass sie mich dabei nicht unterbrechen durfte, außer mit Dingen, die ich als »wichtig« definiert hatte. Damals gab es für sie selten Kinder ihres Alters, mit denen sie hätte spielen können. Sie hatte weder Geschwister noch einen Vater. Und doch war sie glücklich und, ich denke, gut angepasst. (Für eine gewisse Zeit mussten wir die zusätzliche Schwierigkeit bewältigen, mit einer Missionarsfamilie mit sechs Kindern unter neun Jahren zusammenleben zu müssen. Diese Mutter fühlte sich verpflichtet, zu jeder Minute für ihre Kinder mehr oder weniger verfügbar zu sein. Sie dachte, die Kinder seien noch zu klein, um zu lernen, dass sie sie nicht unterbrechen durften. In der Wohnung herrschte ständig Chaos, und die Mutter war die meiste Zeit völlig erschöpft.)

Ist dieser Lernprozess zu hart für ein Kind? Ist es für die Mutter unmöglich, ihn durchzusetzen? Ich denke nicht. Je früher die Eltern beginnen, die Regeln von Ordnung und

Schönheit und Ruhe den Kindern begreiflich zu machen, desto schneller werden sie sich gute, feste Vorstellungen davon aneignen, was so unabdingbar für eine wirkliche Glaubenshaltung ist: Selbstverleugnung. Das Heim von Christen sollte eine Stätte des Friedens sein, und Frieden gibt es nicht, wo die Selbstverleugnung fehlt.

Gläubige Eltern versuchen, ihre Kinder auf ein Leben mit Christus hin vorzubereiten. Ein Empfinden für die Gegenwart Gottes in der Familie wird ganz einfach schon dadurch geweckt, dass man von ihm spricht. Auch das Beten trägt dazu bei, nicht nur bei den Mahlzeiten, sondern auch in Familienandachten und vielleicht beim Zubettbringen der Kinder. Einen wichtigen Platz nimmt die Bibel ein. Und einen besonderen Segen erfährt ein Kind (so wie ich), das in einer Familie aufwächst, in der viel gesungen wird. Sam und Judy Palpant aus Spokane haben solch ein Heim. »Jedes unserer Kinder hat sein eigenes Wiegenlied, das ich singe, bevor wir beten und ich sie endgültig ins Bett stecke«, schrieb Judy. »Dieses Lied stellt einen besonderen Teil des abendlichen Rituals dar. Wenn andere Kinder bei uns übernachten, singen wir speziell für sie ›Jesus liebt mich‹. Welche Freude erlebten wir mit denen, die am häufigsten bei uns über Nacht geblieben waren, als sie uns eines Tages erklärten: ›Jetzt haben wir unser eigenes Gute-Nacht-Lied!‹ Matthias mit seinen zwölf Jahren, der sich so leicht von anderen Dingen fangen lässt, sagte: ›Meins heißt jetzt: Jesus, halt mich nahe bei dir‹ .«

Die Aufgabe der Eltern besteht darin, dass sie mit Liebe zeigen, wie sie leben. Durch die Art und Weise, wie sie das tun, machen sie deutlich, dass sie in einen anderen Herrschaftsbereich und zu einem anderen Herrn gehören. So können sie die Gedanken ihrer Kinder in die gleiche Richtung lenken. Das »Rohmaterial«, mit dem sie es zu tun haben, ist durch und durch selbstsüchtig. Behutsam und liebevoll müssen sie das »Joch« der Achtung und Aufmerksamkeit für andere auf diese kleinen Kinder legen. Es ist ja ihr aufrichtigster Wunsch, aus ihnen gute und zuverlässige

Nachfolger Jesu zu machen und – wie es Janet Erskine ausdrückte – »Heilige an Gott zurückzugeben«.

Es war wohl kein Zufall, dass meine Freundin Ann Kiemel Anderson anrief, als ich eben den obigen Abschnitt beendet hatte. Sie hatte gerade den kleinen William Brandt, ihren vierten Adoptivsohn, in Empfang genommen. Die anderen waren vier und drei Jahre und zehn Monate alt. Ann war fasziniert von dem neuen Kind und nicht annähernd so erschöpft, wie sie es erwartet hatte. Dankbar nahm sie die Gabe an und war auch dankbar für die Gnade und Kraft, die ihr von Tag zu Tag für ihre Aufgabe geschenkt wurde.

»Aber, ohhh, Elisabeth ...«, sagte sie mit ihrer etwas heiseren, aber sanften Stimme, »als ich nur ein Kind hatte, glaubte ich bereits, eine Antwort auf alle auftauchenden Fragen zu haben. Man wird ganz schön demütig, wenn man dann zwei oder drei oder vier Kinder hat.«

Diese Erinnerung hatte ich nötig. Jim und ich hatten auf mindestens vier Kinder gehofft. Gott gewährte uns nur eines, und dieses eine gab mir kaum Anlass zu ernsthafter Sorge, ganz zu schweigen von Verzweiflung. Sie war einfach »pflegeleicht«. Was bei ihr »funktionierte«, mag aber bei anderen Kindern nicht gelten. Trotzdem möchte ich einige Anregungen weitergeben. Sie kommen nicht nur aus den Erfahrungen, die ich als Kind meiner Eltern oder als Mutter meiner Tochter sammelte, sondern auch aus der Beobachtung anderer. Mein zweiter Gatte Add Leitch, dessen erste Frau gestorben war, hatte drei Töchter. »Wenn ich nur zwei von ihnen gehabt hätte, wäre ich davon überzeugt gewesen, ein Buch über Kindererziehung schreiben zu können«, sagte er mir einmal. Die dritte bewies ihm aber, dass er dazu nicht in der Lage war.

15

ERNSTHAFTES SPIELEN – SORGLOSES ARBEITEN

Als ich noch ein Kind war, rannten wir jeden Nachmittag nach der Schule nach Hause und vergewisserten uns, dass Mutter da war, wo wir sie erwarteten (sie war es). Dann sammelten wir die Kinder aus dem Block, um »Kick-the-Can« zu spielen oder Spielhäuschen aus hölzernen Treibhaus-Kisten zu bauen. Das Material kostete uns keinen Pfennig. Die Erwachsenen brauchten uns weder zu beaufsichtigen noch uns irgendwohin zu fahren oder uns zu irgendetwas anzuleiten. Wir spielten eben bloß. Wir waren einfach Kinder, die wussten, dass die Zeit nach der Schule zum Spielen da war... bis es Zeit war für bestimmte Arbeiten: Klavier üben, Tisch decken, Tisch abräumen, Hausaufgaben.

Manches hat sich seitdem geändert. Erzieher haben sich schrecklich ernsthafte Gedanken übers Spielen gemacht und sind sehr nachlässig geworden im Hinblick auf wirkliche, körperliche Arbeit. Milliarden Dollar wurden verschwendet, um handwerkliche Fähigkeiten zu entwickeln, die keiner wirklich braucht. Formen der Freizeitbeschäftigung und Entspannung wurden erfunden, bei denen man die Leute erst lehren musste, sie zu lieben. Wir haben heute Spielzeug und spielerische Beschäftigungsweisen, die Einfluss auf uns gewinnen: Computerspiele, Spielgruppen, Spielplätze. Kleine Knirpse, die glücklich wären mit ein paar Tupper-Dosen und einigen Löffeln, kriegen phantastisches mechanisches Spielzeug in die Hände, das automatisch etwas auslöst. Man lehrt sie, dass sie kreativ seien, wenn sie mit Fingerfarben eine riesige Schmiererei veranstalten (sie wussten vorher gar nicht, dass sie das *sein wollten*).

Ich habe indianische Kinder im Fluss spielen sehen. Sie kletterten auf Bäume und rutschten schlammige Ufer hinunter. Doch daneben fingen sie oft Fische oder entdeckten wilden Honig, Früchte oder essbare Schnecken. Sie hatten kein Spielzeug, um sich damit zu beschäftigen, aber sie erlebten eine wunderbare Zeit (im Alter von drei oder vier Jahren!), wenn sie Feuer anzündeten, Messer schärften und auf die ständig wuchernden Pflanzen einschlugen. Keiner sagte ihnen, was sie tun sollten. Das Spiel dieser Kinder ging ganz natürlich in nützliche Arbeit über. Meine kleine dreijährige Valerie war ebenso geschickt bei diesen Aktivitäten wie die Indianer. Sie lernte ebenso wie diese durch tägliche Beobachtung erwachsener Männer und Frauen. Dann ahmten sie diese nach. Ein zehnjähriges Mädchen konnte bereits eine vollständige Hängematte flechten. Ein zehnjähriger Junge konnte mit einem Blasrohr umgehen und Beute heimbringen, z.B. einen Vogel oder einen kleinen Affen zum Abendessen. Eine ganze Menge von dem, was sie taten, hatte einen Sinn. Sie hatten viel mehr Freude daran als die Kinder, die einen großen Teil ihrer Kindheit damit verbringen, Dinge zu tun, die weder für sie selbst noch für jemand anderen viel bedeuten.

Erhalten Kinder heutzutage nicht viel zu viel falsche Aufmerksamkeit und nicht annähernd genug berechtigte Beachtung? Ist es wirklich sinnvoll, dass Kinder von sechs oder sieben Jahren fanatisch auf organisierten Sport reagieren und richtige Genies bei der Handhabung von Computerspielen sind, während sie kaum in der Lage sind, sich ohne Nachhilfelehrer, ein Team, eine Uniform, ein Waffenarsenal oder teure und komplizierte Elektronik-Ausrüstung selbst zu amüsieren? Ganz zu schweigen vom täglichen Hin- und Hergefahrenwerden zum Sportplatz, zum Park, zur Eislaufbahn – überallhin mit Ausnahme vom heimischen Hof oder Garten. Müssen sie unbedingt von Erwachsenen zusammengetrommelt und gedrängt werden, geschult, angeschrien, gelobt, beschwatzt und ständig beschützt werden? Von Erwachsenen, die dafür bezahlt werden, dass sie auf die armen kleinen Rowdies aufpassen, damit sie während der Arbeitszeit den anderen Erwachsenen nicht in die Quere kommen?

Achtet jemand darauf, wie ein *Kind* arbeitet? Setzt man voraus, dass es den Rasen halbherzig recht, wenn man es darum bittet? Fegt es die Garage in stiller Wut, oder hat es Freude daran, es ordentlich zu machen? Scheuert ein Mädchen den Ausguss, bis er glänzt und fühlt sich dabei als nützliches Glied des Haushaltes? Lehrer in der Schule mühen sich verzweifelt darum, Kinder zum Mitmachen zu bewegen – Kinder, die niemals wirklich mit ihren Händen gearbeitet haben. Mir scheint, dass das kein allzu guter Start ist. Wenn einem Kind niemals begreiflich gemacht wurde, dass es mitverantwortlich ist und helfen muss, dass zu Hause alles läuft, wenn ihm niemals sinnvolle Aufgaben anvertraut wurden – warum sollte es sich vorstellen, dass es eine Rolle spielt, ob es bei den Lehrern und Klassenkameraden mitmacht? Seine Eltern haben versagt, indem sie einer lebenswichtigen Sache keine Beachtung schenkten. Ihre Aufmerksamkeit hat anderen Dingen gegolten: ihren eigenen Interessen, dem Job, dem Vergnügen, der körperlichen Fitness oder auch nur der Gesundheit des Kindes und einem irrigen Begriff von Glück, bei dem Arbeit »außen vor« bleibt. Wenn die qualitativ hochwertige Zeit, die der Vater mit dem Kind verbringt, eher aufs Vergnügen beschränkt bleibt, als auf Arbeit ausgerichtet ist, dann ist es kein Wunder, wenn das Kind denkt, dass kein Mensch die Arbeit wirklich liebt. Seine Entscheidung, wie es seine Zeit verbringt – wie auch seine Essgewohnheiten – werden zu Hause geprägt – durch Beobachtung des elterlichen Verhaltens.

Die Indianerkinder aus dem Dschungel, die ich kannte, lernten ohne irgendwelchen formalen Unterricht. Sie waren mehr oder weniger ständig mit ihren Eltern zusammen. Nachts schliefen alle um ein einziges Feuer herum. Tagsüber gingen die Jungen mit ihren Vätern jagen oder fischen. Die Mädchen pflanzten mit ihren Müttern allerlei oder sammelten Nahrung. Es war harte Arbeit, und sie war zum Überleben notwendig. Sehr selten mussten Eltern ein Kind anhalten, seine Pflicht zu tun, ganz zu schweigen von härteren Maßnahmen. Es wurde einfach erwartet, und die Kinder stellten sich darauf ein. Kein Kind über zwei Jahren war davon ausgenommen und lungerte nur herum. Aber sie hatten eine Menge Spaß dabei. Niemals wieder habe ich Menschen so viel lachen sehen wie dort. Es war ein friedliches Leben, ein Leben ohne den schweren Stress und die Konflikte, die wir uns selbst geschaffen haben. Wäre es nicht schön, wieder dorthin zurückzukehren?

Aber wie sollte das möglich sein? Wir leben nicht im Dschungel. Die Kinder treiben sogenannten »Dschungel-Sport«, statt dass sie wirkliche Bäume hinaufklettern. Sie haben Plastik-Schwimmbecken statt eines klaren, fließenden Stromes, Skate-Boards und Inline-Skates statt schlammiger Uferböschungen. Die Arbeit, die notwendig ist, um alle am Leben zu erhalten, sie zu ernähren und zu kleiden, wird an einem Ort getan, wo die Kinder es nicht sehen. Soweit Kinder es erkennen können, hat das gewöhnlich nichts mit essen und anziehen zu tun, sondern nur mit Geld. Die Eltern (leider oft beide) reißen sich irgendwo morgens los und kommen abends erschöpft nach Hause, haben ihren Tag verbracht, aber keiner weiß vom anderen, *wie und wo*. Die Zeitung, das Abendessen und das Fernsehen absorbieren noch einen großen Teil von dem, was vom Tag übrig geblieben ist. Fußball, den das Kind vom Zuschauen kennen lernt, ist im Leben des Vaters viel wichtiger als sonst irgendetwas. Er hat absoluten Vorrang, fesselt Vaters Aufmerksamkeit und ist eine Sache, die er selbst niemals aktiv betreiben konnte. So wird das Kind einmal, wie sein Vater, aus dem Zuhause und dessen Verantwortlichkeiten fliehen.

Ist diese Situation unausweichlich? Ich glaube nicht. Bestimmt könnten wir einiges an Frustration und Unzufriedenheit in unserem »zivilisierten« Familienleben vermeiden, wenn wir unsere Maßstäbe von den »unzivilisierten« Menschen bezögen, die die meiste Zeit arbeiten (und Freude daran haben) und wenig Zeit zum Spielen kennen (ohne eine komplizierte Sache daraus zu machen). Glücklich sein ist eine Sache der eigenen Entscheidung. Lassen Sie Ihr Kind sehen, dass Sie mit ganzem Herzen bei der Aufgabe sind, die Gott Ihnen gegeben hat. Tun Sie Ihre Arbeit für ihn, das verändert die gesamte Atmosphäre Ihres Hauses. Erziehen Sie das Kind zum Akzeptieren von Verantwortlichkeit, und fangen Sie früh damit an. Erwarten Sie eine positive Reaktion. Wenn Sie von vorneherein Widerstand einkalkulieren, dass Sie nicht ernst genommen werden, dass das Kind sich mit zwei Jahren schon schrecklich aufführt, mit zehn Jahren unhöflich und grob ist und als Teenager völlig eigensinnig und hartnäckig reagiert – die Kinder werden Sie nicht enttäuschen in Ihren Erwartungen.

Natürlich dauert es länger, Kinder bei einer Arbeit anzulernen, als sie selbst zu tun. Das gilt vor allem dann, wenn das Kind nicht die Gelegenheit hatte, Ihnen fünfzigmal dabei zuzusehen. Dazu gehört anhaltende Aufmerksamkeit der Mutter – die Art von Beachtung, die das Kind so dringend nötig hat. Davon kann es gar nicht genug bekommen. Es braucht unbedingt die Überzeugung, dass es ein brauchbares und sehr geschätztes Familienglied ist.

Vielleicht sieht das nach Opfern aus. Wir werden welche bringen müssen, wenn wir unsere Fehler korrigieren wollen. Statt alle Kräfte zum Geldverdienen einzusetzen und eventuell noch für den Sport – was die meisten Menschen ohne alle Skrupel zu tun scheinen –, müssen wir dann vielleicht Geld und Sport für unsere Kinder opfern. Auf jeden Fall müssen wir *uns selbst* dabei »zum Opfer bringen«.

Doch das ist es ja gerade, was Vater oder Mutter sein bedeutet.

> »Wenn du kannst, entschließe dich einmal in der Gegenwart Gottes dazu, niemals *mehr* von irgendeiner Aufgabe zu übernehmen, als du ruhig, gelassen, ohne Hast oder Aufregung schaffen kannst. Und in dem Augenblick, wo du fühlst, dass du nervös wirst und dir »die Puste ausgeht«, halt ein und atme einmal tief durch. Du wirst entdecken, dass diese einfache Regel der Vernunft dir das bringt, was weder Gebete noch Tränen jemals bewerkstelligen können.«
>
> Elizabeth Prentiss

16 »... VON GANZEM GEMÜT«

Wie können Eltern ihren Kindern zu geistiger Entfaltung Mut machen?

Eine Freundin hat vier Jungen, von denen der älteste acht Jahre alt ist. Jede Woche druckt sie ein geistliches Lied und verschiedene Bibelstellen, klebt sie auf große steife Pappe und hängt sie in der Ecke auf, wo die Familie das Frühstück einnimmt. Die ganze Familie lernt beides auswendig. Was auf diesen Papptafeln aufgeführt ist, bezieht sich jeweils auf die Aufgabe eines der Kinder. Das klingt vielleicht nicht gerade sehr intelligent, aber das ordentliche Verrichten der häuslichen Pflichten prägt die Gewohnheit eines ordentlichen Lebens. Ein ordentliches Leben und ordentliches Denken gehen Hand in Hand. Die gleiche Mutter kaufte ein Mikrophon und ein kleines Verzeichnis für öffentliche Anrede und entsprechendes Auftreten. Sie lässt jedes Kind sich dann ans Ende des Wohnraums stellen, während die anderen in einer Reihe sitzen und die Zuhörer abgeben. Dann zitiert das Kind eine Bibelstelle, ein Lied, ein Gedicht oder hält eine kurze Ansprache. Das lehrt die Kinder Haltung, deutliche Aussprache, die Kunst, auch laut zu sprechen, still zu stehen, die Hände nicht zu verkrampfen usw. Das Gleiche ließe sich vermutlich auch mit einem vorgetäuschten Mikrophon – z.B. einem Eislöffel erreichen.

Lehren Sie Ihre Kinder, auswendig zu lernen! Deren Fähigkeit, alles sehr schnell aufzunehmen, was Sie oft genug wiederholen, ist geradezu wunderbar. Als ich einmal vier Tage lang mit meinen Enkelkindern zusammen war, lernten ein siebenjähriges und ein fünfjähriges Kind während dieser Zeit das griechische Alphabet fast fehlerfrei auswendig. Ich hatte es gar nicht darauf abgesehen, sondern hatte es nur gelegentlich wiederholt. Die Fünfjährige war am schnellsten beim Lernen, wahrscheinlich weil sie das Ganze für einen Spaß hielt, während es ihrem Bruder ein bisschen verrückt vorkam.

Stellen Sie am Tisch Fragen, die die Kinder zum Nachdenken bringen. Z.B.: »›Gott beantwortet Gebete‹ – heißt das, dass Gott uns genau das gibt, um was wir ihn bitten?« Helfen Sie dem Kind, Antworten aus biblischen Geschichten zu finden.

Lesen Sie den Kindern laut vor. Mein Vater tat das, solange wir zu Hause lebten. Er brachte meist ein Buch mit an den Tisch und las einen Abschnitt daraus. Oder aber er gab uns etwas weiter, wenn wir abends alle zusammen im Wohnraum saßen und unsere eigenen Bücher lasen.

Kaufen Sie ein Mikroskop oder ein Vergrößerungsglas. Damit kann man das Bein einer Hausfliege oder den Staub auf dem Flügel einer Motte untersuchen o.ä.

Stellen Sie Ihren Kindern einen Globus zur Verfügung, auf dem sie jedes Land finden können, von dem sie in den Nachrichten oder bei einem Gespräch etwas hören.

Lehren Sie die Kinder Darstellungen abstrakter Wahrheiten in konkreten Gegenständen zu *erkennen*. So hat Jesus gelehrt – indem er Gleichnisse benutzte.

Der Biograph James Boswell berichtet, dass Samuel Johnson, als er noch im Röckchen herumlief, von seiner Mutter ein Gebetbuch in die Händchen gedrückt bekam. Sie zeigte dann auf die Lesung des Tages hin und sagte: »Sam, das musst du auswendig lernen.« Sie ging in das obere Stockwerk und überließ ihn seinem Tun. Als sie im zweiten Stock ankam, hörte sie ihn hinter sich herkommen. »Was ist los?«, fragte sie. »Ich kann es sagen«, antwortete er und wiederholte es klar und deutlich, obwohl er es höchstens zweimal gelesen haben konnte.

War er seinem Alter weit voraus und vielleicht ein Genie? Mag sein. Aber ich denke, dass seine geistigen Kräfte viel mehr mit den Erwartungen seiner Eltern und ihrer geduldigen Anweisung zu tun hatten.

17 LEHREN SIE IHR KIND, SICH ZU ENTSCHEIDEN

Lars und ich saßen beim Frühstück mit unserer Freundin Barb Tompkins in Tucson. Sie hatte ihre zweijährige Kathy dabei, die sich während der Mahlzeit recht gut aufführte. Nach einer gewissen Zeit aber unterbrach sie uns und ließ ihrer Mutter keine Ruhe mehr. Ruhig sagte diese: »Kathy, du bist hier nicht diejenige, die bestimmen kann. Aber möchtest du bestimmen, was Baby Flo tun soll?« Baby Flo war eine kleine Puppe, die sie mitgebracht hatten.

Ich bestürmte Barb mit Fragen über ihre Kindererziehung (sie hat noch zwei ältere Buben). Sie sagte, dass für sie ein bestimmtes Buch zu diesem Thema sehr hilfreich gewesen sei. Daraufhin hätte sie sich entschlossen, ihren Kindern beizubringen, wie sie gute Entscheidungen treffen könnten.

Als Kathy etwa achtzehn Monate alt war, beschloss Barb, sie zu lehren, das eigene Grundstück nicht zu verlassen, obwohl es keinen Zaun gab. Sie nahm sich einen Tag Zeit und ging mit dem Kind die Grenzen entlang. Dabei machte sie ihm klar, wohin es gehen durfte und wohin nicht. Sie erklärte ihm auch, das Überschreiten der Grenze würde einen Klaps zur Folge haben. Dann setzte sich Barb mit einem Buch in einen Liegestuhl und sagte Kathy, sie könne spielen. Natürlich dauerte es nicht lang, bis Kathy versuchte, die Linie von Mutters Verbot zu übersteigen. In ganz normalem Ton rief Barb: »Kathy, würdest du bitte herkommen?« Diese Lektion hatte Kathy schon lange vorher gelernt, deshalb kam sie sofort. »Kathy, Liebling, ich sehe, du hast dich für einen Klaps entschieden«, sagte die Mutter und ließ den Worten die Tat folgen. Dann erklärte sie Kathy noch einmal, warum das notwendig gewesen war. Es war Kathys Entscheidung gewesen.

Es ist wichtig, ein Kind nicht als *ungezogen* oder *lieb* zu bezeichnen, sondern ganz genau darauf hinzuweisen, dass sein Tun ungezogen oder gut gewesen war. Wenn eine Korrektur notwendig ist, versucht Barb immer, das Kind hinterher irgendwie zu bestätigen. »Ich fand es sehr schön, wie du heute Morgen dein Spielzeug aufgeräumt hast.«

Barb benutzt nicht immer einen Klaps, um zu strafen. Manchmal wird Kathy aus dem Raum gebracht, d.h. sie wird eine Weile in ein Kinderbettchen oder ein Laufställchen gesteckt, um über ihren Ungehorsam nachzudenken. Wenn sie rausklettert, hat sie sich damit für einen Klaps entschieden. Barb ist der Meinung, dass es wichtig ist, dass für diese Maßnahme nicht das eigene Bettchen oder Schlafzimmer des Kindes benutzt wird. Sie möchte nicht, dass ihre Kinder diese Plätze mit Strafe in Zusammenhang bringen.

Während unseres gemeinsamen Frühstücks jammerte Kathy wegen irgendetwas. Barb wandte sich ihr zu und sagte: »Kathy, du musst darum bitten.« Kathy sagte: »Darf ich bitte ...«

Als Kathy einen Stift aus Mutters Handtasche zog, meinte Barb: »Das hat nichts mit einer Wahlfreiheit zu tun. Dazu würde ich sagen: Womit möchtest du spielen?«

Lars und ich genossen dieses friedliche Frühstück. Es blieb friedlich, weil Barb sich ruhig, unbeirrt, fröhlich und sachlich gegenüber Kathy verhielt. Und Kathy war ebenfalls glücklich.

18 EINE ANMERKUNG FÜR VÄTER

Berauben Sie Ihren Sohn seiner Sohnschaft? »Was soll das!« In Hebräer 12,7–8 heißt es: »... denn wo ist ein Sohn, den der Vater nicht züchtigt? Seid ihr aber ohne Züchtigung, die doch alle erfahren haben, so seid ihr Ausgestoßene und nicht Kinder.« Lieben Sie Ihren Sohn oder Ihre Tochter genug, um auch »nein« sagen zu können – und auch dabei zu bleiben? Fürchten Sie sich, eine Regel aufzustellen (vielleicht weil sonst niemand daran glaubt)? Würden Sie aus Feigheit Ihr Kind so behandeln, als ob es nicht Ihr eigenes wäre?

Ein paar warnende Worte sind allerdings auch angebracht. »Ihr Väter, reizt eure Kinder nicht zum Zorn, sondern erzieht sie in der Zucht und Ermahnung des Herrn« (Eph 6,4).

Das erinnert mich an die Art und Weise, wie der Herr mit uns umgeht und uns erzieht. Er ist geduldig mit uns, die wir so »trägen Herzens« sind. Der Hirte macht es den Schafen nicht schwer, auf dem rechten Weg zu gehen, sondern versucht ständig, es ihnen zu erleichtern. Doch sie sträuben sich, laufen weg, hören nicht auf ihn. Kinder und Erwachsene gleichen Gott gegenüber Schafen. Sie gehen in die Irre. Väter sollten gleichzeitig für ihre Kinder Hirten sein. Sie sollten nicht zu hart korrigieren und strafen. Die rechte Balance ist nötig. Korrigiert sie, lehrt sie, aber verfallt nicht ins Extrem. Bittet Gott um Weisheit. Die Aufgabe ist zu schwer für den natürlichen Menschen. Schauen Sie sich Gott als Vater an. Wie geht er mit uns um? Versuchen Sie, in seinen Fußspuren zu gehen.